JN427811

개·정·판

교육과정 및 교육평가

강봉규 · 박성혜 · 최미리

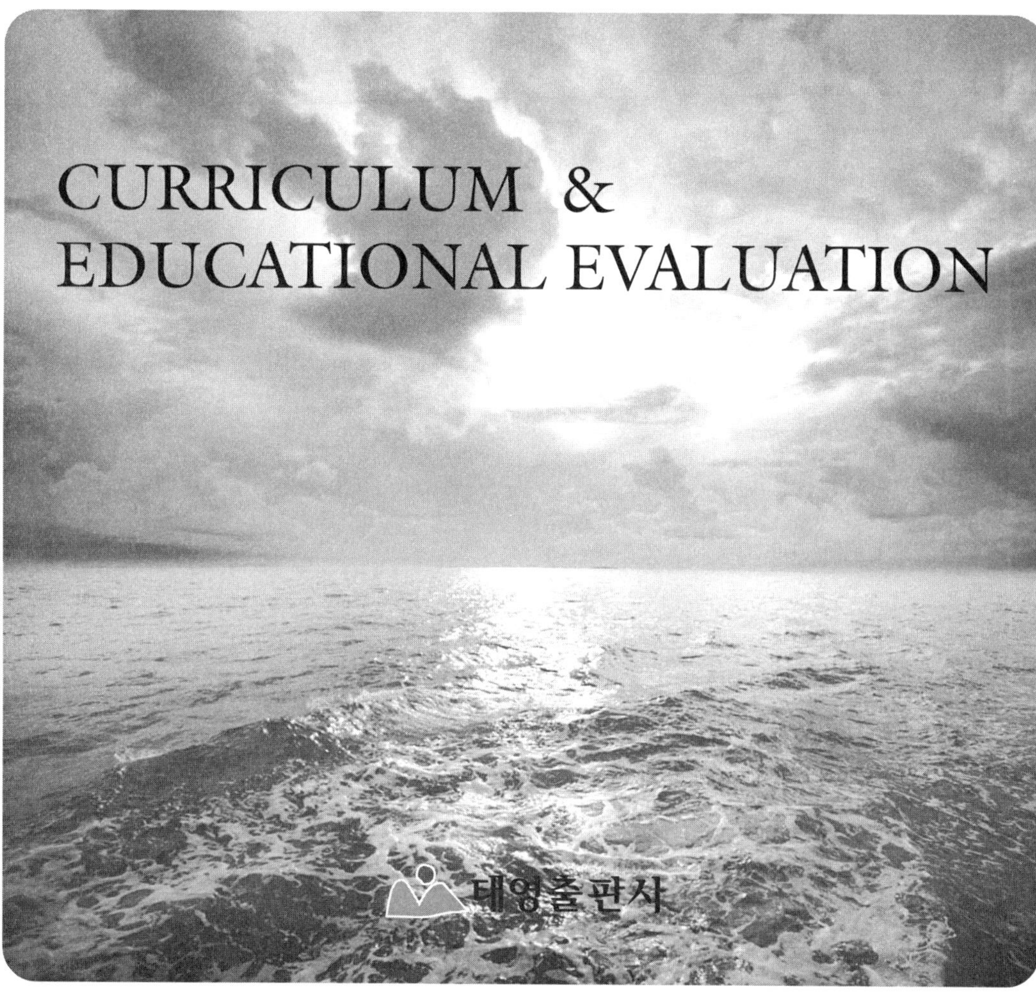

머리말

교육과정 및 교육평가에 관한 저자의 상의 경험에 비추어 볼 때 그 내용의 방대함으로 인해 한 학기 안에 교재내용을 모두 다루었던 일은 거의 없었다고 해도 과언이 아니다. 이러한 사실에 입각해서 본서는 한 학기용의 강의 교재로 적절하게 내용분량을 조절하여 집필되었다. 특히 교수와 학습의 효율성을 높이기 위해 긴 문장으로 서술하기보다는 내용단위를 분절하여 핵심적인 내용으로 요약 · 집약화하는 서술방식을 택하였다.

또한 본서는 교육과정과 교육평가에 관한 개론서이기 때문에 특정의 영역이나 학설에 기울어지거나 개인의 특수한 견해를 강조하는 일 등은 극력 피하고 교육과정과 교육평가의 제문제를 공정하게 집필하고자 노력하였다.

본서의 내용은 크게 두 부분으로 나누어져 있는 바, Ⅰ부 교육과정 부분 5장, Ⅱ부 교육평가 부분은 6장 등 모두 11장으로 구성되어 있으며 이 중 교육과정 부분에서 특별활동 교육과정을, 교육평가 부분에서 수업목표와 정의적 행동의 평가기법을 특별히 다루고 있는 점은 시중에 이미 출간된 다른 책에선 찾아볼 수 없는 교수 · 학습내용으로서 독자들에게 큰 도움을 줄 것으로 기대된다. 특히 교육평가 부분의 표준점수와 관련된 설명은 통계학적 소양이 없더라도 쉽게 이해할 수 있도록 조치하였다.

끝으로 어려운 여건 하에서 본서의 출판을 기꺼이 허락해 주신 태영출판사의 김현태 사장님께 감사를 표하는 바입니다.

2006년 1월

저자 씀

차 례

P/A/R/T 01 교육과정

교 육 과 정

01

P·A·R·T

CHAPTER

교육과정의 개념

CHAPTER 01

1. 학교교육 내용의 역사적 변천
2. 교육과정의 개념
3. 우리나라 교육과정의 발전 계보

1. 학교교육 내용의 역사적 변천

1) 학교교육의 역사적 배경

(1) 학교발생의 어원적 고찰

영어의 school의 어원은 라틴어의 schola이고, 이 schola는 다시 희랍어의 scholé에서 유래한 것인데 이것은 '한가함'을 의미했던 것이다. 이러한 school의 어원으로 미루어 보면 원래 학교란 우선 생산 · 경제활동을 노예에 맡김으로써 시간적 · 경제적 여유를 즐겼던 상류층 자녀들의 담소의 자리 그 자체였고 또 이런 상류층 자녀의 교양 향상을 위한 계획적 교육의 마당이었음을 알 수 있다.

(2) 학교교육 내용의 역사적 기원

① 무의식적 모방 학습기

미개한 원시사회에서의 학습내용이란 성인들의 일상생활을 무의식적으로 모방하는 학습활동기였다. 어린 아이들은 활을 만들어 쏘아 보며, 물에서 통나무 배를 타보며 소꿉장난을 해 봄으로써, 어른들의 생활을 무의도적으로 축소해서 경험하고 장차의 생활에 필요한 기술을 무의도적으로 학습했던 것이며, 성인들 또한 이런 어린이의 놀이를 계획적으로 지도하지는 않았던 것이다. 이것이 오늘날의 생활학습의 원리이며 교육의 제1단계라 해야 할 것이다.

② 의도적 모방 학습기

교육의 제2단계는 의도적 모방활동 학습기이었다. 즉, 어른들이 집을 지을 때 아이들은 옆에서 연장을 날라 주면서 집짓는 건축 기술을 배우며, 동네 어른들이 멧돼지를 잡기 위하여 사냥할 때 자기도 소리를 지르면서 몰이꾼의 하나가 되어 수렵 기술을 배웠던 것이다. 이 제2단계에 비로소 어린이들은 생활과 노동을 통해서 의식적으로 생활기술을 배웠고, 또 성인들은 어린이들을 의식적으로 자기네의 활동에 참가시켰던 것이다. 그러나 이 단계에서도 아직 조직적(계획적 · 계속적) 학습내용은 보이지 않았다.

3 문자의 발생과 학교교육의 시작

조직적 학습내용은 문자의 발생과 더불어 발생하였고, 이때에 비로소 교육은 제3단계, 즉 학교교육 단계에 들어서게 되는데, 학교란 아이들의 직접경험의 범위를 벗어나는 고도의 문화내용 · 생활양식 · 생활기술을 **문자**를 통해서 정선 · 압축 · 체계화하여, 일정한 장소에서 교육하기 위한 역사적 필연성에 의하여 발생하게 되었다. 즉, 개인의 경험만으로는 감당 못하리 만큼 생활양식과 생산기술이 복잡해졌고, **문화**가 축적되었기 때문에 이를 다음 세대에 **계승**시키기 위해서는 문자를 통해서 조직적으로 기록 · 훈련시키지 않으면 안 되었고, 따라서 형식적 교육의 필요성을 인식하기에 이른 때부터라 하겠다. 역사적으로 문자의 발생과 **학교의 발생**이 동시였음을 짐작할 수 있다. 따라서 학교교육의 내용은 문자교육이 효시였음을 시사받을 수 있다.

(3) 근대학교의 발전과 교육내용의 변화

근대학교는 근대국가의 발전에 따라서 그 이전까지는 학교교육이 주로 사원이나 저택에서 행해졌던 것이 국가에 의해서 통일되고 관리하게 되었으며, 산업혁명의 결과로 모든 산업이 발달하였고 국민 생활이 향상됨에 따라 **교육내용체계**가 더욱 복잡해지고 다양화됨에 따라 학교교육의 필요성은 더욱 강조되기에 이르렀다.

한편, 민주적 사상의 보급에 따라 인권이 존중되었고 교육에 대한 기회균등

사상이 발달해서 19세기에서 20세기에 걸쳐서는 근대학교의 현저한 발달을 초래하게 되었는데, 그 **개혁 확충**으로서는 종교와 교육의 분리, 의무교육의 보급, 여성교육의 발달과 남녀공학의 실현, **교육내용면**에 있어선 교과목의 확대, 과학교육과 실업교육의 진흥, 생활적응교육의 신장, 보건체육교육의 보급 등 큰 변화를 가져왔고, 국민교육의 기회도 초등교육에서 중등교육으로 또는 대학교육에 이르기까지 확대 발전하게 되었다.

2) 학교교육 내용의 역사적 변천

학교교육이 발달하면서 19세기 이전에 학교에서 가르친 내용과 학생들이 배운 교육내용의 역사적인 흐름을 요약해 보면 〈표 1－1〉과 같다.

표 1－1 19세기 이전의 학교교육의 주된 교과과정 개요

서 양	한 국
고대 이집트 경서의 읽기와 쓰기, 기하, 산수, 천문학	
고대 그리스 －아테네 음악학교 : 독 · 서 · 산, 음악 체육학교 : 체조, 운동경기 －스파르타 호머의 시, 독 · 서 · 산의 기초 리쿠르스의 법률, 군사훈련	
로마시대 초등 : 독 · 서 · 산, 12동판법 암송 중등 : 그리스어, 라틴어, 역사, 문법, 신학, 지리, 역사, 천문학 고등 : 웅변술, 수사학	고구려 태학 : 3사(사기, 한서, 후한서), 5경(시경, 서경, 주역, 예기, 춘추)

중세시대
수도원학교 : 7자유학과(3학 : 문법, 수사학, 변증법, 4과 : 산수, 기하, 천문학, 음악)
기사교육 : 7예(말타기, 활쏘기, 검술, 수영, 서양장기, 시, 음악)
중세대학 : 7자유학과, 법률, 의학, 신학, 형이상학, 윤리학, 라틴어

르네상스 시대
김나지움 : 수학, 그리스어, 히브리어, 라틴어
대학 : 문법, 수사학, 예술, 고전문학, 사, 변론술

17세기 실학주의 시대
초등 : 역사, 지리, 미술, 물리, 모국어
중등 : 7자유학과, 물리학, 지리학, 역사학, 종교
대학 : 신학, 철학, 법학, 과학, 고전문학

18세기 계몽시대
7자유학과, 체육, 국어, 도덕, 실과교육, 자연과학, 수학, 정치, 경제, 역사학

경당 : 5경, 한서, 문선, 활쏘기

신 라
국학 : 논어, 효경, 예기, 주역, 모시, 좌전, 춘추, 상서, 문선

고 려
국자감 : 7제(역, 서, 시, 주례, 봉부, 춘추, 무학)
12도 : 9경, 3사, 시문짓기

조선시대
성균관 : 강독 : 4서(논어, 맹자, 중용, 대학), 5경, 제역사
제술 : 의, 론, 송, 기
서법 : 해서, 행서, 초서
향교 : 소학, 4서 5경, 실업교육
백운동서원 : 성리학
서당 : 천자문, 소학, 동몽선습, 통감, 4서 3경, 사기, 당송문, 작문, 습자

2. 교육과정의 개념

1) 어원적 고찰

교육과정의 영어 단어인 curriculum의 어원은 latin어의 'currere', 곧 '뛴다'

는 뜻의 동사다. 명사로서의 'curriculum'은 말이 달리고 사람이 뛰는 경주의 course, 즉 'race course'를 뜻한다.

이 말이 교육에 전용되어 학생이 일정한 목표를 향해 달리는 과정이란 뜻으로 사용하게 되었다. 흔히 말하는 'course of study'란, latin어의 영역으로 본래 'curriculum'이라든가, 'course of study'와 같은 의미로 쓰였던 것이다. 'curriculum'은 다만 '뛴다' '과정'만을 뜻하는 것은 아니다. 뛰는 과정에는 반드시 내용이 수반되어야 한다. 무엇인가 학생이 학습하고 경험하는 내용이 필요한 것이다. 따라서 'curriculum'이란 말이 교육에 전용되어 일정한 순서로 배열된 학습 'course'와 더불어 학습내용이나 경험내용을 의미하게 된 것이다. 바꾸어 말하면 학생이 학습한다든가 경험하는 내용의 학습경험 그 자체를 뜻한다.

2) 교육과정의 정의

교육과정은 학생들로 하여금 교육목적에 맞는 성장 · 발달을 도모하고 바람직한 행동변화를 기대한다는 점에서 결국은 교육목적을 달성하기 위한 수단이라 할 수 있다. 따라서 교육과정이란 말은 다양성있는 개념으로 사용되고 있다.

(1) 학습내용으로서의 교육내용

교육과정이란 학생들에게 가르쳐야 할 학습내용(a course of study)으로 정의된다. 즉, 피교육자들에게 무엇을 어떻게 학습시킬 것인가에서 '무엇을'이라는 것이 교육과정에 해당된다. 이때의 학습내용은 지식의 체계일 수도 있고 경험의 체계로서 성립될 수도 있다. 이 정의는 가장 전통적이고 대표적인 개념 규정이다.

(2) 학습경험으로서의 교육내용

교육과정이란 학교의 책임하에 학생들에게 제공되는 모든 경험활동으로 정의된다.

이렇게 볼 때 교육과정이란 학교가 학생들에 대하여 선택된, 교육적인 경험을 준비하여 그들의 성장 · 발달을 도와 주며 학습에 의한 행동의 변화를 초래하는 수단으로 삼는 것이라 할 수 있다. 따라서 종전의 교과라든가, 교재라고 불리운 것도 결국 학생의 성장 · 발달을 돕기 위해 마련된 선택된 학습경험이라 볼 수 있다.

(3) 전체계획으로서의 교육내용

교육과정이란 일정한 교육기관에서 교육의 모든 과정을 마칠 때까지 요구되는 교육내용, 그 내용을 학습하기에 필요한 연한, 또 연한 내에 있어서의 학습시간 배당을 포함한 교육의 전체계획이라고 정의할 수 있다. 바꾸어 말하면 학교의 교육목적을 달성하기 위하여 선택된 문화재, 또는 생활경험을 교육적인 관점에서 편성하고 그들 학습활동이 언제, 어디서, 어떻게 행해질 것인가 종합적으로 묶은 교육의 전체계획이라고 할 수 있다.

(4) 학습결과로서의 교육내용

교육과정이란 일련의 구조화된 의도적인 학습결과라고 정의될 수 있다. 여기서 학습결과는 학생들이 실제로 배운 것이며, 교과 내용학습 뿐만 아니라 태도 및 자신감 등을 위한 부수적인 학습으로부터 온 결과이다.

이 입장은 내용으로서의 교육과정이란 개념보다 훨씬 넓은 의미를 가지면서도 계획으로서의 교육과정 개념보다는 좀 제한된 개념이라 할 수 있다.

이상과 같이 네 가지 입장에서의 개념을 정의하여 보았다. 다만 주의할 것은 교육과정이란 '가르쳐야 하는 것이라든가 또는 전달해야만 할 것'으로 목적시 해서는 안 된다는 점이다. 목적은 어디까지나 학생 자신의 성장 · 발달에 있는 것이며 교육내용은 그 자체에 있는 것이 아니기 때문이다. 그러므로 교육과정은 어디까지나 교육목적을 달성하기 위한 수단임을 다시 인식해야 하겠다.

3) 교과과정과 특별활동

(1) 교과과정

교과과정과 교육과정의 개념상의 차이는 다음과 같다.

첫째, '**교과과정**'은 학교교육을 교과영역에 국한시킴으로써 교과체계를 존중하여 교과계획으로 그치게 됨에 대해서, '교육과정'은 교과영역뿐만 아니라 생활영역까지 포괄적으로 다룬다.

둘째, '**교과과정**'은 그 활동의 본질에 있어서 계획된 정규시간에, 교실 안에서 교과 · 교재를 매개로 이루어지는 교사와 학생간의 교과학습을 강조함에 대하여, '**교육과정**'은 그를 포괄하여 보다 폭넓은 학교생활의 전체적 활동으로 본다.

셋째, '**교과과정**'은 교사나 학생이 학습경험을 계획하는 것, 편제하는 것으로 보고 있음에 대하여, '**교육과정**'은 계획, 편제뿐만 아니라 그것을 실천하는 것까지 포괄해서 생각한다.

이와 같이 '**교과과정**'이란 학교교육에서의 교과계획, 즉 부분계획이요, 교과활동에 국한시켜 말함에 반해서, '교육과정'은 학교생활의 전체계획이요, 생활영역까지 포함시키는 것으로 학교로 인하여 영향이 미치는 모든 영역을 총체적으로 다루는 개념이라 하겠다.

(2) 특별활동

교육과학기술부에서 제정한 우리나라의 교육과정은 교과외 영역의 활동을 정규과정으로 포함시키고 있는데 '……**특별활동**이라 함은 교육목적 및 교육목표를 달성하기 위하여 필요한 교육 이외의 기타 교육활동을 말한다'라고 하여 학생의 학급협의 활동이라든가, 봉사활동, 자치활동, 사회적 훈련을 위한 모든 활동을 포함하고 있다. 즉 특별활동이란 학교교육과정에서 교과학습 이외의 교육활동을 지칭한다.

이렇듯 특별활동은 교과과정을 보충하고, 교과면과 협력하며, 관련된다는 의미에서 '**협력과정**'이라고도 하는데 그것은 교과활동과 중복되는 것, 서로 보충하는 것, 교과활동에서 파생한 것, 완전히 독립된 것 등 다양성을 띠고 있다.

3. 우리나라 교육과정의 발전 계보

1) 교수요목기(1946~1954)

교수요목기는 일본 식민지에서 해방 후부터 1954년 4월 20일 교육과학기술부령 제35호로 공포된 '교육과정시간배당기준령'이 공포되기 전까지의 시기를 말한다. 당시 미국 군정청 학무국에서는 1946년 2월 21일 '교수요목 제정위원회'를 조직하고 초등학교와 중등학교 교과목 편제와 시간배당표를 제정 · 발표하고 교과서를 편찬했다.

초등학교에서는 1945년 공민, 국어, 역사, 지리, 산수, 이과, 체조, 음악, 습자, 도화 · 공작, 요리 · 재봉, 실과를 가르치고, 1946년에는 국어, 사회생활, 이과, 산수, 보건, 음악, 가사 등을 가르쳤다.

1948년 8월 15일 대한민국정부가 수립되고 1949년 12월 31일 교육법이 제정, 공포됨에 따라 교육과학기술부는 교육과정 제정을 서두르게 되었다.

2) 제1차 교육과정기(1954~1963)

당시 교육과학기술부(교과부)는 이 사업을 추진하기 위해 1950년 6월 2일 '교수요목제정 심의회규정'(교과부 제9호)을 공포하여 각급학교의 교육과정 구성에 대한 심의에 착수하였다. 그러나 이 사업은 6·25사변으로 말미암아 불행하게도 중단상태에 빠졌다.

교과부는 1951년 3월 30일 '교육과정연구심의회규정'(교과부령 제16호)을 공포해서 교육법에 의거하여 교육의 근본이념과 교육방침을 구현하기 위한 교과목의 편제에 착수하게 되었다.

이 '교육과정제정합동위원회'의 구성원은 교육전문가를 비롯하여 학자·문필가·법률가·행정가·경제인·예술인·종교인·군인 등 사회 각 분야에서 115명의 위원과 또 각 교과별 분과위원 505명으로 구성되어 있었다.

이 합동위원회를 거쳐 제정되어 나온 것이 1954년 4월 20일 교과부령 제35호로 공표된 '교육과정시간배당기준령'과 1955년 8월 1일에 공표된 '초등학교 교과과정'(교과부령 제44호)과 '중학교 교과과정'(교과부령 제45호), 그리고 '고등학교 및 사범학교 교과과정'(교과부령 제46호)이다.

이 '교육과정 시간배당기준령'과 '교과과정'은 최초의 체계적인 교육과정이며 또 최초로 만들어진 법령형태의 교육과정이기도 하다. 그리고 교과과정에 중점을 두었기에 '교과중심 교육과정' 강조의 시기라고 불리고 있다.

3) 제2차 교육과정기(1963~1973)

교과부는 1955년부터 1958년의 '교육과정'의 몇 가지 취약점을 인식하여 개정의 필요를 느끼기 시작하였다. 1955년의 '교육과정'은 우선 시대적 상황과 국내 정세의 변천에 비추어 볼 때 실정에 맞지 않으며, 기초학력의 부족을 초래하였고 구체적 목표의 제시가 없었다는 점에서 교과부는 교육과정의 개정을 위한 기초연구와 개정시안을 중심으로 1963년 2월에 드디어 제정된 각급 학교의 '교육과정'을 공포하였다.

그것은 종전의 '시간배당기준표'와 '교과과정'을 별도로 제정하던 것을 묶어 '교육과정'이라고 한 것이다.

1963년의 교육과정은, 내용에 있어서 자주성, 생산성, 유용성을 강조하고, 조직에 있어서 합리성을 그리고 운영에 있어서 지역성을 기하고자 하였다.

1963년의 '교육과정'에서는 교육과정을 정의하여, '학생들이 학교의 지도하에 경험하는 모든 학습활동의 총화를 의미하며, 학생들의 학습경험 여하에 따라서 그들이 어떤 인간으로 성장하느냐가 결정된다'고 말하고 있다. 그리고 고등학교에 단위제가 채택되었다.

4) 제3차 교육과정기(1973~1981)

교과부는 1969년 교과부령(제251호)에 의해서 교육과정의 내용을 보완하기 위하여 국어, 사회, 실과, 미술, 외국어, 반공 · 도덕, 특별활동에 수정을 가하였다. 그리고 종래의 초 · 중학교의 국어교육과 병행했던 한자교육을 폐지하고 고등학교와 대학에서만 이를 보다 적극적으로 추진하기로 하였다. 사회과에서는 국사교육을 강화하고 중 · 고등학교의 실과교육을 필수화하였으며, 인문계고등학교의 제2외국어를 필수적인 교과로 정하였다.

그리고 교과부는 1971년부터 연차적으로 각급학교의 교육과정을 개정하여 1973년 2월에 초등학교, 8월에 중학교의 교육과정을 공포하였고, 1974년에 고등학교의 교육과정을 공포하였다. 이 개정된 교육과정은 국민교육헌장의 이념을 기본방향으로 삼고, 국민적 자질의 함양, 인간교육의 강화, 지식과 기술교육의 쇄신을 기본방침으로 하였다.

5) 제4차 교육과정기(1981~1988)

1973년에 개정된 초등학교, 중학교 교육과정과 1974년에 개정된 고등학교 교육과정은 사회적으로는 기술인력의 양성을, 그리고 이론적으로는 학문중심을 지향하여 지식의 획득을 목적으로 한 것이었다. 그러나 그 동안 이 교육과정을 운영해 본 결과 수업시간과 학습내용의 과다, 학습자의 수준에 비추어 어려운 교육내용, 교과목 위주의 분과적인 편제, 기초교육과 일반교육의 소홀, 인간교육의 미흡 등 많은 문제점이 지적되어 왔다.

1981년 12월 21일 교과부고시 제442호로 공포된 신교육과정은 크게 국민정신교육의 체계화, 전인교육의 강화, 진로교육의 충실화를 교육과정의 기본방침으로 강조하고 있다. 특히 당시 초등학교 1, 2학년 교과용 교재를 통합(바른생활, 즐거운 생활, 슬기로운 생활)한 것은 특기할 만하다.

6) 제5차 교육과정기(1988~1992)

제5차 교육과정은 1987년, 1988년에 걸쳐 개정한 교과부 고시 제87－7호인 초등학교, 중학교, 고등학교 교육과정을 말한다.

제5차 교육과정은 교육과정의 적정화 · 내실화 · 지역화를 개정의 방침으로 하고 지속성 · 점진성 · 효율성 등을 개정의 전략으로 하였다. 이 교육과정에서는 기초교육의 충실, 정보화 사회에 대응하는 교육의 강화, 교육과정 효율성의 제고이다.

7) 제6차 교육과정기(1992~2000)

제6차 교육과정은 1992년 6월 20일 교과부 고시 제1992－11호로 중학교

교육과정을 1995년 3월 1일 신입생부터 시행하고, 1992년 9월 30일 교과부 고시 제1992 - 15호는 초등학교 교육과정을 1995년 3월 1일부터 시행하되 단, 초등학교 3, 4학년은 1996년 3월 1일부터 시행하고, 1992년 10월 30일에 제정한 교과부 고시 제1992 - 19호는 고등학교 교육과정을 1996년 3월 1일 신입생부터 시행하기로 했다.

제6차 교육과정은 시대적, 사회적, 교육적 요청에 부응하여 '21세기를 주도할 건강한 사람, 자주적인 사람, 도덕적인 사람'의 육성에 기본방침을 두고, 현행 교육과정의 평가결과 등을 토대로 네 가지 측면에 중점을 두고 개정되었다. 즉, ① 교육과정 결정의 분권화, ② 교육과정 구조의 다양화, ③ 교육과정 내용의 축소화, ④ 교육과정 운영의 효율화 등이다.

8) 제7차 교육과정기(2000~현재)

제7차 교육과정은 1997년 12월 30일 고시되었으며, 초등학교는 2000년 3월 1일부터 2002년 3월 1일까지 학년별로 단계적으로 시행하였으며, 중학교는 2001년 3월 1일부터, 고등학교는 2002년 3월 1일부터 시행하였다.

제7차 교육과정에서 추구하는 인간상은 건강한 사람, 자주적인 사람, 창의적인 사람, 도덕적인 사람이다. 이를 구현하기 위한 교육과정 구성방침은 ① 도덕성과 공동체의식이 투철한 민주시민 육성, ② 사회 변화에 대응할 수 있는 창의적인 능력개발, ③ 학생의 개성, 능력, 진로를 고려하여 교육내용과 방법의 다양화, ④ 교육과정 편성 · 운영체제를 개선하여 교육의 질관리 강화에 두고 있다.

제7차 교육과정의 핵심은 지금까지 국가가 주도하는 공급자 중심이었던 초 · 중등 교육과정을 '학습자 중심'으로 개편하였다는 점이다. 초등학교 1학년부터 고등학교 1학년까지 10년간을 '국민공통기본 교육기간'으로 정해 학년제 개념에 따라 일관성 있는 교육과정을 구성하고, 고등학교 2~3학년에서는 학생 능력, 흥미, 진로에 알맞게 다양한 선택과목을 운영하는 '학생선택중심 교육과정'을 운영하게 되었다.

학생능력과 적성 등 개인차를 최대한 고려해 '수준별 교육과정'을 도입하는 한편, 학생의 자기주도적 학습능력을 신장하기 위해 '재량 시간'을 신설 또는 확대한 점이 특징이다.

이 기간 동안 배워야 할 국민공통기본 교과는 10개 과목이다. 즉 국어, 도덕, 사회, 수학, 과학, 실과, 체육, 음악, 미술, 외국어(영어) 등이다. 다만 초등학교 1～2학년은 국어, 바른 생활, 슬기로운 생활, 수학, 즐거운 생활 등 5개 교과로 구성된다. 사회에는 국사, 세계사, 일반사회, 지리, 과학에는 물리, 생물, 지구과학 등이 포함된다.

수준별 교육과정은 단계형 수준별 교육과정과 심화·보충형 수준별 교육과정으로 구분하고 운영한다. 단계형으로 운영되는 교과는 수학과 영어이며 수학은 10단계로 영어는 중학교 1학년에서 고등학교 1학년까지 4단계로 운영된다. 심화·보충형 교과는 국어·과학·사회이다. 국어는 초등 1학년에서 고등학교 1학년까지, 사회와 과학은 초등 3학년에서 고등학교 1학년까지 적용·운영된다.

(1) 초등학교

1～2학년에는 주당 평균 2시간씩 재량시간이 신설되고 3～6학년도 종전보다 1시간 늘어난 2시간의 재량시간이 배정되었다. 이 시간에 학생들은 인성교육, 환경교육, 성교육 등 범교과적 학습을 주로 하게 된다. 컴퓨터, 한자, 외국어 등도 재량시간을 통해 교육할 수 있게 되었다.

(2) 중학교

지역 특수성과 학교실정과 학생의 필요성 등을 감안해 주당 4시간 이상

표 1-2 국민공통기본 교육과정

<table>
<tr><th rowspan="2">구분</th><th>학교</th><th rowspan="2">유치원</th><th colspan="6">초등학교</th><th colspan="3">중학교</th><th colspan="3">고등학교</th></tr>
<tr><th>학년</th><th>1</th><th>2</th><th>3</th><th>4</th><th>5</th><th>6</th><th>7</th><th>8</th><th>9</th><th>10</th><th>11</th><th>12</th></tr>
<tr><td rowspan="11">교과</td><td>국어</td><td rowspan="11">언어생활
사회생활
탐구생활
건강생활
표현생활</td><td colspan="2" rowspan="11">국어 7 7
바른생활 2 2
슬기로운 생활 3 3
수학 4 4
즐거운 생활 6 6</td><td>7</td><td>6</td><td>6</td><td>6</td><td>5</td><td>4</td><td>4</td><td>4</td><td colspan="2" rowspan="11">선택과목</td></tr>
<tr><td>도덕</td><td>1</td><td>1</td><td>1</td><td>1</td><td>2</td><td>2</td><td>1</td><td>1</td></tr>
<tr><td>사회</td><td>3</td><td>3</td><td>3</td><td>3</td><td>3</td><td>3</td><td>4</td><td>5
(국사 2)</td></tr>
<tr><td>수학</td><td>4</td><td>4</td><td>4</td><td>4</td><td>4</td><td>4</td><td>3</td><td>4</td></tr>
<tr><td>과학</td><td>3</td><td>3</td><td>3</td><td>3</td><td>3</td><td>4</td><td>4</td><td>3</td></tr>
<tr><td rowspan="2">실과</td><td rowspan="2"></td><td rowspan="2"></td><td rowspan="2">2</td><td rowspan="2">2</td><td colspan="4">기술 · 가정</td></tr>
<tr><td>2</td><td>3</td><td>3</td><td>3</td></tr>
<tr><td>체육</td><td>3</td><td>3</td><td>3</td><td>3</td><td>3</td><td>3</td><td>2</td><td>2</td></tr>
<tr><td>음악</td><td>2</td><td>2</td><td>2</td><td>2</td><td>2</td><td>1</td><td>1</td><td>1</td></tr>
<tr><td>미술</td><td>2</td><td>2</td><td>2</td><td>2</td><td>1</td><td>1</td><td>2</td><td>1</td></tr>
<tr><td>외국어
(영어)</td><td>1</td><td>2</td><td>2</td><td>2</td><td>3</td><td>3</td><td>4</td><td>4</td></tr>
<tr><td colspan="2">재량시간</td><td></td><td>2</td><td>2</td><td>2</td><td>2</td><td>2</td><td>2</td><td>4</td><td>4</td><td>4</td><td>6</td><td colspan="2"></td></tr>
<tr><td colspan="2">특별활동</td><td></td><td>1</td><td>1</td><td>1</td><td>2</td><td>2</td><td>2</td><td>2</td><td>2</td><td>2</td><td>2</td><td colspan="2">8(단위)</td></tr>
<tr><td colspan="2">주당
수업시수</td><td></td><td>25</td><td>25</td><td>29</td><td>29</td><td>32</td><td>32</td><td>34</td><td>34</td><td>34</td><td>36</td><td colspan="2">144
(단위)</td></tr>
</table>

재량시간이 신설되었다. 가정과 기술 · 가정 교과를 통합해 남녀 공통으로 이수하게 했으며, 특히 세계화 · 개방화에 대응하는 외국어 교육을 강화하기 위해 제2외국어 과목을 신설하고 이를 재량시간에 선택, 운영할 수 있게 되었다.

(3) 고등학교

다양한 유형으로 개인별 교육과정을 선택할 수 있도록 종래의 인문계, 자연계 구분을 폐지하였다.

학생의 능력, 흥미, 적성, 진로를 고려해 일반계 고등학교 2~3학년에서는 일반선택(26과목), 심화선택(53과목) 등 다양한 선택과목을 개설하였으며, 2~3학년은 총 수업 배당시간 중 20~40%를 각자 선택한 과목으로 이수하게 된다. 세계화에 부응, 아랍어 과목을 신설하고 제2외국어 과목 확대와 수업방법 개선에 역점을 두었다.

표 1-3 고교 교육과정 신·구 비교

구 분	종 전	현 행
교과목 개설	· 공통필수과목 10 · 선택과목 60 · 계 70	· 국민공통기본교과 10 (국사별도) · 선택과목 79 · 계 90
개인별 과정	· 인문사회과정 · 자연과정 · 직업과정 · 기타 과정	· 과정구분 폐지 · 개인별 교육과정 권장
이수단위제	· 학년제 중심의 이수단위제 운영 · 교과목 분산이수	· 학기제운영도 가능한 이수단위제 운영 · 집중이수를 위한 교육과정 제시
제2외국어	· 러시아어 신설	· 아랍어 신설
교육과정 영역	· 교과활동 · 특별활동	· 교과활동 · 재량시간 · 특별활동
재량시간	없음	12단위

교육과정의 형태와 유형

CHAPTER 02

1. 교육과정의 형태의 분류
2. 교육과정의 유형
3. 교육과정 형태의 선택

1. 교육과정 형태의 분류

1) Caswell의 분류

H. L. Caswell은 다음과 같이 네 가지의 형태로 분류하고 있다.

(1) 과학적 교과교육과정(scientific subject curriculum)

지난날의 교과교육과정은 완전히 학문적 체계에 따라 구성되어 있었다. 그것은 학생들의 흥미나 필요 내지 요구는 염두에 두지 않고 오직 학문체계에 따라 마련되었다. 그러나 여기서 말하는 과학적 교과교육과정은 단순히 교과의 체계만으로 구성된 것이 아니라, 그 교과의 사회적 유용성과 학생이 효과적으로 학습할 수 있게끔 과학적으로 연구하여 구성한 것이므로 교과교육과정에 과학적이란 말을 붙여 과학적 교과교육과정이라고 한 것이다.

(2) 광역교육과정(broad field curriculum)

교과교육과정과 거의 같은 처지이지만 일반사회과라든가 일반과학 · 일반예능과 등과 같이 교과교육과정의 극단적인 단편화를 제거하려는 것이다.

광역교육과정은 일반적으로 언어 · 수학 · 사회 · 과학 · 예능 · 체육 · 레크리에이션 등의 일곱 가지 영역으로 이루어지므로 분과교육과정에서 편성하는 12～14개 정도의 교과보다 가짓수가 훨씬 줄어든 것이다.

(3) 생활영역교육과정(areas of living curriculum)

앞서 말한 과학적 교과교육과정과 광역교육과정은 교과의 조직을 기반으로 한 것이다. 그러나 생활영역의 교육과정은 그와는 전혀 반대로 생활 자체를 구성의 기초로 삼고 있다. 바꾸어 말하면 일상생활에서 사회적 활동이나 개인의 활동을 집중적으로 조사 분석하여, 그것을 기반으로 마련하는 교육과정인 것이다.

(4) 현성교육과정(emerging curriculum)

교육과정은 수업에 앞서 미리 마련될 것이 아니고, 교사와 학생과의 생활의 장에서 학생의 요구를 중심으로 상호 협력하여 구성되어야 한다는 것이다. 이러한 동적 교육과정은 생활의 현장에서만 이루어질 수 있으므로 현성(現成) 교육과정이라 하였다. 말 그대로 현장에서 만드는 교육과정이다.

2) Hopkins의 분류

L. T. Hopkins는 교육과정의 유형을 다음과 같이 분류하였다. 그 대요는 모든 교육은 교과교육과정과 경험교육과정으로 구분되는데, 양자 모두 여러 종류의 교육과정이 있다는 것이다. 그리고 교과형과 경험형의 중간에 위치하는 것이 광역교육과정인데, 여기에 교과중심의 광역과정과 경험중심의 광역과정이 있다.

(1) 교과교육과정(subject-matter curriculum)

교육과정을 교과 · 교재에 의하여 조직하고 교재의 이론적인 순서에 따라 여러 사실과 정의 및 원리 중심으로 구성하는 것이다. 이것은 교과 독자의 본질에 있어서 독립된 교과의 집합체가 되는 경향이 있다.

바꾸어 말하면 분과교육과정 또는 병렬교육과정이 되는 것으로서 개개 교과나 과목에 종적인 체계는 갖추고 있지만, 교과나 과목간의 횡적 연관성은 전혀 고려하지 않은 채 조직된 교육과정이다.

그리고 교과형에 속하는 교육과정의 유형은 ① 관련(상관) 교육과정 ② 광역교육과정 ③ 중핵교육과정 등이 있다고 하 였다.

(2) 경험교육과정(experience curriculum)

학생이 생활의 장에서 그때 그때의 문제를 해결하며 자기 생활경험을 쌓아가도록 조직된 것이다. 따라서 이 교육과정은 학생이 생활의 장에서 자기의 욕구를 충족시켜가는 경험의 과정이 존중된다. 이 생활의 장에서는 같은 장이 두 가지 이상 있을 수 없으므로 그 문제해결을 위한 경험이나 교재는 사전에 계획할 수 없다. 원칙적으로 그 생활의 현장에서 선정되는 것이다. 경험교육과정에서 교재를 사용한다면 그것은 그때 그때의 생활의 장에서 학생의 욕구를 충족시키고 문제를 해결하기 위하여 사용하는 수단에 불과한 것이지 그 자체가 목적은 아닌 것이다.

그리고 이에 속하는 교육과정의 유형은 ① 광역교육과정 ② 중핵교육과정의 형태가 있다.

3) Ragan의 분류

W. B. Ragan은 다음 여섯 가지 유형으로 분류하였다.

(1) 분과형 교육과정

예를 들면, 역사 · 지리 · 경제 또는 동물 · 식물 · 광물 등과 같이 과목 그 자체의 체계를 가지고 있다. 그러나 역사와 지리 및 교과 사이에는 아무런 관련도 가지고 있지 않은 채 완전히 독립된 과목으로서의 성격을 띠게 되는 것이다.

(2) 상관형 교육과정

독립된 교과 사이를 연결하며 교과교육과정의 분과주의를 타파하려는 것이다. 모든 교재의 상호관계를 모두 관련지우지는 못하나, 두 개 이상의 과목이 과목 자체의 교과의 선(subject-matter line)을 유지하면서 서로 관련지어져 있는 교육과정이다.

이들 교과목간의 관련은 지리와 역사 등 유사 교과목 간의 관련, 또 국어와 역사와 미술 등 이질 교과 간의 관련을 생각할 수 있다.

(3) 융합형 교육과정

예를 들어, 식물과 동물학에서 생물학을 구성하고, 지리 · 역사 · 경제과를 합해 사회과를 조직하는 것과 같다.

이와 같은 의미에서 융합교육과정은 상관교육과정에서 광역교육과정으로 이행하는 과정에서 생긴 교육과정 형태의 하나라고 할 수 있다. 그러므로 이것은 "상관교육과정의 한 측면과 광역교육과정의 한 측면을 동시에 가지고 있는 것이라 하겠다. 다시 말하면 교과목의 성질을 유지하면서 그 사이의 내용이나 성질면에서 다소의 공통요인을 추출하여 교과를 재조직" 한 것이다.

다만 여기서 주의할 것은 그때 생각하는 융합(fusion)의 원리가 학생들에게 있는 것이 아니고 교재에 있다는 점이다. 학생들의 흥미라든가 욕구에 기반을 둔 것이 아니라 교재 그 자체에 있다는 점이다.

(4) 통합형 교육과정

같은 분야의 여러 교과를 하나로 관련시키는 것으로, 예를 들면 역사 · 지리 · 경제를 사회과로, 읽기 · 말하기 · 문법 등을 언어과로 하는 것 또는 하나의 교과를 다른 분야의 교과와 관련시키는 것이다. 예를 들어, 국어와 역사와의 관련, 과학과 국어의 관련 등 같은 분야의 교과 또는 교과 이외의 것을 목표로 삼기 때문에 통합(integration)이라고 한다.

(5) 중핵형 교육과정

중핵교육과정에서 'core'란 사물의 중심을 뜻한다. 따라서 중핵교육과정이란 중심학습(core course)이 있는 교육과정의 전체계획을 의미한다. 즉, 통합적인 중심과정과 분화된 교과에 의해 형성되는 주변과정이 동심원적으로 결합되어 구성된 교육과정이다.

그리고 교과교육과정에 속하는 중핵교육과정의 중심과정은 필수과목을 뜻한다. 이것은 선택교과에 대한 필수교과로서 이런 의미의 중핵은 역사적으로 일찍이 발달하였다. 그러나 여기에서 뜻하는 'core'란 피교육자의 경험이나 활동이 통합적 중심을 갖기 위해 그들이 직면하는 문제나 흥미 또는 관심이 많은 주제를 중심으로 교육내용이 통합되어야 함을 뜻한다.

오늘날 일반적으로 말하는 중핵교육과정이란 보통 후자를 말한다. 따라서 문제해결을 목표하는 통합교육과정이라 해도 좋을 것이다. 통합적인 중심학습에서는 종래의 분과적인 교육구조가 폐기된다. 그리고 학습방법으로 문제해결법이 많이 적용되고 다양성 있는 학습활동과 학습자료가 필요하게 된다. 대체로 미국에서 1930~1940년대에 한창 무르익었던 중핵교육과정은 삶의 사회적 기능을 중심으로 교육과정을 계획하는데 그 특징이 있다. 한 마디로 학생들에게 '경험의 중핵', 또는 '중핵적인 경험'을 가질 수 있도록 하자는 데 그 목적이 있다. 또한 앞서 말한 경험중심 교육과정이 주로 초등학교 교육과정 개발에 그 뜻을 두었다고 하면, 중핵교육과정은 주로 중등학교 교육과정 개발에 관려되어 발전되었다.

(6) 경험형 교육과정

경험형 교육과정은 교과내용으로 구성된 지식체계보다 생활이나 흥미 · 경험 등을 중시하며, 동일한 경험의 영역에 속하는 제반경험을 광범하게 조직해서 학습하는 교육과정의 형태이다.

즉, 학습은 원리 · 원칙, 또는 기타의 지식내용을 학습시키는 일에 목적을 두고 있는 것이 아니라 학생들의 생활주변에서 제기되고, 경험하는 여러 사실에 대해서 그들의 경험내용을 흥미나 욕구 · 관심 등을 중심으로 직접 조사하거나 토의를 통하여 생활경험의 범위를 넓혀 주려는 것으로 조직된 것이다.

4) Alberty의 분류

H. Alberty는 교육과정의 형태를 크게 교과중심 교육과정(subject centered curriculum)과 경험중심 교육과정(experience centered curriculum) 및 중핵교육과정(core curriculum)으로 분류하고 있다.

한편 오늘날에 이르기까지의 교육과정은 교과중심 교육과정에서 경험중심 교육과정으로, 그리고 중핵통합 교육과정의 형태로 발전되어 왔다고 할 수 있다. 그렇지만 Caswell이 말하는 것과 같이 "교과교육과정이라 해서 경험을 아주 외면하는 것이 아니며, 경험교육과정이라 해서 교재를 전혀 안 쓰고 있는 것도 아니다. 그것은 다만 교육과정 구성의 초점을 가르치는 교과의 교재에 두느냐, 배우는 학생의 경험에 두느냐에 의해 비교적인 구분을 하는 것에 지나지 않는다."

2. 교육과정의 유형

1) 기본적 유형

(1) 교과중심 교육과정

1 개념과 발전계보

교과중심 교육과정이란 지식의 체계를 존중하는 것으로서 '학교의 지도하에 학생이 배우는 일체의 교과와 교재'를 말한다. 바꾸어 말하면, 각 교과별로 학생을 가르치는 교과과정이다. 여기서 교과란, 학문 또는 진리의 체계를 학생들의 성장이나 발달단계에 맞추어 그 범위가 쉽고 어려운 점을 취사선택한 것인데 그 골자는 학문, 또는 진리의 체계를 부여하는 데 있다. 즉, 학습자보다도 '학문 또는 진리 그 자체의 관점에 서서 학생을 학문의 세계에 이끌어 가려는 것'을 주된 교육내용으로 삼고 있다.

이것은 가장 전통적이며, 또 가장 흔한 형태의 교육과정으로서 희랍시대의 소위 7자유과(seven liberal arts : 3학, 즉 문법 · 수사 · 변증법과 4과, 즉 산술 · 기하 · 천문 · 음악)가 그 선수를 이루고 있는 것이라 하겠고, 이 유형의 교육과정은 학문의 성질에 따라서 분류되고 있으므로 대체적으로 교과와 교과 사이에 거의 연결이 없는 고립적인 통막으로 이루어져 있다. 이것이 근래에 와서는 학문의 발달과 더불어 학파, 혹은 교과의 수와 종류가 더 많아졌음은 재언할 필요가 없다.

2 기본철학

교과중심 교육과정의 기본적인 생각은 첫째로, 각 교과는 그 자체의 논리와 체계가 있고, 둘째로, 학습이란 체계적으로 전개시키는 것이 좋은 방법이라는 것이다.

교과란 문화유산을 계통적으로 조직 · 분류한 이른바 교과의 체계다. 이렇게 체계적이며 조직적인 교과를 통해 학습자로 하여금 문화유산을 유용하게 활용할 수 있도록 학습시키려는 것이다.

근래에 와서 교과와 교과를 되도록 관련지우려는 노력이 보이고 있으나 전통적인 교육은 교과의 구분을 없애면 교육의 기초가 파괴된다고 생각한다. 특히 교육이란 생활의 문제를 올바르게 처리하는 능력의 배양이며, 교육과정은 생활능력을 기르는 것이 특징이므로, 여러 가지 교과를 체계적으로 학습시키는 것이 가장 효과적인 방법이라고 주장한다.

3 일반적 특징

첫째, 학생들에게 일률적인 교재가 부여되고 학습활동은 한정된 교과영역에서만 행해진다. 이것은 교육의 획일화 기계화 전체화를 초래하므로 교과과정의 큰 결함이기도 하다. 이런 교과의 영역을 규정하는 것을 교과선(subject-matter line)이라 한다. 교과가 규정하는 이런 영역 안에서만 그 내용을 다루고 그에 의거하여 학습활동이 전개된다. 바꾸어 말하면, 학습은 일정한 교과영역에서 벗어나지 못하고 항상 그에 구속을 받으므로 교과영역 밖의 활동을 기대할 수 없다.

둘째, 모든 수업의 통제는 교사의 손에 달려 있고 지식과 기능 신장에 중점을 둔다. 교과중심 교육과정은 개인의 의견이나 문제, 또는 욕구 등으로 변경시킬 수 없다. 교육과정은 중앙관청에서 통제되고 최저요구기준(minimum-essentials)과 학년기준이 정해진다. 그리고 학습은 교과서를 중심으로 교사가 주동적인 입장에서 수업을 통제한다. 학습내용은 인류문화의 유산을 체계화한 것으로서 많은 지식과 기능을 습득시키는 것을 주된 내용으로 삼는다.

셋째, 수업에 앞서서 미리 정해진 계획과 조직으로 출발한다. 즉, 수업을 하기 전에 어떤 내용을 누가 언제 누구에게 어떤 방법으로 가르치느냐를 면밀하게 계획한다. 또 학생들의 입장에서는 자기는 장차 누구에게서 무엇을 배울 것인가 하는 것을 알 수 있게 된다. 이와 같은 면에서 대단히 조직적이고 계통적인 질서 정연한 학습생활을 영위할 수 있다.

역사적으로 볼 때 교과중심 교육과정이 오랫동안 행해지고 있는 이유로서는,

- 경험을 해석하고 문제를 해결할 때, 어느 정도까지는 체계적인 지식이 필요하다는 것
- 교과중심 교육과정은 간단하고 명료하게 되어 있어서 알기 쉽다는 것
- 교과의 가감, 교과서의 변경 등으로 교육과정의 개조가 용이하다는 것
- 학습효과의 판정이 용이하고 객관적으로 측정하기 쉽다는 것
- 상급학교의 입학요건이 일반적으로 교과본위로 이루어져 있다는 것
- 일반적으로 교사에게나 양친에게, 또는 피교육자들에게도 오랫동안 널리 익숙하게 되었다는 것
- 교육과정의 중앙집권적 통제가 용이하다는 점 등을 들 수 있다.

4 문제점

첫째, 단편적이며 분과적인 교과조직에 빠지고 교과의 전체를 통합하는 전체구조가 부족하다. 즉, 교과교육과정에서는 전체로서의 통일이나 연관성이 없는 단편적 분할이 심하여 통합성 부족이 큰 문제점이라 하겠다.

둘째, 학습에 활기가 없고 가르치는 교재에 치중하여 학생의 적극적인 반응활동의 유발에 실패하기 쉽다. 교과중심 교육과정은 학습활동이 한정된 학과영역 안에서만 행해지므로 일정한 교재를 가르치기에만 정신을 빼앗긴다. 그러므로 학생의 흥미나 필요가 무시당하기 쉽다는 점이 하나의 문제점이라고 하겠다.

셋째, 비실용적인 지식의 획득이나 단순한 언어주의에 빠지기 쉽다. 바꾸어 말하면, 학습지도에서 주된 방법이 설명식 강의 방법이라는 것이다. 즉, 문제해결이라던가 자료해석, 원리의 실제 응용같은 노작적이며 활동적인 학습활동도 요구되고 있는데 이와 같은 것은 별로 고려하지 않는다.

넷째, 지식의 체계를 존중하고 교과의 내적인 적합성과 논리적인 일관성을 중시하는 나머지 학생의 요구를 경시하고 성인사회의 요구를 강조한다. 특히 교과교육과정은 흔히 현대의 긴급한 사회문제와는 유리되어 있다는 점은 큰 단점이라 할 수 있다.

다섯째, 학습지도가 일률적으로 시작되고 교사의 전제에 빠지기 쉬우므로 근대학교의 목표하는 바 민주적인 가치에서 동떨어지기 쉽다는 점을 들 수 있다.

(2) 경험중심 교육과정

① 개념과 발전계보

경험중심 교육과정이란 경험의 체계를 존숭하는 것으로서 '학교의 지도하에 학습자에 의하여 행해지는 일체의 경험과 활동'을 말한다. 바꾸어 말하면, 교육의 관점을 학생의 생활 및 경험에 두고 성장·발달을 학습과 경험의 종합적·연합적 발전으로 보아 학생들로 하여금 민주주의 사회에 알맞은 경험을 체득시키려는 것이다. 따라서, 교육의 내용을 사회에 있어서의 생활과 경험에서 찾고 그것을 조직화 계통화하여 학습자에게 활동시키려는 것이다. 이것은 교육에 있어서의 아동중심 사상에 기인하는 것으로서 J. J. Rousseau 이후 수세기를 두고 제창되어 왔으나 그 실시는 이십세기에 들어와서야 가능해졌고 J. Dewey의 힘을 입은 바 크다.

② 기본철학

교육과정 구성의 기초가 교과에서 경험으로 발전한 것은 교육과정의 초점을, 가르치는 교과·교재로부터 배우는 학생에게 옮기고, 지식에서 활동으로, 학문에서 생활로 옮김을 뜻한다. 즉, 청소년들에세 교과서를 주는 대신 실제적인 생활의 장을 부여하고, 거기서 청소년의 문제를 중심으로 구안적인 단원을 구성하는 것이다. 그리고 생활이나 행동을 통해 경험시키고 문제해결에 필요한 지식이나 기능을 학생 스스로 수집하고 구성하도록 지도하는 것이다.

2 일반적인 특징

첫째, 학생들의 흥미나 필요, 욕구 등 그들의 특수 능력에 의한 개인차가 존중된다. 특히 학생의 흥미와 필요를 토대로 한 수업이 이루어지고, 그 자발적인 활동을 촉진한다는 점이 큰 특징을 이루고 있다.

둘째, 경험중심의 교육과정은 수업에 앞서서 사전에 계획될 수 없다.

셋째, 민주사회에 있어서의 시민적 가치를 체득시킴에 유리하다.

넷째, '행함으로써 배운다'는 학습심리의 근본적인 진리에 합치되며, 생생하고 활기있는 학습을 할 수 있다.

다섯째, 비실용적인 학문을 떠나서 실제적인 생활의 장을 부여하고 생활문제와 결부되어 생활문제를 올바르고 종합적으로 처리할 수 있는 능력을 기른다.

Hopkins는 경험중심의 교육과정의 기본적인 특징을 다음과 같이 진술하고 있다.

- 교육과정의 중심을 교과에 두지 않고 학생에 둔다.
- 교재를 가르치는 데 중점을 두지 않고 청소년의 원만한 성장을 촉구하는 데 중점을 둔다.
- 교재는 미리 선택되고 조직된다기 보다는 오히려 학습의 장에서 결정된다.

표 2-1 교과중심 교육과정과 경험중심 교육과정의 비교

교과중심 교육과정	경험중심 교육과정
1. 교과목을 중심으로 한다. 2. 교재의 교수를 중시한다. 3. 자기자신을 위하여 또는 장래생활에 대비하기 위하여 지식기능의 전달을 강조한다.	1. 학습자를 중심으로 한다. 2. 학습자의 전인적 발달을 중시한다. 3. 자기 생활의 개선을 목표로 하고 그에 활용될 수 있는 경험을 강조한다.

4. 생활의 경험을 간접적으로 받아들인다.	4. 생활의 경험을 직접적으로 받아들인다.
5. 실제지도에 직접 관계없는 제삼자에 의하여 구성되고 통제된다.	5. 학생과 교사 부모 교육행정가 기타의 많은 사람에 의하여 구성되고 통제된다.
6. 모든 학습자가 학습장면에서 동일한 반응을 보이고 동일한 학습효과를 기대한다.	6. 개개의 학습자가 학습장면에서 다양성 있는 반응을 보이고 획득한 학습결과가 다양성 있기를 기대한다.
7. 특수한 교과의 특수한 교수방법의 개선을 강조한다.	7. 학습과정의 끊임없는 변화 갱신을 도모하고 진보를 촉진하는 것을 강조한다.
8. 교육과정 구성의 원리적인 모형에 기인하는 교육을 강조한다.	8. 사회성 있는 동적 창조적 개성을 구현함에 중점을 둔다.
9. 학교에서 가르치는 것을 내용으로 한다.	9. 경험의 연속적 총체적 발전으로서의 내용을 생각한다.
10. 사장된 지식의 획득이나 언어주의에 빠지기 쉽다.	10. 사람은 행함으로써 배운다는 학습심리의 근본적 진리에 합치한다.

(3) 학문중심 교육과정

① 개념과 발전계보

학문중심 교육과정의 발전에 결정적인 영향을 미친 것은 1960년에 J. S. Bruner에 의하여 출판된 '교육의 과정'(The Process of Education)이라고 하는 세미나 보고서이다. 1957년 구 소련에서 인공위성 스푸트니크호가 인류 역사상 최초로 발사되자, 미국의 과학교육은 무엇을 했느냐는 비판이 미국 국내에서 거세게 일어났다. 이에 대한 반응으로 미국의 초·중등교육에 있어서의 교육 전반, 특히 과학교육의 새로운 방향을 모색하기 위한 세미나가 개최되었다.

세미나는 스푸트니크 발사 후 2년이 지난 1959년에 미국의 Woods Hole이라는 곳에서 열렸고, 수학, 심리학, 역사학, 교육학, 물리학, 생물학 등 여러 분야의 학자들과 교육자 35명이 참가하였다. 이 모임은 여러 차례의 회의를 거듭하였고, 하버드 대학의 Bruner는 세미나의 종합보고서로서 '교육의 과정'을 출판하였다.

Bruner의 '교육의 과정'이 제시하고 있는 것은 여러 가지 있지만, 크게 보면 교육과정의 내용을 사실, 개념, 법칙 등 이른바 지식의 구조를 따라서 조직해야 한다는 교육과정의 구조화와 교수방법에서 학습자가 학습하는 가운데 스스로 원리를 발견하고 응용하도록 해야 한다고 주장한 발견학습(discovery learning) 또는 탐구학습(inquiry learning)의 주장이다. 즉, 교육내용의 조직과 관련해서는 교육과정의 구조화를 주장했고, 학습방법에서는 발견학습이나 탐구학습이 주장되었다.

교육과정의 구조화는 위에서 잠깐 서술한 바와 같이, 교과의 내용을 그 교과가 구성하고 있는 사실, 개념, 법칙, 가치 등으로 조직하려는 것이다. 교과의 개념이나 법칙이 이처럼 체계적으로 조직되어 있는 것을 '지식의 구조'라고도 한다. 지식의 구조는 교과면에서 보면 개념과 법칙의 체계이지만, 학습자의 면에서 보면 사물이나 현상이 어떻게 관련되어 있는가를 이해하는 것이 곧 지식의 구조라고 Bruner는 '교육의 과정'에서 말하고 있다.

2 기본철학

개념과 법칙 중심으로 구조화된 현대의 교육과정을 학문중심 교육과정이라고 부르고 있는 것은 교육내용의 핵심이 되는 개념과 법칙들이 그 교과의 학문적인 체계를 따라서 형성된 결과이기 때문이다. 학문중심 교육과정에서는 사고의 체계를 중요시하기 때문에 개념이나 법칙을 내용으로서 전달한다기보다 그 교과에서 요청되는 사고의 방식을 그 교과의 개념과 법칙을 중심으로 학습하도록 하는 것이라고 할 수 있다. 학문중심 교육과정에서는 내용의 암기보다는 탐구의 방법과 응용을 중요시하는 것은 바로 이 때문이다.

3 일반적 특징

첫째, 교과를 구성하고 있는 사실, 개념, 법칙 등의 기본적인 내용을 구조적으로 파악하기 때문에 교과의 전체적인 내용을 이해하기 쉽다. 교육내용을 체계화하기 쉽고, 중요한 것과 중요하지 않은 것을 쉽게 가려 낼 수 있으며, 교과의 본질적인 핵심에 직접적으로 접근할 수 있다.

둘째, 교과의 내용을 구조적으로 이해하기 때문에 학습내용에 대한 기억효과가 오래가며, 전이(transfer) 효과도 크게 나타난다.

셋째, 기본적인 원리나 법칙을 중심으로 교과의 내용을 이해하기 때문에 그러한 내용은 구체적인 사실이나 정보를 암기하는 것보다는 훨씬 더 응용의 폭이 넓다.

넷째, 고등지식과 초보적인 지식 사이의 간격을 좁힐 수 있는 장점이 있다. Bruner에 의하면, 어떠한 원리나 법칙이나 개념은 이해의 정도의 차이는 있지만 그 기본원리는 어느 누구에게나 가르칠 수 있다는 것이다.

4 문제점

첫째, 교육내용으로 조직해야 할 사실, 개념, 법칙, 가치들을 어떻게 선택하고 확정하느냐 하는 문제이다. 각 교과의 영역에서 기본적인 개념이나 내용이 어떠한 것이냐에 대해서는 각 학자마다 시각에 따라 달라질 수 있다. 이러한 상황에서 수업을 실제로 담당하는 일선교사들이 개념과 법칙을 실제로 구성하기는 매우 어려운 노릇이다. 가르쳐야 할 개념과 법칙이 어떠한 것들인지 확정되지 않은 상태에서 일선교사들은 구조화된 교육과정으로 수업을 하기보다는 전통적인 방법으로 수업을 진행하기 쉽다.

둘째, 학문중심 교육과정은 교과의 기본구조에 따라서 기본적인 개념이나 법칙을 제시하고, 학생들이 그러한 기본적인 사항을 여러 갈래로 응용할 수 있는 능력을 기르는 것을 중요한 목표로 한다. 여기에서는 필수적으로 학생들이 높은 학습의욕과 동기를 가지고 학습에 적극적으로 참여하는 것이 요청된다. 또, 그러기 위해서는 풍부한 학습자료가 필요하게 된다. 그러나 학생들 자신이 적극적으로 참여하려고 하지 않거나 필요한 학습자료들이 잘 개발되지 않는 상황에서는 교사의 주입식 수업에 빠지기 쉽다.

R. L. Neagley와 N. D. Evans가 교과중심 교육과정과 학문중심 교육과정의 특징을 비교해 놓은 것을 보면 〈표 2-2〉와 같다.

표 2-2 교과중심 교육과정과 학문중심 교육과정의 비교

교과중심 교육과정	학문중심 교육과정
1. 지적 성장을 강조한다.	1. 지적 성장을 강조한다.
2. 장래생활을 위한 준비를 강조한다.	2. 장래생활 준비는 물론 학습자의 현재 생활까지도 강조한다.
3. 원리의 응용은 모든 사람이 성취할 수 있다고 생각한다.	3. 성취에는 차이가 있다는 것을 인정한다.
4. 집단학습과 학급집단의 일정한 수준을 강조한다.	4. 개인차를 인정하고 개별학습과 집단학습의 장을 마련해 준다.
5. 사실의 기억을 중시한다.	5. 개념의 의미와 이해에 중점을 두고 학습할 교과의 구조, 목적, 방법 및 역사 등의 이해를 강조한다.
6. 교과서 중심으로 가르칠 것을 강요한다.	6. 발견, 실험, 탐구, 증명을 권장하고 도서, 시청각적 교재를 사용할 것을 요구한다.
7. 합리적으로 교과를 가르칠 것을 강조한다.	7. 학습방법은 연구해 나가는 학과에 따라 정해지며, 때로는 논리적인 방법을 사용하기도 한다.
8. 학습되어질 교과목의 수는 한정되어 있다.	8. 학습할 수 있는 학과의 수는 한정되어 있다.
9. 민주시민이 되기 위한 준비를 목표로 강조하지 않는다.	9. 건전한 민주시민이 되기 위한 준비가 목표에서 거의 언급되지 않는다.

(4) 통합교육과정

1 개념과 발전계보

통합교육과정에서는 종래의 분과적인 교과구조가 폐기된다. 그리고 학습방법으로 문제해결이 많이 적용되고 다양성 있는 학습활동과 학습자료가 필요하게 된다.

통합교육과정은 다학문적 접근을 통해서 만이 완전히 이해될 수 있는 현대 사회의 문제를 다루고 있다. 다학문적 접근이란 개별적인 분야의 독립성이 약화되면서 통합적인 주제가 중심이 되도록 하여 내용을 재구성하는 방식이다.

사회문제나 생활문제가 통합적으로 다루어지지 않는다면 이들 문제가 잘못 이해되거나 최악의 경우에는 그러한 문제를 다루지 못할 것이다. 예컨대, 성교육은 좋은 예가 될 것이다. 이 주제는 학교교육과정의 여러 과목에서 다루어질 수 있으나 통합교육과정의 학습지도의 형태를 적용하는 것이 이러한 주제를 다룰 수 있는 거의 유일한 방법이다.

2 기본철학

현대사회는 폭발적으로 문제가 증가하고 있으며, 이러한 시대적 상황 속에서 개인이나 사회가 당면하는 문제들을 해결하기 위해서 필요로 하는 지식을 통합하여 응용할 수 있는 통합적 지식이 요구된다.

또한 교육력의 증진을 요구하는 현대사회의 특징으로 인한 학교교육에서의 교육과정 통합에 대한 요청은 그 어느 때 보다도 강하게 일어나고 있다. 전세계적인 관심 속에서 많은 국가들이 교육과정의 통합화를 도모하고 있는 실정이다.

통합교육과정의 목표는, 첫째로, 일정한 목표에 의해 교육구성의 융합을 도모하고 **둘째로**, 융합된 교육구성에 의해 개인의 인격적인 통일을 의도하며 **셋째로**, 통일된 인격체로서 개인에 의하여 구성되는 통일성 있는 사회를 실현하려는 것이다.

분화를 특징으로 하는 현대사회에서의 지식은 각 부분의 점증하는 복잡성의 상호관련성을 이해하여야만 의미가 있고 쓸모가 있다는 생각이 증가하고 있다. 따라서 분화를 통합으로 바꾸는 노력의 하나가 교육적 처방으로서 교육과정 통합으로 나타난 것이라고 볼 수 있다. 이 점에서 교육과정 통합은 분과중심 교육과정에 대한 상보적 관계에 있다고 보여진다. 즉, 지식의 분화현상에 대한 보완책으로 교육과정 통합은 중요한 의미를 갖는다.

3 일반적 특징

첫째, 통합교육과정의 가장 명백한 기능은 지식의 분절화를 막을 수 있다는 데서 찾을 수 있다. 다시 말하면 지식의 전문화, 세분화 경향이다. 때문에 고도로 분업화되고 있는 현대사회의 다변화 현상에 대처하기 위한 사회적 통합에 크게 공헌할 수 있다.

둘째, 교육과정의 통합적 접근은 지식의 기본원리 이해에 공헌할 수 있다. 즉, 폭발적인 지식의 상황 속에서 교육과정 구성의 어려운 문제를 해결해 줄 수 있다는 점에서 기본개념이나 원칙을 중심으로 교육과정을 조직하면 그 내용을 모두 포괄할 수도 있다는 것이다. 즉, 이는 통합적 접근을 통해서만이 가능하게 된다는 것이다.

셋째, 통합교육과정은 학생들의 심리적 특성을 더 많이 고려하여 짜여진다. 통합교육과정은 이론적인 근거 위에서 고려되는 것이 아니라, 학생의 심리적 발달에 입각하여 통합하는 것이며, 이는 학생의 흥미와 필요에 맞는 것이 된다.

넷째, 학생들의 학습동기를 더 효과적으로 유발하여 준다.

교과중심 교육과정에서처럼 교사의 일방적 설명이나 시험 및 경쟁과 같은 외적 동기에 의존하는 것이 아니라, 앞에서 강조한 바와 같이 교육과정의 통합은 흥미와 필요에 더욱 적합한 것이기 때문에 추상적인 것 보다는 구체적인 것을 강조하고 학생의 자발적 참여를 촉진시킴으로써 협동적 학습의 기회를 제공하게 해 준다. 따라서 학생의 흥미가 자극됨으로써 학습동기는 쉽게 유발될 수 있다.

다섯째, 학습된 지식을 적용할 기회를 많이 가지므로 학습의 효과를 높여준다는 것이다. 학생들은 학문적인 추상성을 학습하도록 요구받는 것이 아니라, 적절한 교육적 환경의 경험과 탐색을 통해서 그들 자신의 사고의 형태를 계발하도록 요구받는다. 특히 다학문적 접근에 의한 학습은 전이도가 높은 지식을 보다 더 광범위하게 적용할 수 있는 기회를 학생들에게 제공할 수 있다는 것이다.

여섯째, 통합교육과정은 지적 발달 뿐만 아니라 정의적 측면을 포함하는 전인격적 성장에 관심을 가지게 되며, 특히 자율적 학습과 책임 분담 등을 통해서 학생들의 긍정적 자아개념형성에 공헌한다는 것이다. 통합이라고 할 때 이는 학교 프로그램 속에서 학생들이 가지는 모든 경험들이 서로 관련되고 하나로 정리되어 인격적 통합에 기여한다는 것을 의미한다.

4 유 형

① 개인중심 통합교육과정

통합의 요소를 학생개인의 필요와 흥미에 두는 교육과정이다. 이런 교육과정은 활동중심 교육과정이 되기 쉽다. 이러한 활동중심 교육과정에 의해 교육이 이루어진 대표적인 것으로는 J. Dewey의 실험학교, A. S. Neill의 Summer Hill 등을 들 수 있다. 대체로 이러한 학교들은 중등교육보다는 초등교육의 프로그램에 의해 많이 적용되었다.

② 사회중심 통합교육과정

이 교육과정은 급변하는 사회에 있어서 사회문화의 공통요인의 가치를 재구성함으로 인하여 사회질서, 사회통치, 사회개조에 필요한 특성, 능력 태도를 길러 주고자 하는 데 있다. 유형으로는 사회기능 중심과 사회문제 중심의 두 가지가 있다. 사회기능 통합과정은 사회의 기능, 즉 어느 사회에서나 공통되는 기본적 일반 사회활동을 통합의 요소로 삼는다. 반면 사회문제 통합과정은 사회생활의 여러 가지 문제를 중심으로 하는 것이다.

③ 교과중심 통합교육과정

이것은 가장 흔한 형태로 교과와 교과를 통합한 것이다.

예를 들어, '민주주의'란 제목으로 영어와 사회과를 통합시키고, 시간도 그에 따라 길게 할당하여 학습하는 형식이다. 교과의 통합에서 가장 명확한 것이 영어와 사회과의 통합이다.

통합의 방법으로서는 세 가지 수준의 통합을 들 수 있다.

첫째는 교과수준에서의 통합이다. 교과 자체는 사고의 통합체제일 뿐만 아니라, 다른 교과와 더불어 관련지을 수 있는 근원이기도 하다.

둘째는 개별학문의 영역의 논리성이 존중되는 간학문적 협력의 수준이다. 이에 관한 예로서는 지리, 역사, 과학으로 구성되어 있는 환경교육 프로그램을 들 수 있다.

셋째는 각 학문의 독자성을 고려하지 않고 이론적 원칙보다는 심리적 원칙을 기준으로 새로운 형태의 지식을 조직하는 수준이다. 주제중심 프로그램이 이 범주에 속한다.

5 통합교육과정의 접근방법

통합교육과정의 접근방법은 크게 세 가지를 들 수 있다.

① 다학문적(multidisciplinary) 통합

이는 교과영역의 자율성이 보장되면서 상호독자적인 분야에서 관련있는 주제를 다루는 것이다. 즉, 다양한 측면을 가진 어떤 문제를 여러 학문적 입장에서 접근방법을 분석해 보고 그에 대한 다각적이며 종합적인 조치를 취함으로써 문제를 해결해 가는 방식이다.

② 간학문적(interdisciplinary) 통합

이는 학문간의 구조적 혹은 탐구방법상의 관련을 생각하여 하나의 학문의 대상분야에 다른 하나의 방법 혹은 모형을 적용하거나 넓은 목표를 잡고 이와 관련된 내용을 구조적으로 묶어서 통합하는 방식이다.

③ 탈학문적(extradisciplinary) 통합

이는 교과의 구조를 무시하는 구조없는 접근방법으로서 학생에게 경험의 선택이 주어지는 학생중심의 접근방법이다.

⑥ 문제점

교육과정의 통합은 단순히 지식, 경험을 포함한 교육내용을 구성하는 방식에서 뿐만 아니라, 통합프로그램 운영을 위한 학교운영의 방식에서도 통합적인 노력이 요구된다. 즉, 통합은 학교상황에서 사람들의 상호작용에도 영향을 미치며 교육목적을 위한 시간운영, 공간활용, 자료활용 등에도 영향을 미친다. 따라서 통합교육과정의 운영을 위해서 융통성 있는 시간표, 협동교수제 및 공간의 활용과 자료의 운용 등이 충분히 고려되어지지 않으면 실패하기 쉽다.

2) 특수유형

교육과정은 교육목표를 달성하기 위한 수단이다. 바꾸어 말하면, 교육목표는 교육과정에 의해서 달성되는 것이다. 따라서, 교육과정은 학교에서 작성한 교육목표를 달성할 수 있는 형태를 선정해야 한다. 그럼에도 불구하고 종래에는 교육과정이라 하면 아무런 비판이나 반성 없이 덮어놓고 교과중심의 교육과정을 받들어 왔었다. 그러나 그것은 큰 잘못이다. 극단적으로 말하면 위험한 것이기도 하다. 왜냐하면 그에 의해서 학생에게 부여하는 경험과 지도내용이 결정되기 때문이다.

(1) 인간중심 교육과정

20세기에 들어서면서 과학기술이 급속도로 발달하고 고도 산업화가 이루어짐에 따라 나타나는 인간성의 매몰과 비인간화의 경향이 심각한 문제로 제기되고 있는 시점에서 교육의 적절성과 아울러 강조되기 시작한 것이 인간교육의 강화였다.

인간중심 교육과정의 기본적 사고는 인간이 자기의 자아를 실현하고 인간관계에서의 느낌이 상통하는 교섭이 있어야 한다는 것이다.

그러므로 학교교육에서는 인간의 자아실현과 사회생활을 위한 경험의 통합을 중요시하고 있다. 여기에서 경험의 통합이라는 것은 생활의 장을 중심으로 하는 문제상황에서의 인간적 경험을 제공해야 한다는 것이다.

어떻든간에 인간중심 교육과정은 교육의 새로운 전략으로서 나타난 것이며, 학교교육의 적절성을 찾으려는 운동으로서 출발하였다는 것은 틀림없는 사실이다. 최근 인간중심 교육을 강조하는 사람들은 앎의 새로운 방법을 모색하고, 통합체로서의 인간자체에 교육의 강조점을 두며, 그 목적은 전일체로서의 인간의식을 함양하고 인간소외 현상을 줄이며, 사회화과정에서 정의적 측면을 강조하여 지(知)와 정(情)을 통합하려는 것이다. 그리고 생활로서의 교육을 강조하여 느낌, 사고, 감정 등을 포함하는 전일체로서의 인간(whole man)을 기르려는 데 관심을 둔다.

그러므로 오늘날의 학교교육은 개인으로 하여금 자아실현을 하게끔 돕고 복잡한 현대사회에서 자기가 지닌 역할을 원활히 수행할 수 있는 능력과 의식을 가지게 하는 것이 인간중심 교육이며 이러한 교육을 위한 내용이 인간중심 교육과정이다.

(2) 잠재적 교육과정(latent curriculum)

잠재적 교육과정(latent curriculum)은 공식적인 교육과정인 표면적 교육과정에 비하여 비공식적인 교육과정이다.

잠재적 교육과정은 눈으로도 볼 수 없고 들어 나지도 않고, 학교에서 의도했던 목표는 아니지만, 그리고 문서화되거나 공식화되는 일은 없으나 학교 속의 상호작용을 통해서 은연중에 잠재적으로 학습하게 되는 교육과정이다. 이것은 내재적 교육과정(implict curriculum) 또는 숨은 교육과정(hidden curriculum) 등으로도 불리운다.

잠재적 교육과정은 각 학생에 따라 달리 학습된다. 표면적 교육과정에 비해 서서히 배우기는 하나 그렇게 쉽게 잊어버리지는 못한다. 또 잠재적 교육과정은 비가시적이고, 서서히 배우기는 하지만 표면적 교육과정보다 그 영향력이 크다는 사실에 주목할 필요가 있다.

교사의 정의적 특성, 학급 내의 인간관계, 교사와 학생의 관계 등 학교나 학급의 환경적·구조적 특징이 주로 학생에게 미치는 영향으로 지적되고 있다.

잠재적 교육과정의 특징을 표면적 교육과정과 비교하여 설명하면 다음과 같다.

첫째로, 표면적 교육과정이 교과에 관련이 있다면, 잠재적 교육과정은 주로 비교과적인 활동에 관련이 있다. 즉, 비교과적인 놀이·행사·운동회 등의 각종 행사 및 단체활동·개인활동 등을 통하여 배우는 것을 의미한다. 그러나 잠재적 교육과정도 교과를 통하여 배우는 경우가 전혀 없는 것은 아니다. 수학이라는 과목을 배움으로써 수학이란 정말 어렵고 재미없는 과목이라는 것을 배웠다면, 이는 교과가 매개가 되어 배운 잠재적 교육과정의 좋은 예가 된다.

둘째로, 표면적 교육과정이 주로 지적인 것이라면, 잠재적 교육과정은 주로 비지적인 것과 관련된다는 점이다. 잠재적 교육과정의 대부분의 연구는 잠재적 교육과정을 비지적인 것의 경험과 관련시키고 있다.

셋째로, 표면적 교육과정은 주로 학문과 지식에 관련되는 반면에, 잠재적 교육과정은 주로 생활기능에 관련된다는 것이다. 학생들이 학교에 나오는 목적은 공부하는 것이지만, 학교도 분명히 하나의 사회이기 때문에 학생이 공부하려는 목적을 달성하기 위해서는 이 사회에 잘 적응하지 않으면 안 된다. 잠재적 교육과정은 하나의 사회로서 학교라는 곳에 적응할 수 있는 여러 가지 생활기능을 배우게 한다.

넷째로, 표면적 교육과정은 일시적·단기적으로 배우는 데 반하여, 잠재적 교육과정은 장기적·반복적으로 배운다는 점이다. 교과에서 배운 것은 한번

학년이 지나가면 다시 배울 기회는 거의 주어지지 않는다. 정해진 시간계획에 따라 정해진 구성을 한번 배우면 그만이다. 이것이 표면적 교육과정의 일반적인 특징이다.

다섯째로, 표면적 교육과정이 주로 바람직한 내용인 데 반하여, 잠재적 교육과정은 바람직한 것뿐만 아니라, 바람직하지 못한 것도 포함한다는 것이다. 학교가 사회적으로나 도덕적으로 용인될 수 없는 것을 가르치려고 하지 않는 것은 그 제도의 설립목적상 당연하다. 그러나 잠재적 교육과정은 학교의 의도와 관련없이 배워지는 것이기 때문에 도덕적으로, 그리고 사회적으로 나쁜 것도 좋은 것도 섞여 있기 때문이다.

잠재적 교육과정을 통하여 학생들이 얼마나 바람직한 것을 배우느냐 못배우느냐 하는 것은 전적으로 그 학교의 잠재적 교육과정의 장에 의하여 결정되는 문제이다. 학교에서 학생들은 흔히 욕설을 배우는가 하면 친구들에게 봉사하는 것도 배운다. 학생들은 바람직한 것도 바람직하지 못한 것도 동시에 배우게 마련이다.

(3) 나선형 교육과정(spiral curriculum)

나선형 교육과정이란 Bruner에 의해서 제창된 것으로 교육과정 조직의 **계속성의 원리**를 활용하여, 같은 것을 계속적으로 단순히 반복하는 것이 아니라 점진적인 심화·확대를 더 강조하여 반복함으로써 완전학습에 이를 수 있다는 교육과정을 말한다.

즉, 지식의 구조를 학년마다 반복시키는 교육과정 내용의 종적 조직방식이다. 동일한 개념을 수준 차이를 두고 매 학년마다 반복하여 최고의 개념까지 도달하게 하는 교육과정이다. 동일한 개념을 학년마다 반복함으로써 각 개인의 지적 발달 단계에 따라 적절한 학습기회가 포착될 수 있으리라는 가정을 가지고 있고, 반복의 기회를 줌으로써 학습이 보다 의미있게 이루어진다고 본다.

(4) 개방(열린)교육과정(open curriculum)

개방교육과정(open curriculum)은 인본주의 교육과정 또는 진보주의 교육사상과 맥락이 같다. 즉, 학습이란 문제해결의 과정으로서 학습자가 주동이 되어야 하며 학습자는 그의 경험을 결과에 비추어 부단히 평가하여야 한다고 주장한다. 개방교육과정을 주장하는 사람들은 진보주의자들이 지적인 학습을 무시함으로써 저질렀던 과오를 되풀이하지 않으려고 애를 쓰고 있다는 점에서 진보주의 교육과정과는 차이가 있다.

오늘의 학교는 꽉 짜여진 시간표에 따라 미리 작성된 교안대로 가르치는 것이 특징이며 규칙과 통제만 있고 즐거움이 없는 것임에 비해 개방교육과정은 학생들에게 자유로우며 풍부하고 광범한 학습환경을 제공하기 위한 운동으로 시작된 것이다.

3. 교육과정 형태의 선택

교육과정은 교육목적을 달성하기 위한 수단으로 성립된다. 따라서 교육과정을 구성하려면 교육목적을 설정해서 구체적인 교육목표의 진술이 선행되어야 한다. 교육목적이 설정되면 그 목적을 달성할 수 있는 교육과정 내용을 어떤 형태로 결정해야 할가가 문제된다. 이것은 교육과정의 실제 구성단계에서 가장 먼저 정해야 할 문제다.

1) 교육과정 형태의 결정요인

첫째로, 교육구성을 이론적인 지식체계로 볼 것인가, 학생의 생활 경험으로 볼 것인가 하는 교육내용의 성격에 따라 달라진다.

둘째로, 교육구성을 지식체계로 보든 경험체계로 보든지를 불문하고, 그것을 분과적 또는 융합적인 것으로 하느냐의 분과 · 종합의 경도에 따라 달라진다.

셋째로, 그러한 교육구성을 사계의 전문가나 또는 특정 인사가 선택하고 조직할 것인가, 또는 학생이 교사의 지도 아래 자기실현을 위한 과제를 해결하도록 선택하고 조직할 것인가라는, 선택 · 조직의 과정이나 방법에 따라 달라진다.

2) 교과형 형태의 선택요인

첫째, 교과형 교육과정의 구성을 효과적으로 구성하면 학습자가 필요로 하고, 학생들에게 가르쳐야 할 교재를 택할 수 있다. 그러나 이에 반하여 경험형은 학생들에 의해서 학습문제가 결정되므로 효율적인 학습을 기할 수 없는 위험성이 있다.

둘째, 교과형 교육과정은 학생들에게 필요한 지식 · 기능을 빠짐없이 부여할 수 있음을 보장하나, 경험형에서는 그 보장이 약하다.

셋째, 교과형 교육과정은 이론적으로 조직되는 경향이 있으므로 학습자는 지식의 구조를 살필 수 있으나, 경험형은 그 가능성이 적다.

3) 경험형 형태의 선택요인

첫째, 경험형은 학습자의 흥미에 기인된 목적이 학습을 동기지우고 자극하게 되는 바와 같이 학생들에게 흥미있는 과제나 주제에 의해서 조직되지만, 교과형은 본래적인 성인 본위로 이루어지므로 학생들의 흥미를 돌보지 못하는 경향이 있다.

둘째, 경험형은 교사에 의해서 적당히 지도되면 현실적으로 필요한 모든 교재를 포함해서 조직할 수는 있으나 교과형은 현실의 사회생활에서 가치가 적은 교재를 포함시키기 쉽다.

셋째, 경험형은 학습이 진실한 것이 될 수 있는 사실 · 관계 · 의미 등을 학습자로 하여금 파악하게 할 수 있으나, 교과형은 교과의 내용과 계열을 추구하게 되므로 생활에서 고립된 사실의 간접적인 경험을 강조하는 것임에 불과하다.

교육과정 개발의 절차와 방법

CHAPTER

03

1. 교육과정 개발의 기초적 요인
2. 교육과정 개발의 기본원리
3. 현대 교육과정 개발의 동향
4. 교육과정 개발의 절차
5. 교육과정 개발계획과 활동
6. 교육목적의 설정

1. 교육과정 개발의 기초적 요인

교육과정 개발(구성)의 실제적인 단계에 들어가면 교육원리에 위배되는 경우가 생기고, 사회가 요구하는 측면에 비추어 본 모순점이 제기된다. 또한 교사의 지도 능력이나 학교시설 면에서 거리가 생기게 된다. 그 뿐만이 아니라 가장 중요한 것은 학생인데, 그들의 발달단계에 맞지 않는 문제들이 나타나게 된다.

즉, 현대교육과정의 이론이 요구하고 있는 기본적인 성질에 부합되는 보다 이상적인 교육과정을 구성하려 해도 교육원리적인 면에서, 또는 심리적인 면이나 다른 많은 현실적인 측면에서 복잡하고 다양한 문제점이 야기되게 된다. 이들이 곧 교육과정 개발의 기본요인으로 제기되는 것이다.

1) 철학적 · 이념적 요인

교육과정 구성의 제1의 기초는, 오늘의 우리 사회의 한 이념적 목표인 민주주의이다. 일체의 반민주적인 행위가 우리 사회에서 배격되어야 하는 것과 마찬가지로, 우리는 우리의 교육과정 속에 그런 반민주적인 요소나 색채가 스며들어가는 것을 막아야 할 엄수한 의무를 지닌다. 그것은 인류가 발전시켜 온 최상의 이념이며, 최고의 행동 양식임을 우리가 굳게 믿기 때문이다.

교육자가 민주주의의 이념에 배치되는 학습경험을 교육과정 속에 편입시키거나, 또는 그러한 행동양식을 학습자들로 하여금 갖게 한다는 것은, 그것이 비록 무의식적이거나 무지에서 일어난 일이라 하더라도, 정치상의 반민주 행위와 꼭 같은 처지에서 단죄되어야 할 것이다.

따라서, 민주사회 안의 학교의 책임은, 학생들이 민주주의의 이념과 가치관과 필요한 기능을 행동의 수준에서 획득할 수 있는 교육과정을 개발하는 데에 있다고 할 수 있다.

고대사회와 달리 오늘날의 사회는 이념과 사상의 자유로 인한 가치의 복잡성을 초래하였다. 그러나 이러한 가치와 사상의 혼란 속에서도 명확한 이념을 확립해야 한다. 즉, 어떠한 인간관을 정립해야 하느냐 어떤 사회체제가 옳을 것이냐 그리고 어떻게 훌륭한 교육을 실시해야 하느냐 하는 문제들에 대한 분명한 철학적 해답이 있어야 한다는 것이다.

2) 학습자 요인

교육과정 구성의 제2의 기초는 학습자이다. 우리 사회의 이념적 목표에 필연적으로 얽매이는 것과 같이, 그것은 학습자의 여러 가지 사실이나 가능성의 제약을 불가피하게 받게 되는 것이다. 이런 학습자를 전혀 고려하지 않은 것이 소위 전통주의적 입장에서는 교과중심 교육과정이고, 반대로 학습자를 지나치게 강조한 것이 소위 경험중심 교육과정의 입장이다.

인간발달은 그대로 교육과정의 개발방향을 제시해 준다 해도 과언이 아니다. 교육내용은 일정한 순서에 따라 배열하되 가까운 곳에서 먼 곳으로, 쉬운 것에서 어려운 것으로, 구체적인 것에서 추상적인 것으로라는 하나의 원칙을 세울 수 있다. 그리고 이 모든 면에 인간발달의 특징을 반영시켜 개인차를 고려해야 하는 문제가 생긴다. 그 뿐만 아니라 모든 교육내용은 학습자의 발달특징에 따라 종합적 · 통합적으로 구성해야 되는 원칙을 생각할 수 있다. 이 문제는 그대로 학습의 본질이나 방법에 반영되며, 학습의 본질에 대한 관점은 또한 교육과정의 성격 · 유형 등 구체적인 방향규정의 요인으로 확고한 지반을 차지하게 된다.

따라서 인간발달의 특징이라든가, 학습자에 대한 이해는 모두 교육과정의 개발에 대한 방향과 성격을 규정하는 중요한 요인을 이루고 있음을 알 수 있다.

3) 학습심리적 요인

학습자가 어떻게 해서 '학습'을 하게 되는가에 관하여 여러 가지의 주장이 있다. 그렇기 때문에 학습을 보는 관점에 따라 교육과정의 개발계획은 달라질 수밖에 없다. 학습심리의 이론에는 크게 두 가지의 주장이 있다. 하나는 E. L. Thorndike와 그의 후계자들에 의하여 발전된 연합설 혹은 S-R Bond Theory라는 것이요, 다른 하나는 Gestalt 학파와 K. Lewin 등이 제창하는 유기체설의 입장이다.

전자는 학습을 기계적 · 누적적인 과정으로 보는데 반하여 후자는 이를 한 유기체의 전체적 성장과정으로 보는 차이점이 있다. 이것을 학습심리학에서 논의되고 있는 용어를 빌려 예를 들면, 반복 · 연습 · 자극 · 반응 등은 전자에 속하는 개념이며, 통찰 · 의미 · 일반화 · 종합화 등은 후자에 속하는 개념이다. 전자의 이론을 지지한다면, 단편적 자극을 주어서 일시에 효과를 얻으려는 부분적인 학습에 주력할 것이요, 후자를 지지한다면 당장 효과를 보지 못하더라도 거시적인 관점에서 종합된 형태의 교육과정을 개발하게 될 것이다.

이와 같이 교육과정 구성에 임하는 자는 의식적이건 무의식적이건 이 같은 학습심리이론 중 어느 하나에 자기의 발을 내디디고 있을 것이며 그것이 교육과정 개발과 계획에 직접 · 간접인 영향을 주게 될 것이다.

4) 사회적 요인

사회는 학교교육을 사회이상의 실현과정으로 생각하고 있다. 그러므로 모든 국민은 부단히 이상실현에 노력할 수 있는 자질을 갖추어야 하며 교육은 그에 따라 청소년들로 하여금 우리나라의 국민된 이상과 사회적 문제를 실현할 수 있게 능력을 기르는 방향으로 지도하지 않으면 안 된다.

따라서, 학생의 인권을 존중하고 민주시민의 자질을 갖출 수 있는 교육지도가 가능하도록 교육과정을 구성해야 한다. 이처럼 교육과정을 규정하는 또 하나의 본질적인 요인은 사회의 이상과 사회의 과제에 있음을 명심해야 한다.

그리고 지역사회인들의 민도와 교육에 대한 이해의 정도와 더불어 학교교육의 계획적인 운영에 대하여 지역사회의 여러 단체가 미치는 영향이 크다.

예를 들면, 경영단체나 지방의 각종 단체가 학교의 교육내용에 여러 가지 요구를 해 오는 경우가 있다. 심지어는 흥행단체가 학습시간의 할애를 요구해 오는가 하면, 학생들의 강연회 참석이나 학생 동원을 요구하는 등의 경우도 있다. 이런 일들은 결코 만만치 않다. 그리하여 계획된 교육과정 운영의 시간을 좀먹는다. 이런 현상은 지방으로 갈수록 빈도가 잦아진다. 또 교육자의 신념이 박약한 운영책임자일수록 그 학교가 많은 영향을 받는다. 이와 같은 교육과정 개발이나 운영에 하나의 장애요인으로 작용될 수 있다.

5) 학교환경적 요인

교사의 자질 문제나 교사 · 교실 · 시설 · 교구 등 학생의 학습활동 전개에 큰 장벽을 이루는 학교환경이 보다 문제될 수 있다.

모든 시설이 갖추어진 학교환경에서 계획된 교육과정은 그렇지 못한 학교에 그대로 반영시켜 보려 해도 그것은 헛수고에 그치고 마는 것처럼 우리나라 서울에서의 교육과정 운영방법이 농촌이나 어촌지방에서 같은 방법으로 학급학습에 옮겨지고 있음은 큰 문제가 아닐 수 없다.

또한 입학시험에 필요한 교과에 편중하여 기억력에 호소하는 교육과정의 운영이 공공연하게 이루어지고 있다. 심지어 영 · 수학관이라는 별명까지 갖게 된 실정에 이르러, 정상적인 교육과정 운영에 심각한 영향을 미치고 있다.

이와 같이 학교 내의 인적 · 물적 환경이나 제 조건 또는 교육풍토 자체가 교육과정 개발이나 운영에 지대한 영향을 미칠 수 있는 것이다.

6) 제도적 요인

교육행·재정의 기구나 관련법규는 교육과정을 크게 지배하고 있다. 예를 들어, 중앙집권적인 교육행정기구의 교육과정은 결론적으로 중앙통제적인 운영기구를 갖추게 되며, 민주적이고 지방분권적 행·재정기구에서는 교육과정 구성 및 운영의 지방분권화가 가능해진다.

또 교육법규면에서 교육과정을 규정한다. 예를 들면, 중앙에서 '교육과정시간배당기준령'을 만들어 이를 공포하면 교육과정의 전개에서 지방계획은 용납되지 않는다. 결국 그 기준령의 범위 안에서만 지역적 특수성을 반영시킬 수 있을 뿐이다. 그 뿐만이 아니라 교육과정을 각급학교별로 제정하여 법으로 규제하면 그 이외의 학습활동이란 기대할 수 없게 된다.

이러한 제도적 요인은 직접적으로 교육과정 개발의 방향을 규정하게 된다.

2. 교육과정 개발의 기본원리

1) 타당성의 원리

교육과정 개발은 현대 교육철학에 비추어 타당하게 이루어져야 한다.

교육과정은 교육목적을 달성하기 위한 수단으로 학교교육의 중심적 위치를 차지한다. 그러므로 교육과정은 교육목표에 직결되고 교육방법을 규정하며 교육평가에 큰 영향을 미치게 된다. 이렇듯 교육과정이 학교교육에서 중심적 위치를 차지한다는 것은 모든 교육이론이 교육과정에 집약되며, 교육과정은 그 근저에 교육철학을 가지고 있음을 말하는 것이다.

2) 계획성의 원리

교육과정은 교육목표를 달성하기 위한 수단이므로 신중하고 통일적인 계획성을 필요로 한다. 그것이 교육목표에 관여되기 때문이기도 하지만, 원래 학교교육은 각종 시설이나 제도에 의해 무의도적 · 무계획적으로 이루어지는 사회교육에 대하여, 의도적 · 계획적인 교육의 필요에서 생긴 것이므로 더욱 치밀한 계획성이 요구되는 것이다.

3) 지도성의 원리

학습지도 형태니 교육평가 방법이 교육과정 구성에 고려되어야 한다. 교육과정은 동적 · 역동적으로 전개되는 것인 만큼 학교의 제반 시설이나 관리도 이에 따라야 함은 다시 말할 필요도 없다. 그리하여 효과적으로 교육과정을 전개시켜 나갈 수 있도록 해야 할 것이다. 따라서 학습지도의 형태나 방법도, 교사조직의 문제도, 학교시설도 결국 어떤 유형의 교육과정을 선정하느냐에 따라 결정되어야 할 것이다.

4) 역동성의 원리

교육과정은 역동적이며 또한 계속적으로 평가되고 개선되는 방향으로 구성되어야 한다.

전통적 교육과정이 고정적이고 정적인 사회에서 문화재를 체계적으로 조직한 것에 대해, 오늘날의 교육과정은 사회가치를 창조해 가는 역동적인 과정으로 파악해야 하기 때문이다. 이러한 견지에서 구성되는 교육과정은 항상 움직이고 있는 사회와 성장하는 학생의 필요 · 변화에 따라 현행 교육과정에 어떤 문제점이 있는가를 평가하고 시정해야 한다. 교육과정이 사회나 학생의 필요에 기반을 두어야 하는데, 사회나 학생은 결코 정적 · 고정적인 존재가 아니고 항상 변하고 움직이기 때문이다. 일단 성립된 교육과정은 끊임없이 재조직 · 재구성되어 가는 시안적 존재라 해도 좋을 것이다.

5) 수용적 적응의 원리

오늘날 사회변화는 가속화되고 있다. 엊그제 배운 지식이 오늘은 폐품화될 만큼 과학기술의 발달이 눈부실 정도로 이루어지고 가치관 · 세계관의 변혁도 나타나고 있다.

이 같은 변화에 직면해서 교육과정 개발 담당자는 사회변천이 교육에 작용하는 많은 요인들을 끊임없이 구명해 나가야 한다. 교육은 결코 시대와 사회와 유리되어 고립될 수는 없는 것이다. 따라서 교육과정은 이러한 사회변화를 수용하고 사회변화에 적응할 수 있는 방향으로 개발되어 나가야 한다.

6) 점진적 개혁의 원리

교육과정 개발은 결코 끝이 있을 수 없는 부단히 계속되는 점진적 개혁과정이라 할 수 있다.

교육과정의 완전성이란 기대될 수도 없고 가능하지도 않다. 교육과정 개발이란 교육에 대한 이상과 교육에 대한 현실간의 차이를 조금이라도 줄여보자는 노력이라 볼 수 있다. 따라서 교육과정은 언제고 개선될 수 있고 발전될 수 있다는 점에서 점진적 개혁작업이 계속적으로 이루어져야 하는 것이다.

7) 창조적 개발의 원리

교육과정 개발은 교육을 통해서 새로운 사회를 건설하고 새로운 문화를 형성하기 위한 개척적 개발과정이라 할 수 있다.

따라서 교육과정 개발은 피교육자로 하여금 새로운 문화창조에 참가할 수 있는 터전을 마련해 주는 계기가 되어야 하며 이를 위해서는 창조적 사고력과 문제해결력을 함양하는 수단으로서의 교육과정이 창조되고 개발되어야 하는 것이다.

8) 협동적 과정의 원리

교육과정의 개발은 하나의 협동적인 과정이어야 한다. 관계하는 구성원의 협조가 없는 곳에서 교육과정의 개발은 거의 이루어지기 어렵다. 교육과정 개발에 있어서 협동해야 할 사람들은 교사, 학생, 교장 및 지역사회인이다.

전체 집단의 관심을 교육과정의 개발이라는 문제에 집중시키기 위해서는, 개발의 필요를 그 전체 집단이 다 같이 느끼도록 해야 한다. 자발적인 협력은 이 방법을 통해서만 얻을 수 있다고 할 수 있다.

3. 현대 교육과정 개발의 동향

1) 교육과정의 개별화

현대 교육과정 구성에 있어서 첫째로 문제되는 것은 학생의 개인차이며 이것은 학생들의 필요나 능력에 응할 수 있도록 개별적인 요구와 수준에 맞는 것을 구성해야 한다는 점이다.

그럼에도 불구하고 종전의 교육과정은 학생들의 일반적인 요구에 따라 공통된 학습계획으로 일제히 지도하는 것을 전제로 구성하였다. 즉, 교재형식에 의한 교재를 중심으로 일률적이며 통제적인 학습지도의 방법을 그대로 적용해 왔던 것이다.

그리고 개별적인 요구를 충족시키기 위한 교육과정은 활동 프로그램, 또는 활동화된 교육과정의 성격을 띠게 된다. 전통적 교육과정이 현대화되는 과정에서 교육과정이 개별화되고, 그 개별화는 또다시 활동화의 방향으로 발전되며, 기억하는 지식의 계열에서 행하고 활동하는 계열로 발전하게 된 것이다.

2) 교육과정의 통합화

현대 교육과정 구성의 또 하나의 특징은 분과적인 경향을 지양하고 통합화된 구성의 방향으로 나아가야 한다는 점이다.

전통적인 교육과정은 인류문화재를 분류해서 많은 종류의 교과로 나누어 인위적으로 세분된 교과형식으로 편성하였다. 따라서 학생들은 생활에 필요한 종합적인 학습경험을 체득할 수 없었다.

교육과정의 통합화는 결국 학문분류의 기준에 따라 분과적 교과를 다시 유사한 교과간의 관련과 통합으로 구성한 일종의 교과군이라 할 수 있다.

그리고 그 계열은 주로 논리적 순서에 다라 이루어졌다. 그것이 점차 학습하는 학생의 능력이나 흥미 · 경험 · 생활 등을 고려하여 심리적인 분야를 존중하게 되었고, 생활경험에 치중하게 되어 생활경험이나 사회기능인 생활활동을 교재통합의 원리로 삼게 됨에 이른 것이다. 그리하여 교육내용의 재조직이 문제되고, 그것이 통합 · 종합의 방향으로 발전하게 된 것이다.

3) 교육과정의 지역화

현대 교육과정 구성의 세 번째 특징은 중앙통제적이며 일률적인 교육과정의 구성과 운영 및 관리를 지양하고, 지역사회의 특수성에 따라 교육과정을 지역화해야 한다는 점이다.

다시 말하면 오늘날의 지역사회는 근대 이전의 사회와 같이 고정적 · 정적으로 구성된 정체된 사회가 아니요, 동적 · 유동적 성격을 갖추어 가고 있느니만큼 그에 수반하는 것이어야 하고, 또 확대되어가는 지역의 개념을 생각하여 그에 맞는 교육과정의 지역화 문제를 생각해야 하겠다는 점이다. 그러한 교육의 기반이 지역사회에서 형성되고 진전되며, 지역사회 학교에 새로운 임무를 부여하는 것이다.

그러므로 오늘날의 학교는 학문을 닦고 지식을 쌓는 것으로 그치며 대중생활과 유리된 보수적인 문화의 상아탑이 아니라, 새로운 사회건설의 중심이 되어야 하겠다. 이것을 뒷받침하고 또 그것을 교육에 반영시키려는 것이 교육과정의 지역화이다.

4. 교육과정 개발의 절차

대표적인 두 가지 모형을 간단히 제시하며 다음과 같다.

1) Tyler의 모형

R. W. Tyler의 모형은 교육과정 개발모형 가운데 가장 잘 알려진 모형으로서 그 내용을 도시하면 〈그림 3-1〉과 같다.

2) Taba의 모형

수업을 실제로 담당하고 있는 교사 수준에서의 교육과정 개발을 강조한 H. Taba의 모형을 제시하면 아래 〈그림 3-2〉와 같다.

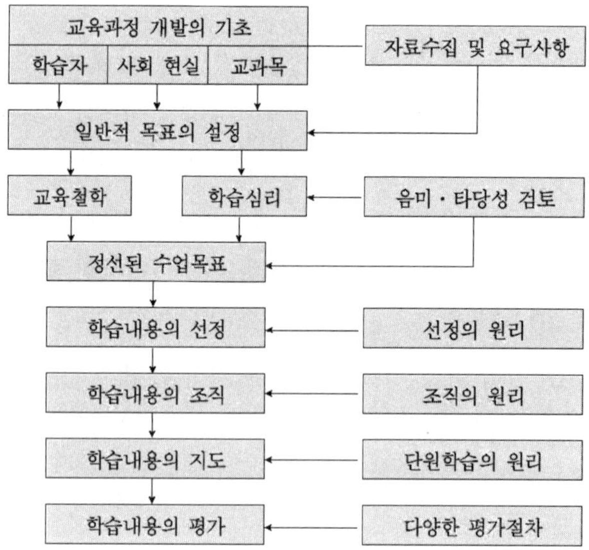

[그림 3-1] Tyler의 교육과정 개발모형

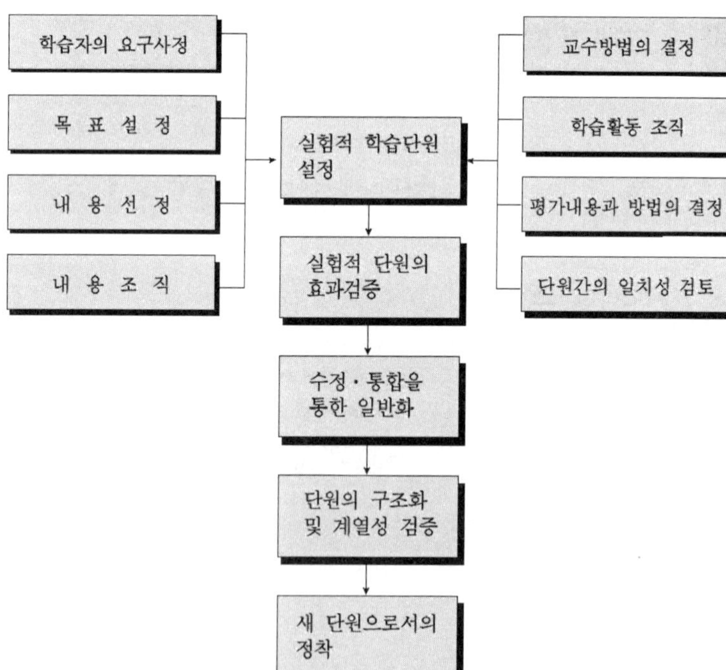

[그림 3-2] Taba의 교육과정 개발모형

5. 교육과정 개발계획과 활동

1) 교육과정 개발계획의 주체

(1) 교육부 중심의 개발계획

교육의 민주화라는 원칙에서 보면 교육과정에 대한 중앙계획을 마련하는 것은 타당한 일이라고는 볼 수 없다. 그러나 우리나라의 민주화가 아무리 지방분권화를 추진한다 해도 근대국가의 조직에서 중요한 활동영역을 이루고 있는 교육계획에 국가기준을 설정하는 것은 필요하지 않을 수 없다. 이러한 의미에서 교과부에 교육과정 심의회가 구성되어 있는데, 이것은 우리나라 교육과정 구성에 대한 기본방침을 세우며 교육내용에 대한 국가적 기준을 제시하고 있다.

이 기준은 형식적인 면에서 각급 학교의 교육내용에 대한 요구를 표현하는 것이며, 실질적으로 우리나라가 당면하고 있는 시대적 · 국제적인 환경과 역사적 · 사회적인 과제에서 세워진 교육내용의 수준이라 볼 수 있다.

이것이 곧 교육과학기술부가 제정한 각급 학교의 '교육과정'인 것이다.

(2) 교육위원회 중심의 개발계획

교육의 지방계획은 교육과정의 중앙계획에 따라 지역적인 생활의 특수성에 기반을 두고 지역사회 청소년의 실태에 응해 형성되어야 한다.

바꾸어 말하면 중앙계획의 일반목표에 의거하여 지방계획의 구체적인 목표를 설정하는 것이다.

지방계획은 그 지역사회의 필요한 과제, 학생의 흥미나 능력, 교육과정 그 자체에 대한 필요가 우선 예비적인 조사에 의해 명확해지며, 그들 자료에 의해 구성될 지방계획은 행정구획을 단위로 하느니보다 유사한 처지에 있는 지역형을 선별적으로 나누어 다루는 것이 좋다.

그리하여 지방계획의 수립에서 얻은 자료와 중앙계획의 일반적 · 기준적인 예시를 참조하여 지방에 적합한 단원의 선택이나 계획을 하는 것이다.

이런 경우 교육행정가나 교사는 물론, 육성회 대표나 일반시민, 기타 많은 사람들이 지방계획 수립에 참여하고 그들의 의견을 반영시키는 것은 중요한 일이다.

(3) 학교중심의 개발계획

교육과정의 구성에서 학교가 할 일은 중앙계획이나 교육위원회 계획을 참조해서 학교를 단위로 교육과정 운영의 계획을 세우는 것이다. 학교계획은 지방계획과 같이 지역사회나 학생에 대한 예비적 조사를 필요로 한다.

그러므로 학습자의 능력이나 경험적 배경, 학교시설이나 교사조직 등을 고려하여 설정해야 한다. 이러한 자료를 기초로 한 중앙계획이나 지방계획은 그 학교 학생에게 적합하도록 수정하고 학급의 학습지도를 생생하게 전개시켜 가도록 해야 한다. 이 작업은 주로 학급담임교사가 할 일이겠으나, 경우에 따라 학교계획안을 작성하기 위하여 각 학년별 위원을 선정하여 위원회를 구성해도 좋을 것이다.

그리고 학교는 학교 계획을 작성하여 교육과정의 실제 운영만으로 국한시킬 것이 아니라, 실천을 통해 꾸준히 평가하고 그 평가 자료를 새로운 학교계획에 반영하며 지방계획, 나아가 중앙계획까지도 수정할 수 있는 단계로까지 발전시켜야 할 것이다.

따라서 학교는 교육과정의 전개와 더불어 부단히 평가하고 기록함으로써 교육과정 개정에 대한 의견을 통합해 가야 할 것이다. 교육과정이란 실천에 의해 항상 수정을 가하고 개조되어야 할 성질이기 때문이다.

2) 교육과정 개발을 위한 조직활동

교육과정은 많은 사람들이 민주적으로 협력해서 구성해야 한다. 왜냐하면 많은 사람들이 이해와 협력 없이는 보다 나은 교육과정 구성을 기대할 수 없기 때문이다. 교육과정 개발에서 어떤 조직을 갖추어야 하느냐의 문제는 누가 교육과정을 개발하느냐의 문제를 떠나 생각할 수 없다.

교육과정은 많은 사람들의 협동 작업을 통해 구성되는데, 그들 활동을 효과적으로 운영하기 위해서는 **각종 위원회**를 조직할 필요가 있다.

위원회는 그 필요에 의해 여러 가지를 생각할 수 있는데, 교육과정의 개발 단계에 따라 교육목적 또는 목표를 설정하기 위한 것이니, 교육과정의 전체적 소직의 형태결정 또는 교육과정의 범위나 계열의 형성, 단원의 선택 · 계획을 하는 각종 임무에 대응하는 기능을 가진 조직이어야 한다.

이러한 견지에서 조직해야 할 각종 위원회는 **첫째로**, 교육목적이나 목표를 설정하고 교육과정 구성을 위한 기본적 방향을 제시하는 **목적위원회**(aims committee), **둘째로**, 목적위원회에서 결정한 교육과정 구성의 기본적 방향에 따라 교재를 선택 · 배열하며 전체를 조직하는 **개발**(구성)**위원회**(production or construction committee), **셋째로**, 개발위원회에서 작성한 교육과정을 실제로 실시하고 교육효과를 검증하는 **실험위원회**(try-out committee)의 실험에 따라 시안적 교육계획을 개정하는 **개정위원회**(revising committee) 등을 생각할 수 있다.

이렇듯 교육과정의 개발을 위해 각종 위원회가 조직되는데, 그 중에서도 중심적 역할을 하는 것이 **교육목적설정위원회**와 **개발위원회**가 될 것이다. 각종 위원회의 기능 및 그에 참여하는 사람의 역할이나 임무는 대체로 다음과 같다.

(1) 교육목적설정위원회의 활동

일반적으로 목적위원회라 하며, 또는 관리위원회(managing committee)라고도 한다.

이 위원회는 교육과정의 전문가나 교육위원회의 장학관 · 장학사 · 학교장 같은 교육행정 관계자, 또는 각 학교의 교사대표, 필요에 따라 육성회 대표 등에 의해 구성되는 것이 보통이다. 목적위원회의 임무는 교육과정 구성상의 기본적 문제나 방향을 결정한다. 그러므로 목적위원회의 기능을 충분히 발휘하기 위해 **특별위원회**라든가 각종의 **조사위원회** 등을 두는 것이 좋다.

(2) 개발위원회의 활동

이는 목적위원회에서 설정한 방향에 따라 교육과정 구성의 실무적 역할을 담당하는 위원회로서, 교육과정전문가의 협력을 얻어 장학사나 교사 또는 기타 적당한 사람들에 의해 조직된다.

그러므로 교육과정 구성에 대한 목적위원회의 기초적 단계의 임무에 대해, 개발(구성)위원회는 개발의 실질적인 단계에 해당하는 임무를 수행하게 된다. 곧 목적위원회에서 설정한 교육목표와 조직의 형식 등에 대해 연구하고, 그것을 교육과정에 구체화하기 위해 사회조사나 학생조사를 실시하며 필요한 자료를 수집한다. 그리고 그들 자료에 의해 교육목표를 교육활동에 구체화하기 위한 단원을 설정한다. 또 단원전개를 위한 학습과제 · 학습활동 · 학습자료 등을 제시하는 것이 개발위원회의 임무다. 이리하여 시안으로 개발된 교육과정이 앞서 말한 **실험위원회**에 의해 실제 전개되고, **개정위원회**에 의해 개정됨으로써 교육과정이 구성된다.

6. 교육목적의 설정

1) 교육목적의 성격과 설정

(1) 교육목적의 개념

R. S. Peters에 의하면 교육의 본질적인 개념과 교육목적의 개념은 동일하다. 즉, "교육이란 무엇인가?"라는 물음과 "교육은 왜 하느냐?"라는 물음에 대한 답은 같은 것이라고 말할 수 있다. 따라서 목적의 개념은 교육의 개념에 내포된 개념이라 하겠다.

(2) 교육목적의 성격

① 교육목적의 인본주의적 성격

교육은 참된 인생, 이상적 인격의 도야에 목적을 두어야 한다는 입장이 있다. 즉, 교육은 개인적 발전을 위해서 이루어져야지 다시 어떠한 수단이 되어서도 안 된다는 목적론을 찾아볼 수 있다. 교육목적을 착한 사람, 훌륭한 사람을 기르는 데 강조점을 둔 역사는 매우 깊다고 하겠다. 따라서 우리가 교육목적을 설정하거나 진술하고자 할 때에는 이러한 교육목적의 인본주의적 도덕적 성격을 중요시하지 않을 수 없는 것이다.

② 교육목적의 문화적 성격

우리는 교육의 본질을 문화의 번식에 있다는 E. Spranger의 입장을 지지한다면 교육목적의 문화적 성격 역시 중요시하지 않을 수 없다. 즉, 문화의 전달 · 계승 · 창조를 위한 교육활동을 중요하다고 보는 이상 교육목적의 문화적 성격은 소홀히 취급될 수 없다고 하겠다.

3 교육목적의 사회적 성격

교육목적이 사회의 이념적 성격을 반영할 때가 많다. 이는 교육의 사회적 기능에 비추어 볼 때 불가피하다고 본다. 교육을 통해서만 진정한 사회진보가 이루어진다고 본다면 교육에서 강조되는 목적은 마땅히 사회적 성격을 나타내지 않을 수 없는 것이다.

4 교육목적의 정치적 성격

교육의 헌정질서 · 체제의 현상적 유지 기능에 비추어 볼 때, 민족 · 국가 · 체제가 교육을 통해서 구현하고자 하는 제 이념은 곧 교육목적으로 반영되기 마련이다.

이러한 교육목적의 정치적 성격은 최근 수십 년 동안에 있었던 냉전과 열전, 그리고 이데올로기 투쟁이 빚어낸 새로운 국면이라 볼 수 있다.

5 교육목적의 실용주의적 성격

오늘날 교육에서 강조되는 점은 아는 것보다도 행하는 일이다. 따라서 교육의 목적도, 단순한 지식의 습득에 한하지 않고 현재의 생활에 보탬이 되고 응용 실천될 수 있는 실용성이 강조되고 있다. 이러한 교육목적의 실용주의적 성격은 근세 이후, 특히 미국의 진보주의 교육운동 하에서 크게 강조되었다.

(3) 교육목적의 기능

W. B. Ragan은 교육목적의 기능으로서 다음과 같은 세 가지를 들고 있다.

첫째, 교육목적은 바람직한 성장이 이루어져 나갈 방향을 제시해 준다.

학생들은 일상생활의 여러 경험을 통해서 여러 가지를 배우지만 그것이 어떤 특정한 가치를 성취하기 위해서 계획되고 지도된 경험이 아니기 때문에 비교육적인 것이 되기 쉽다. 따라서 교사는 사회의 대행자로서 어떤 종류의 경험이 교육적이며 어떤 종류의 경험은 비교육적인가에 대한 결정을 내려야 할 책임을 피할래야 피할 수 없다. 여기에서 교육목적은 사회에서 높이 평가되고 있는 가치를 성취할 수 있는 방향을 잡아 주는 것이다.

둘째, 교육목적은 학습경험을 선정할 근거를 마련해 준다.

학교로서 볼 때 학습시켜 줄 흥미 있는 일들이 너무나 많기 때문에, 교사로서는 가장 중요하고 학생들이 배워야 될 것이라고 생각되는 학습경험들을 선정할 근거가 필요하다. 교육목적은 그 근거가 되는 것이며, 학습내용의 선정뿐만 아니라 더 나아가서 학습방법에까지 좋은 암시를 준다.

셋째, 교육목적은 평가를 위한 근거를 마련해 준다.

교육목적은 학교가 학생들에게 중요하다고 여겨지는 지식, 기능, 태도 등의 행동 유형을 지시해 준다. 학생들이 성취도를 평가하는 것은 학생들이 이러한 목적을 성취하는 데 어느 정도의 진보를 보았는가 하는 것을 알아보는 데 있다.

2) 교육목적 설정의 원리와 방법

(1) 교육목적 설정의 일반적 동향

오늘날 세계 각국의 교육목적 설정의 일반적 동향은 다음과 같다.

① 모든 나라에서 교육의 목적을 단순히 지적인 면에만 국한하지 않고 피교육자의 다방면적 발달을 기한다는 방향으로 세우고 있다. 즉, 정신적 · 정서적 · 심리적인 발전을 도모하고 있음은 물론이고, 특히 신체면의 건전한 발달을 도모하고 있다.

② 사회성원으로서의 자질을 배양해야 한다함에 많은 나라들에서 역점을 두고 있다. 즉, 이것은 자유주의 사회에서나 사회주의 사회에서도 각 개인을 사회성원으로서의 자질을 갖도록 한다는 점을 교육목적에 포함

시키고 있다.

③ 교육을 장차의 성인생활에 필요한 준비로 보지 않고 현재의 생활을 의의있게 보내도록 하는 데 목적을 세우고 있다.

④ 피교육자의 발달단계별 요구나 흥미를 과학적으로 연구 고려하여 교육의 목적을 세우는 경향이 없지 않다.

⑤ 기본적 인권이나 개인의 존엄성을 존중하는 민주시민을 육성하는 것이 교육목적의 근간이 되고 있다.

(2) 교육목적 설정의 원리

바람직한 교육목적을 설정하기 위한 제 원리는 다음과 같다.

① 교육목적은 교육을 받을 개인의 내재적 능력과 요구를 토대로 하여 세워져야 한다. 그리고 목적은 교육을 받는 학생의 활동과 공통 협력할 수 있는 방법이 될 수 있어야 할 뿐 아니라, 학생의 여러 가지 능력을 발휘하게끔 조직하는 데 어떠한 환경이 필요한가 하는 것을 시사해 주어야 한다.

② 교육목적은 올바른 교육철학을 바탕으로 세워져야 한다. 교육의 대상은 인간이다. 인간의 생의 문제나 가치관에 있어서는 교육철학적 문제가 허다하다. 그러므로 교육에 있어서 철학관이 목적에 반영될 것임은 물론이다.

③ 교육목적은 문화유산 · 지역성 · 시대성 · 현실성에 비추어 타당성이 있어야 할 뿐 아니라, 당시 사회에서의 사회적 요구에 비추어 타당성이 있는 것이라야 한다.

④ 교육목적은 학습경험을 선택할 근거를 마련해 줄 뿐만 아니라, 학습심리에 비추어 타당성이 인정되어야 한다. 그러나 목적은 학습자의 발달수준에 부합되지 않으면 아니 된다.

⑤ 교육목적은 하나의 교육목적이 달성되면 그 결과에 따라 새로운 다음

목적이 설정되어야 한다. 그리하여 이와 같은 목적의 설정이 단계적으로 연속성을 가져야 한다. 그리고 각 목적 간에는 서로 모순되고 갈등되는 것이 없어야 한다.

⑥ 교육목적은 교육평가의 근원이며 척도기준이다. 따라서 목적은 학습자에게 중요하다고 여겨지는 지식 · 기능 · 태도 · 행동유형을 제시해 줄 수 있어야 한다.

⑦ 교육목적이란 신축성이 있어야 하며, 경우에 따라서 수정될 수 있어야 한다. 목적이란 상황과 조건을 좋은 방향으로 인도하기 위하여 이를 다루는 한 방법인 것이다. 따라서 목적은 실제 체험에 의하여 꾸준히 발전되어 가는 것이다.

(3) 교육목적 설정의 일반적 절차

교육목적 설정의 일반적 절차는 다음과 같다.

1 교육목적 연구집단을 구성

먼저 교육목적 연구를 위한 연구집단을 조직한다. 이 때 연구집단 조직은 경우에 따라서는 몇 개의 소분과를 두기도 한다. 이 때 각 분과 인원수는 교육목적의 단계로 본 규모나 학교의 규모에 따라 일정치는 않지만 6～12명 정도로 하는 것이 바람직하다.

2 교육목적의 자원을 확보

각 분과별로 교육목적의 제 자원을 수집하여 확보한다. 가령 아동조사 연구 분과의 경우, 아동의 성장 · 발달의 심리적인 제반 요인, 능력, 동기, 흥미, 관심, 요구 등 여러 방법을 활용하여 다각적으로 연구하여 교육목적의 기초 자원을 확보한다.

③ 교육목적을 추출

위에서 수집 확보한 각종 자원 속에서 바람직한 교육목적을 추출하는 작업을 한다. 여기서 이루어지는 작업이야말로 교육목적 연구가의 전문적 소양이 필요하다. 교사는 전문가와 같이 통찰력과 창의성과 그리고 자신의 교육철학을 최대한으로 발휘해야 한다.

한편 확보된 목적자료에서 교육목적을 추출하고자 할 때는 위에서 언급된 교육목적 설정의 제 원리에 입각하여 그 타당성이 검토되어야 한다.

④ 추출된 교육목적을 종합, 분석, 정리, 검증

이 단계에서는 위에서 추출한 여러 가지 목적들을 먼저 중점적으로 종합 정리한다. 이 때 특히 강조할 것은 이런 목적들의 타당성이 검증되어야 한다.

이렇게 하여 유사한 목적들은 한데 묶고 상호 모순이나 대립되는 것은 적절하게 조정하며, 교육적 가치가 별로 없는 것은 삭제해 버린다. 또 이러한 작업을 각 분과별로도 진행되어야 하고 다음에는 합동으로 종합적 검토가 있어야 한다.

⑤ 교육목적을 진술

이 단계에는 연구자 전원이 참가할 필요는 없다. 각 분과별로 대표자 한두 명씩과 특히 문장구성에 재능을 가진 자가 협력해서 기술하면 된다.

교육목적의 진술은 그 기준에 맞게 진술되어야 한다.

(4) 교육목적 설정의 제 방법

① 전문가 중심의 의견조사

이것은 유효하게 토의할 수 있는 적당한 인원으로 교육목적 설정위원회를 구성해 놓고, 각 위원들이 교육목적에 대한 의견을 모아서 이것을 회의에 붙여 설정하는 방법인데, 간편하므로 많이 사용되나 주관에 흐르기 쉬운 결점이 있다. 그러므로 이와 같은 주관적 결점을 덜기 위하여 교육목적에 관한 광범한 여론조사를 배경으로 하는 설정법도 있으나 이것도 의견의 수는 늘어도 주관적 의견의 수집이라는 점은 동일하다.

② 사회실태 조사법

이 방법은 사회기능별로 혹은 사회영역별(건강 · 경제 · 인간관계 · 정치 · 문화 등의 제 영역)으로 나누어서 질문지 · 면접 · 관찰 등의 방법으로 사회실태를 조사하여, 사회가 지니고 있는 당면 문제와 해결해야 할 과제를 분석한다. 분석된 과제 중 이 과제를 해결하는 데 피교육자에게 우선적으로 요구되는 지식 · 기능 · 태도 등을 교육목적으로 설정하는 방법을 말한다.

③ 인간생활 활동분석법

이 방법은 전형적인 인간의 생활활동 영역을 광범위하게 분석하여 이것을 사회적 유용도의 순서로 배열하고 또다시 피교육자들에의 유용순서로 수정하고 그 중에서 가정이나 사회에서 습득되는 것은 제외하고, 학교에서 지도해야 할 가장 중요한 항목만을 정하여 피교육자들의 발달 계열에 맞추어 교육목적으로 정하는 방법이다.

3) 교육목적 진술의 원리

(1) 구체성의 원리

교육목적은 학습경험 조직과 지도에 구체적 시사를 줄 수 있는 정도로 구체적이고 명료한 행동적 용어로 진술되어야 한다.

여러 학교의 교육목표에서 흔히 볼 수 있는 현상은, 진술된 교육목적이 너무 막연한 말로 표현되어 있어서 그것을 달성하기 위하여 어떠한 학습경험을 학생에게 마련하여 줄 것인지를 분명히 암시하지 못하는 것들이 있다. 따라서 교육목적은 어느 누구에게나 같은 뜻으로 해석될 수 있게끔 명료하게 진술하여야 하며 되도록이면 관찰될 수 있게끔 가시적이며 행동적으로 진술하여야 한다. 나아가서는 교육성과의 판정 기준, 즉 도달도 수준의 평가가 용이하게끔 내용과 행동의 진술이 다같이 포함되어야 한다.

(2) 포괄성의 원리

진술된 전체 교육목적은 포괄적이어야 한다.

여러 학교의 교육목적 진술을 보면 대개의 경향 혹은 강조하는 바가 지식 기능의 발달을 중점으로 하여 문화유산의 전달, 지적 성장 등에 치우치고 있다는 사실을 부정하기 곤란하다. 그러나 인간을 통합된 유기체로서의 전체성을 강조하는 생물학적 · 심리학적 발견을 중요시하여 현대교육이 전인적 발달을 돕는 것을 중요한 원리로 생각하고 있다는 사실을 우리가 받아들인다면 지적 발달만을 중시하는 교육목적의 비타당성을 지적하지 않을 수 없을 것이다. 따라서 통합된 전인으로서의 발달을 강조하는 학교의 교육목적은 지적 발달뿐만 아니라 신체적, 정서적, 사회적 각 면의 조화적 발달을 위하여 그 중 어느 한 면도 빠뜨리거나 소홀히 할 수 없는 것이다. 따라서 과거의 지식 기능에만 한정되었던 목적 이외에도 생활전면에 걸쳐서 필요한 태도, 감상력, 흥미 등이 조화적으로 포함되어야 하는 것이다.

(3) 일관성의 원리

진술된 교육목적 속에는 통일성, 일관성이 있어야 한다.

학생, 사회, 민주이념, 학과목 등의 자원에서 시사되고 추출된 목적들의 이념적, 철학적, 현실적, 타당성이 검증되어야 한다는 것은 앞서도 몇 번이나 강조하였다. 여기에서 다시 강조하는 일관성의 원리는 여러 목적 사이에 일관된 철학적 입장이 살아 있어야 한다는 것이다. 만약에 어떤 항목에서는 '비판적 사고능력'이 강조되고, 또다른 항목에서는 '상관에 대한 무조건 복종'이 나온다면, 여기에는 상반되는 철학의 갈등이 있을 뿐 결코 통일적인 일관성이 있는 교육철학을 반영하고 있다고는 볼 수가 없는 것이다. 이러한 의미에서도 교사 전원이 교육목적 설정을 위한 연구에 있어서 먼저 민주주의 철학의 협동적 연구에서 출발하여 민주적 가치관에 대한 공통적인 이해와 신념을 가지고 그 기초 위에서 제반 활동을 전개함이 극히 중요한 일인 것이다.

(4) 실현성의 원리

진술된 교육목적은 실현성이 있는 것이어야 한다.

이 원리 속에는 두 가지 척도가 포함되어 있다고 볼 수 있다. **첫째는**, 심리학적 실현성이다. 여러 자원에서 추출된 교육 목적의 타당성 검증에 있어서 학습심리학적 고려가 필요하다.

이를테면 우리나라의 과학의 후진성을 속히 시정하기 위하여 초등학교 저학년 때부터 어린이들에게 원자 물리의 복잡한 원리를 이해시킬 필요가 있다고 생각되어 그것을 그 학년의 교육목적으로 정한다고 가정하여 보자. 그 단계의 어린이들의 지적 발달의 정도로 보아 그 목적의 무리함을 인정하지 않을 수 없는 것이다. 그렇다면, 이와 같은 목적들이 학생 일반에게 혹은 특정한 집단의 어린이들에게 실현될 수 있을 것이냐의 고려 없이 선정 진술된다는 일은 어리석기 한이 없는 이야기다.

실현성의 원리가 내포하는 **둘째**의 의미는, 어떤 학교가 자리잡고 있는 지역사회의 현실이나 어떤 학과목이 가지는 특수한 교육적 기능으로 보아 타당하고 실현성이 있는 목적만이 선정되고 진술되어야 한다는 것이다. 바람직한 목적들이라고 해서 모조리 적어 놓는다 해도 그 교육 달성을 위하여 필요한 학습활동을 지도하는 데 소요되는 시설이나 자료를 단시일내에 완비할 수 없는 사정에 있거나, 혹은 특정한 교과의 영역 밖의 활동을 요하는 것이라면, 아무리 바람직한 목적이라 할지라도 무용한 것이 될 수밖에 없다.

이러한 목적을 위하여 직접 노력하는 교사에게는 불만밖에 남는 것이 없을 것이다.

(5) 수용성의 원리

진술된 교육목적은 모든 교사들이 이해하고 받아들이고, 그들의 교육적 직책 수행에 있어서 그 목적 속에 항상 살아갈 수 있는 것이어야 한다.

이 원리 속에는 두 가지 의미가 포함되어 있다. **첫째는**, 앞서도 강조한 바와 같이 학교의 교육목적을 설정함에 있어서 모든 교사가 참가하여야 한다는 것이다. 모든 교사가 교육목적 설정을 위한 연구에 참여함으로써 설정된 교육목적은 그 실현성이 높아지는 것이다. 이 원리 속에 **둘째로** 내포된 의미는, 진술된 교육목적이 잡다함이 없이 한 폭의 그림과 같이 전체성을 가지고 교직자들의 일거일동 속에 살아 있어야 한다는 것이다.

(6) 융통성의 원리

진술된 교육목적은 결코 완성되고 불변한 것이 아니고, 그 타당성이 항상 비판되고 필요에 따라 언제나 변경될 수 있는 것이어야 한다.

바람직한 학교는 보다 나은 교육목적, 보다 나은 교육실천을 통하여 보다 나은 학생의 발달을 희구하는 까닭에 계속적인 평가와 그에 따르는 계속적인 개조가 요청되는 것이다. 특히 급격히 변화하여가는 오늘의 사회 속에서 나날이 생성하고 변화해 가는 학생들의 요구, 흥미, 문제를 생각할 때 학교의 교육목적이 한자리에만 그냥 머물러 있을 수가 없다는 것은 쉽게 이해할 수 있는 일이다.

교육목적(목표)의 진술이 끝나면 이어서 교육내용의 **선정**과 **조직**에 관한 작업이 요구되고 이어서 **단원학습**이 전개되는 바 이에 관한 부분은 4장에서 독립적으로 다루기로 한다.

교육과정의 내용선정과 조직

CHAPTER 04

1. 교육내용의 선정방법
2. 교육내용의 조직방법
3. 단원의 계획과 전개

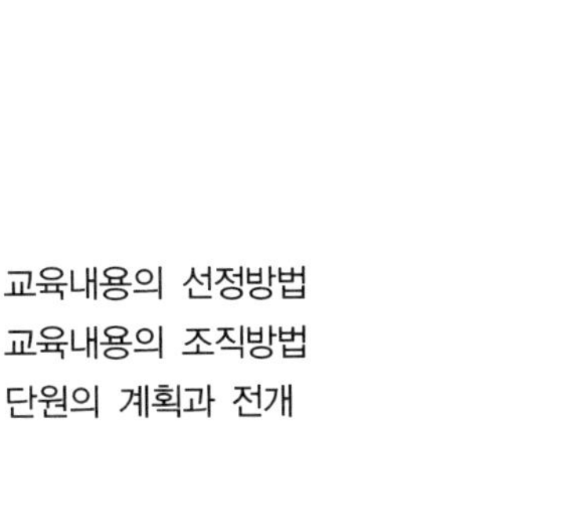

교육과정 개발(구성)의 절차에 따라 교육목적(교육목표)의 진술이 끝나면 교육목적에 비추어 가르치고 배워야 할 교육내용을 선정해야 하고 설정된 교육내용(학습내용, 학습경험)을 체계있게 조직해야 할 작업이 요구되는 바 교육과정 개발에 있어 가장 핵심적 과제이자 방대한 작업이라 할 수 있다.

1. 교육내용의 선정방법

1) Scope의 개념

교육과정의 형태가 정해지면 그에 따른 구성 절차에서 첫째로 문제되는 것이 학습할 교과나 교재, 또는 경험과 활동내용을 어떤 견지에서 선정할 것인가 하는 점이다. 즉, scope가 결정되어야 한다. 이렇게 결정되는 scope는 그 말 자체가 뜻하듯 교육과정 구성에 가장 기본을 이루고 있다.

원래 scope란 말은 시계범위 · 넓이 · 영역 등의 뜻을 갖고 있는 것으로서 시야라는 의미이다. 교육과정에서 scope는 광범하고 복잡한 생활경험에서 시야를 정하는 역할의 기준이라 할 수 있으며, 교육과정 내용선택의 영역이라고 말할 수 있다.

Scope를 결정함에 있어서 사람의 모든 생활경험은 교육내용으로 택할 수 있는 가능성이 있지만, 그 범위가 무한하므로 모든 것을 선택할 수는 없다. 따라서 학교는 교육목적을 달성함에 필요한 기본적인 경험을 선택하여 학생의 통합적인 학습활동을 지도하지 않으면 안 된다. 그리고 그 기준을 세우는 의미에서 학습내용의 범위를 명백히 하기 위해 교육과정의 scope 선택의 몇 가지 기본원리가 요구된다.

2) 교육내용 선정의 일반적 원리

(1) 가능성의 원리

이 원리는 학습경험에서 바라보는 학생의 반응이 학생 자신의 능력의 범위 안에 있는 것이어야 한다는 것이다. 이런 원리를 **가능성의 원리**라고 할 수 있다. 즉, 학생경험은 학생이 현재의 능력, 학습성취, 발달 정도 등에 알맞아야 한다. 수업은 학생이 현재에 서 있는 지점에서부터 시작되어야 하는 것이다. 겨우 300개 정도의 영어 낱말을 알고 있는 학생에게 희곡을 읽히려 한다면 그런 학습경험은 가능성의 원리를 직접적으로 위배하고 있다.

(2) 타당성의 원리

타당성의 원리는 **기회의 원리**라고도 말하며 교육목적을 달성하기 위해서는 학습경험은 교육목표가 제시해 주는 대로 바로 학생들이 그 행동을 할 수 있는 기회가 마련되도록 하는 학습경험이 되어야 한다는 원리이다. 좋은 학습경험이란 바로 교육목표에 비추어 타당성이 있어야 한다. 즉, 효과적인 학습은 교육목표가 지시해 주는 바로 그 바람직한 행동을 직접할 수 있는 기회가 마련되는 학습이 가장 효과적인 것이다.

(3) 만족의 원리

이는 학생은 수업목표가 가리키는 학습경험을 하는 과정에서 성공감이나 만족감을 느낄 수 있어야 한다는 것이다. 독서에 대한 흥미를 기르려고 하는 학습경험에서 학생은 광범한 독서를 스스로 할 수 있는 기회를 가져야 할 뿐만 아니라, 그러한 독서활동에서 만족감을 느낄 수 있어야 학습경험의 효과가 높아질 수 있다. 따라서 학습경험을 계획하는 교사에게 학생들이 필요와 흥미뿐만 아니라, 인간의 만족감이나 성취감에 대한 기본적인 이해가 요구된다고 할 수 있다.

(4) 일목표 다경험의 원리

일목표 다경험의 원리는 하나의 교육목표를 달성하기 위하여 여러 가지 경험을 하도록 가능한 한 광범위하고 다양한 적당한 경험을 가지도록 해야 한다는 원리이다. 따라서 이 원리는 교육목적을 달성하기 위해서 꼭 하나의 학습경험만을 고집할 것이 아니라 타당성만 있다면 신축성 있게 여러 가지 적절한 학습경험을 선정할 것을 요구한다.

(5) 일경험 다목적의 원리

일경험 다목적의 원리는 한 가지 학습경험으로써 가능한 많은 바람직한 교육목적들을 동시에 달성할 수 있는 경험을 선정해야 한다는 원리이다. 그러므로 좋은 학습경험이란 한 가지 행동의 변화만 얻는 것이 아니라 동시에 여러 가지 학습 효과를 얻을 수 있는 것이어야 한다는 것이다.

(6) 중요성의 원리

교육내용 또는 교재가 그 지식분야에서 오랜 세월 동안 올바른 검증을 받아 이어 내려온 것인지 또 중요한 것인지 아닌지를 분별하여 제일 중요하다고 생각되는 것을 선정하는 원리이다. 이것은 많은 지식분야에서 꼭 가르쳐야 된다고 생각되는 매우 중요한 지식이어야 한다.

(7) 유용성의 원리

유용성의 원리는 교육내용, 학습경험을 선정할 때에 이것이 생활영역에서

활동을 수행하는 데 얼마나 쓸모가 있는가 하는 견지에서 선정이 이루어져야 한다는 것이다.

유용성의 원리의 문제점으로 지적된 것을 보면, **첫째는** 너무나 성인생활에 있어서의 유용성만을 강조하고 학생들의 성장 · 발달이나 학습심리의 원리나 사실들을 무시한 점이다. **둘째는** 사회의 급속한 발전과 변화를 경시하는 경향이 많다는 점이다.

유용성의 원리는 현재의 성인생활을 기준으로 하기보다는 학습자들에게 어떤 유용성이 있는가를 기준으로 해서 선정하는 것이 바람직하다. 즉, 실생활에서 가장 쓸모가 많고 또 가장 많이 사용하는 지식, 기능, 가치 등이 우선시되어야 한다고 생각하는 것이다.

3) 교육내용의 선정방법

(1) 교과서 및 교재법

교과서법은 교과서를 절대적인 기준으로 삼는 것이다. 이 경우에 정해진 교과서를 충실하게 이수하도록 준비하고 학습을 전개시키는 것이 중심문제이다. 또한 교재법은 가장 일반적이며 보편적으로 보급되고 있는 것으로서, 그 교과나 교재의 논리적 체계와 학문적 계층에 따라 학습하는 것을 주로 한다.

이러한 교과서법 및 교재법은 주로 교과교육과정에서 취하는 방법이다. 교과서법과 교재법의 차이점은, 교과서법은 각 교과마다 현존하는 교과서 내용을 그대로 scope하는 데 대해, 교재법은 교과서에서 선택한 내용만으로 scope가 한정되는 것이 아니고, 실제 교수과정에서 필요한 교재가 있으면 하나의 교과서 또는 여러 교과서에서 선택하게 된다. 따라서 교재법은 scope의 결정에서 교과서법보다 융통성 있는 것으로, 특정한 교과서 편찬에 지배되지 않고 교사가 교재를 선택할 수 있는 자유를 갖는 차이가 있다. 그러나 교과서법과 같이 학습진행을 미리 결정하여 교재를 정해진 순서로 교수한다는 관점에서는 기본적으로 같다.

(2) 목표법

교육목표를 일반적인 것에서 특수한 것으로 분석하여 학년에 따라 단계지우고, 그에 의해 학습의 범위를 결정하는 방법이다. 따라서 이 방법은 교육과정의 내용을 교과목적에 따라 논리적으로 선택하는 점에 특징이 있다. 이런 의미에서 교과서법이나 교재법보다 많이 개선된 방법인데 대체로 다음과 같은 절차에 따라 scope를 결정한다.

첫째로, 인간생활의 영역을 분석해서 일반적인 목적을 정한다. 그리고 다시 이를 목적달성에 필요한 구체적인 목표로 분석한다.

둘째로, 분석 제시된 구체적인 목표는 각 학년 · 각 교과의 달성목표로 배당된다. 이것이 각 학년 · 각 교과의 내용선택의 영역을 결정하는 범위가 되는 것이다.

(3) 활동분석법

활동분석법은 인간의 생활활동에 근본원리를 두었다. 인간 생활의 중요영역에 걸쳐서 여러 가지 활동을 실제로 조사 분석하여 일반적이고 공통된 생활활동을 파악하고 필요한 활동을 학습경험으로 삼자는 것이다.

이 방법은 인간생활의 여러 가지 활동(여가활동, 종교활동, 경제활동, 신체활동 등)을 과학적으로 분석하여 사람이 세상을 살아나가는 데 가장 필요로 하는 활동내용을 학습경험으로 선정하는 방법이다.

(4) 주제법

학습범위를 교과서에 제시한 교재에만 국한시키지 않고, 교수해야 할 특정한 주제면의 모든 내용을 문제로 삼는다. 따라서 주제법은 현대생활의 해석에 필요한 주제에 의해 scope를 결정한다.

(5) 흥미중심법

학생의 흥미를 중심으로 하는 것으로서, 어린이들의 흥미를 끌기 쉬운 대상물이나 활동을 분류하여 학년별로 배당한다. 따라서 이 방법은 학습하는 학생의 필요나 흥미에 초점을 두고, 그들이 흥미를 느끼는 문화영역을 scope로 한다.

(6) 사회기능법

사회기능법은 사회성원의 필요를 결정하기 위해 사회생활을 분석하고, 그에 의해 명백해진 사회적 필요를 scope로 하여 교육과정 내용을 선택한다. 따라서 이 방법을 적용하기 위해 우선 사회의 필요를 찾기 위한 사회분석을 하는데, 그 방법으로는 ① 사회적 필요를 논리적으로 분석하는 방법, ② 사회적 필요를 실태조사에 의해 분석하는 방법의 두 가지의 유형이 있다.

특히 이 방법은 학교에 있어 학생의 경험이나 활동은 현재의 사회생활을 용이하게 수행할 수 있도록 조직되어야 하므로 학생의 현실생활에서 생활과제를 이해하고 해결할 수 있는 사람을 육성할 수 있도록 교육과정을 구성할 것을 강조한다.

(7) 문제영역법

교육과정 내용의 선택에서 교과서 및 교재법이나 목표법 · 주제법 등은 모두가 성인중심의 방법이었으나 여기에서 탈피하여 교육과정 내용의 선택을 학생의 직접적인 요구의 만족과 성인의 사회생활에의 준비와의 두 요인을 결합하려는 시도로 발달된 것이 문제영역법이다.

즉, 각 발달단계에 있는 청소년들의 항상적인 생활의 장을 분석하고, 그 안에서의 청소년의 문제영역을 중심으로 교육과정의 내용을 선택하자는 것이다. 이렇게 선정하면 사회의 요구와 청소년의 욕구가 자연스럽게 조화되고, 청소년의 욕구를 살릴 수 있으며, 민주사회의 요구에 부합되는 scope를 결정할 수 있으리라는 것이다. 따라서 교육과정의 개발을 위한 실태조사도 비로소 교육적인 의의를 살릴 수 있다는 것이 문제영역법의 기본적 입장이라 하겠다.

2. 교육내용의 조직방법

1) Sequence의 개념

학습경험이 선정 결정되었다 해서 아무 순서도 전후 관계도 없으면 학습이 진행되지 않기 때문이다. 먼저 학습한 교재가 다음에 학습할 교재의 기초가 되고, 다음에 나오는 교재가 전에 학습한 교재의 발전적인 진전을 이룰 수 있는 학습순서가 있어야 이해가 빠르고 학습활동이 무리 없이 진전되는 것이다. 여기서 학습경험의 배열에 관한 문제가 생긴다.

본래 이 sequence란 말은 순서라든가 단계 · 계속 또는 관련이란 뜻으로 쓰여지고 있는데, 교육과정에서는 scope에 대하는 말로서 교재배열의 순서 · 계열, 또는 종축의 뜻으로 사용한다.

이 sequence가 의도하는 것은 **첫째로**, 소기의 교육목적을 달성하기 위해 A라는 학습 다음에 어떤 학습을 전개시켜야 가장 능률적일까, **둘째로**, 학습의 계열을 생각하여 학생의 발달단계에 따라 교재 또는 활동경험의 자료를 교육과정의 체계에서 어떻게 위치지울 것인가 하는 것이 주된 문제이다.

교과나 교재의 sequence를 규정함에 있어서는 적어도 다음 두 가지 조건을 필요로 한다.

첫째로, 학생의 심신의 발달면에 비추어 본 심리적 조건이다. 어떤 교재를 막론하고 그것이 학생들의 심리적 발달에 부합되는 것이어야 함은 다시 말할 필요가 없다.

둘째로, 교육과정 내용 자체의 계통적 순서를 도외시할 수 없다는 논리적 조건이다.

따라서 교육과정 내용 자체의 논리적인 체계를 존중하는 방법을 논리적 배열이라 하며, 학생의 심신발달에 따라 심리적 조건을 존중하는 방법을 심리적 배열이라고 한다. 그러나 sequence에서 우리의 이상은 심리적 배열과 논리적 배열이 일치하는 점이다.

2) 교육내용 조직의 일반적 원리

학습내용을 조직할 때에는 충족시켜야 할 조직의 원리에 세 가지가 있다. 그것은 각각 계열성, 통합성이라고 할 수 있다.

(1) 계속성의 원리

계속성이란 학습내용들의 종적인 배열에서 동일한 내용요인이 계속적으로 반복되는 상태를 말한다. 한두 번의 학습내용만으로는 의미있는 학습성과를 거두기 어렵다. 동일한 지적 기능이나 가치에 학습자가 계속적으로 노출되어야 학습내용들의 누적적인 효과를 기대할 수 있다.

(2) 계열성의 원리

계열성도 계속성과 마찬가지로 종적 조직의 문제와 관련되어 있으나 계열성은 계속성을 초월하는 기준이다. 즉, 동일한 경험요인이 단순히 반복되는 수준을 넘어서서, 계속적인 줄기는 있으되 동시에 그 줄기에 좀더 넓고 깊은 의미가 붙어 갈 수 있게 조직된 특징을 계열성이라고 할 수 있다. 계열성은 단순한 반복이기보단 계속되는 학습의 과정에 따라 학습의 심화와 확충을 강조하는 원리이다.

(3) 통합성의 원리

이 원리는 학습내용의 횡적 조직과 관련하여 지켜야 하는 특징이다. 여러 가지 학습경험들은 그 횡적인 관계에서 우선 서로가 서로를 보강하고 강화할 수 있게 조직되어 있어야 학생들은 여러 곳에서의 경험을 통하여 모순이나 단절 없이 통합된 의미를 발견할 수 있고 행동에도 통일성을 이룰 수 있다.

3) 교육내용의 조직방법

교육과정의 구성은 선택된 학습내용을 일정한 원칙에 따라 배열함으로써 학습의 순서를 정해야 하는데, 배열방식은 논리적 배열과 심리적 배열의 두 방법을 생각할 수 있다.

논리성과 심리성의 강조점은 학습경험에 따라 차이가 있으나, 원칙적으로 ① 학생의 흥미를 기반으로 학습경험의 논리적인 발전과 진행이 보장되도록 학습내용을 배열할 것이고, ② 이와 반대로 교재의 논리성을 존중하면서 학생의 성장이나 발전과정에 따라 scope를 배열해야 할 것이다.

따라서 어떤 학습내용을 불문하고 실제 학습의 전개는 심리적 요인과 논리적 성격을 더불어 갖게 되므로, 논리적이나 심리적이라는 일방적 방법만의 배열로는 기대할 만한 교육과정이 될 수 없다. 다만 교재의 성격에 따라 학생의 흥미나 필요 · 욕구을 기반으로 하되, 어느 정도의 논리성을 반영시킬 것인가가 문제다.

(1) 기본적인 조직의 방법

교육내용은 ① 가까운 것에서 먼 것으로, ② 쉬운 것에서 어려운 것으로, ③ 구체적인 것에서 추상적인 것으로, ④ 단순한 것에서 복잡한 것으로, ⑤ 익숙한 것에서 미숙한 것으로, ⑥ 부분적인 것에서 전체적인 내용으로 조직되어야 한다. 그것은 학생들이 성장 · 발달해감에 따라 점진적으로 추상적인 개념을 이해하게 되기 때문이다.

(2) 시간적인 발전에 의한 주제배열의 방법

학생의 시간의식의 발달에 따라 조직하는 방법이다.

예킨대, 초등학교에서 고학년이 되면 지난 과거 의식이 명료해지기 때문에 과거와 현재를 비교할 수 있는 단계로서 주제가 배열된다. 다시 중학교에 가면 미래의식이 명료해지므로, 어떤 계열이나 중학교의 고학년은 장차 사회개혁이나 사회계획의 주제가 배열되고 있다.

(3) 생활환경의 확대에 의한 주제배열

학생의 공간의식의 발달에 따라 조직하는 방법이다.

초등학교 저학년의 학생주제는 직접적인 생활환경을 중심으로 하며, 고학년으로 갈수록 점차 생활환경이 확대되는 주제가 된다.

예를 들면, 가정 · 학교 · 지역사회 · 국가에서 다시 세계로 생활환경을 확대시켜 가는 형식의 주제 배열이다.

(4) 사회문화의 복잡성에 의한 주제의 배열

학생의 정신적 발달순서에 따라 단순한 것에서 복잡한 것으로 조직하는 방식이다. 예를 들면, 단순한 사회제도에서 복잡한 경제조직이나 정치제도로 발전되어 가는 식의 배열이다.

(5) 사회이상의 실현으로 발전하는 주제의 배열

학생의 사회적 이해의 발달에 따라 조직하는 방법이다.

학생들이 사회의 제반 모습이나 기구를 이해함에 따라 사회질서의 개선에 참가하려는 욕구를 갖는다는 관점에서 주제를 배열한다. 예컨대, 우선 현재의 사회 조직을 분석하는 주제배열로 사회개선의 필요를 이해시키고, 다시 바람직한 사회건설의 욕구를 갖도록 주제를 배열한다.

(6) 계통적 순서에 의한 배열

각 학과 속에 포함되어 있는 교재는 제각기 논리적인 체계에 따라 전후관계가 있는 것이 많다. 그러므로 교재는 이 논리적인 전후관계에 따라 계통적 체계적으로 조직해야 한다는 논리적 배열법이다.

3. 단원의 계획과 전개

1) 단원의 개념과 유형

(1) 단원의 개념

단원(unit)이란 교육과정을 구성하는 요소로서의 교재의 단위, 즉 학습단위를 구성하는 것이다. 따라서 단원은 교육과정 개발에 있어서 가장 기초적이며 최저단위로 구성되는 것이다.

(2) 단원의 유형

[1] 교재단원과 경험단원

교재단원(subject matter unit)은 교과중심의 교육과정에서 일정한 지식의 분량 또는 단편적인 지식의 토막을 말한다. 예를 들면, 교과서 제1장 제1절과 같은 교재의 일정량을 말하는 것이며, 경험단원(experience unit)은 학습자의 경험과 흥미에 기초를 둔 학습활동인데, 학생이 활동하고 경험하며 또 실천하는 생활경험의 일련의 관계를 의미하게 된다. 부연하면 교재단원이란 정적이며 지적인 일정량의 학습내용이다. 또 경험단원은 일정한 목표 아래 전개되는 종합·관련성 있는 일련의 활동을 의미한다.

이렇게 볼 때 단원이란 교재단원·경험단원을 막론하고 통일성 있는 학습활동으로 전개시킬 학습자료를 말한다고 할 수 있다. 원래 단원이란 말은 단일성·전체성·통일성을 뜻하므로 그 자체가 통일된 것이며, 또 전체의 관련에서 성립되는 몇 가지의 단위로 내용의 전체를 분절한 것을 말하는 것이다.

[2] 자료단원과 학습단원

학급에서 전개되는 교수단원(teaching unit) 또는 학습단원과 사전준비로 이루어지는 자료단원(source unit)을 구별할 수 있다. 그리고 자료단원은 학습단원의 극단적인 형식화를 막으려는 것으로서, 교사가 계획하고 전개시키고 평가하는 데에 도움이 될 여러 가지 자료의 체계적이고 종합적인 조직을 말한다.

다시 말하면 교사가 학생들과 더불어 단원학습을 이끌어 나갈 때 필요한 여러 가지 생각이나 자료를 끌어다 쓸 수 있는 하나의 학습자료의 저장고라고 생각할 수 있다. 따라서 한 자료단원은 어떤 단일한 학습단원을 위한 것보다, 여러 학습단원을 위한 자료의 저장고 역할을 하며, 비교적 여러 학년과 여러 교사를 위해 도움이 되는 것이다.

2) 단원계획

(1) 단원계획의 개념

단원계획이란 교사가 학급에서 전개하고자 하는 학습단원에 대한 계획이다. 즉, 한 단원에 대하여 실제로 경험이 일어날 수 있도록 세우는 구체적인 수업계획을 말한다. 보통 단원전개안, 교수전개안(교안), 교수 · 학습지도안, 교수 · 학습과정안 등으로 불리고 있으며 교육과정에 대한 최종적인 전개계획이다.

(2) 단원계획의 대상

단원계획의 대상이 되는 내용에는 단원의 선정, 단원목표, 단원내용, 시간계획, 자료준비, 단원전개에서 예상되는 학습활동, 단원의 평가 등이 포함된다. 보통의 경우 교과단원은 사전에 교사에 의하여 계획되지만, 경험단원은 학습의 구체적인 장면에서 계획된다.

(3) 단원계획의 양식

단원계획의 절차는 교과와 교재의 특성, 학습자의 요구와 실태, 환경적인 조건, 교사의 지도관에 따라서 다르게 이루어지고 있으므로 그 양식도 여러 가지가 있다. 여기에서는 일반적으로 받아들여지고 있는 대표적인 양식만을 제시하고자 한다(표 4-1).

표 4-1 교수 · 학습지도안 양식

○○과 교수–학습지도안

시　　일 : ○년　○월　○일 제　○교시
대　　상 : 학년　반 교실
지도교사 : ○○○인

1. ○○과 교육의 목표
2. 단원연구
   가. 단원명
      1) 대단원
      2) 중단원
      3) 소단원
   나. 단원설정의 이유(단원의 요지, 취지)
      1) 학습자 입장에서
      2) 교재면(교과과정)에서
      3) 교사의 입장에서
      4) 사회적 입장에서
   다. 단원의 지도계통(선행학습-본단원 학습-발전학습)
3. 단원 학습목표와 지도방침
   가. 단원 학습목표(구체적으로 행동적으로 진술)
      1) 인지적 목표(지식, 이해력, 적용력, 분석력, 종합력, 평가력)
      2) 정의적 목표(태도, 감상, 습관, 정서……)
      3) 기능적 목표(기능, 기술, 표현, 조작……)
   나. 단원지도방침
4. 단원 지도계획
   중단원별 주요 학습내용과 교수방법, 교수 자료, 매체활용방법기술
5. 학습지도상의 유의점
6. 본시 학습자의 실태(인지적 특성, 정의적 특성)
7. 본시 교수 · 학습지도계획(본시학습목표와 학습내용, 학습자료계획)
8. 본시 교수-학습활동

수업단계	교수-학습활동		수업 방법	매체 또는 학습자료	유의점	시간 배정
	교사	학생				
도입						
전개						
정리						

9. 평가계획
   가. 형성평가
   나. 종합평가

(4) 단원계획과 전개시 유의사항

[1] 단원설정의 이유

① 교재면에서

단원의 본질과 성격을 철저하게 규명하여 본 단원이 학습자의 발달이나 사회에 영향을 주는 요인들을 찾아내며 또 시기나 계절적인 면을 생각하여 간단명료하게 기술한다.

② 학습자의 입장에서

해당 학년 학습자의 발달 단계의 특징, 학습자의 경험과 생활관계, 학습자의 개인차와 흥미 및 욕구와의 관계 등을 고려하여 기술한다.

③ 사회적 입장에서

학습의 결과가 사회발전에 얼마나 기여하며 또 학습자의 사회성 발달에 얼마나 공헌할 것인가를 간단하게 쓴다.

④ 교사의 입장에서

위에서 말한 세 가지 입장을 생각하면서 가치 실현을 위한 자연적이고 창의적인 지도기술이나 방법을 구상한다.

[2] 단원 학습목표

① 교과교육의 목표는 교육부의 교육과정편람을 참조하여 기술한다.

② 단원학습목표는 **대단원**의 학습목표를 기술하되, 인지적, 정의적, 기능적 영역으로 나누어 구체적으로 기술한다.

③ 본시 학습의 목표는 **소단원**의 학습목표를 기술하되 그 시간 안에 달성이 가능한 목표를 쓴다.

3 단원 지도계획

단원전개의 전체적인 계획으로서 대단원을 중단원별로 여러 학습내용과 시간으로 나눈 내용의 조직이다.

① 차시

대단원의 기본요소를 그 성격과 질에 따라 양적으로 나누어 한 시간으로 묶거나 또 주 단위로 묶어 학습의 순서를 정하는 일이다.

② 내용

해당 시간에 학습할 주제가 되는 재료이나. 핵심적인 요점을 간단히 기술한다.

③ 시간

학습할 주제가 되는 재료의 내용에 따라 매 차시별로 소요되는 시간을 예상해 몇 분으로 표시한다.

④ 자료

학습장면에서 필요로 하는 자료나 도구 등을 쓴다.

4 본시 학습자의 실태

학습자들이 본 제재에 대하여 이미 소유하고 있는 지식이나 기능 및 필요성, 흥미도 및 동기 등이나 활동의 경향, 학습 분위기 등을 간단하게 쓴다.

5 본시 교수 – 학습활동(단원의 전개)

교수 – 학습활동이란 학습목표를 달성하기 위하여 교사의 활동과 학습자의 활동상황을 말한다. 교사의 활동을 교사발언의 사전조직으로서 그 예상을 간단명료하게 **행동용어**로 쓴다. 학생활동은 교사 발언에 대한 예상되는 행동을 간단명료하게 쓴다.

단원전개에 적합하고 일반적으로 통용되는 전개방식은 대체로 다음 순서에 의하고 있다.

① 도입단계

계획된 단원에 대해 학생이 흥미를 갖게 하고 학습의욕을 고무시킴으로써 학생이 주체적으로 학습에 참가하도록 하는 단계다. 되도록 학생의 자주적인 활동에 의해 다음의 중심적 학습으로 이행되도록 학습의욕을 유발시킨다. 그러한 의욕을 일으키게 하는 것이 동기지우는 기술이다.

이렇게 함으로써 학생들로 하여금 계획된 단원에 대해 본시학습의 주제를 파악함과 더불어 단원의 학습목표를 인식시킨다. 학습동기의 유발은 학습의 첫 출발임과 동시에 학습활동의 기초가 된다. 따라서 교사는 학습동기유발에 대한 전문적인 지식과 방법을 갖고 있어야 한다.

② 전개단계

단원전개에는 여러 가지 교수-학습 활동방법이 있으므로 교사는 사전계획에서 미리 활동의 성격에 따라 분류하는 것이 효과적인데, E. Diedrich는 177종목의 활동을 다음 8개 분야로 분류 제시하고 있다.

㉠ **시각활동** : 읽기 · 그림보기 · 실험 · 실연과 진열품 관찰이나 타인의 작업관찰

㉡ **구술활동** : 사실 또는 원리를 진술 설명하기, 사건에 대한 이야기, 질문하기, 암시주기, 의견의 진술 또는 발표, 회견, 암송 또는 토론 등 43종목

㉢ **청각활동** : 교재의 형식적 제시를 듣는다. 회화나 집단토론을 듣는다,

라디오를 듣는다 등 7종목

㉣ **회화활동** : 그림 그리기, 색칠하기, 그래프와 도표 만들기, 지도 그리기 등 8종목

㉤ **작문활동** : 소설 · 논문 · 시 · 유희 · 시나리오 쓰기와 보고서 쓰기, 정정하기, 교재 베끼기, 개요 · 목록 쓰기, 시험답안 · 질문지 쓰기 등 22종목

㉥ **동작활동** : 실험한다, 재료를 선정한다, 진열품을 장식한다, 가구 · 완구를 만든다, 수선한다, 유희나 춤을 춘다, 동물을 기른다, 화원을 가꾼다 등 47종목

㉦ **정신적 활동** : 상상한다, 기억한다, 요소를 분석한다, 결론에 도달한다 등 23종목

㉧ **정의적 활동** : 흥미 · 환희 · 용기 등 20종목

그러나 이들 8개 분야의 학습활동은 실제로 전개되는 경우 한 가지만 나타나는 것이 아니고, 서로 중복되고 연합되어 전개한다.

③ 정리단계

학습성과를 정리하고 개관하는 단계다. 모든 학습결과를 종합하고, 결론이나 원리를 끄집어내고, 검토하는 일종의 종합 및 완결의 단계인 것이다.

④ 평가단계

학습결과에 대한 평가를 한다. 처음에 시도한 학습목표에 얼마나 접근하였나, 학생들은 어떠한 행동변화를 초래하였나를 살핀다. 만족하지 못한 결과로 그쳤으면 그 원인을 추구해야 한다. 경우에 따라 그 학습을 다시 반복할 일도 생기게 될 것이다. 이러한 의미에서 평가단계는 대단히 중요하다.

그러나 이 때 주의할 점이 있다. 그것은 평가란 학생들의 학습성과에 대해서만 행하는 것이 아니고, 교사 자신에 대해서나, 선정한 단원에 대해서도

여러모로 평가해야 한다.

3) 단원전개

교수-학습지도안의 구체적인 내용을 수학교과목의 예를 들어 제시하면 다음과 같다.

1. 수학과 교육의 목표

수학과 교육의 목표는 수학의 기본적인 지식과 기능을 습득하고, 수학적으로 사고하는 능력을 길러, 실생활의 여러 가지 문제를 합리적으로 해결할 수 있는 능력과 태도를 기르는 것이다.

가. 여러 가지 생활 현상을 수학적으로 고찰하는 경험을 통하여 수학의 기초적인 개념, 원리, 법칙과 이들 사의의 관계를 이해할 수 있다.

나. 수학적 지식과 기능을 활용하여 생활 주변에서 일어나는 여러 가지 문제를 수학적으로 관찰, 분석, 조직, 사고하여 해결할 수 있다.

다. 수학에 대한 흥미와 관심을 지속적으로 가지고, 수학적 지식과 기능을 활용하여 여러 가지 문제를 합리적으로 해결하는 태도를 기른다.

2. 단원연구

가. 단원명

1) 대단원 : Ⅳ. 부등식

2) 중단원 : 4. 일차부등식과 연립일차부등식

3) 소단원 : 3. 일차부등식의 풀이

나. 단원 설정 이유

1) 학습자 입장에서 : 본 단원에서는 일상생활에서 일어나는 현상을 일반화, 수식화, 형식화함에 대한 학생들의 관심과 흥미를 유발하고, 등식의 성질을 이용하여 일차부등식의 해를 구하는 경험을 통해 연립일차부등식 등 여러 가지 부등식의 학습에 필요한 기초소양을 갖게 한다.

2) 교과과정 면에서 : 수학적 도구로서의 부등식 이론들은 대부분 16세기 이후에 정립되었지만, 부등식으로 미지의 값의 범위를 계산하는 방법은 이미 고대의 이집트나 바빌로니아의 기록에도 나타나 있다. 이렇듯 부등식 이론은 수학체계의 고전적이며 기초적인 이론으로서 학생들에게 마땅히 학습시켜야 할 과제인 것이다.

3) 교사의 입장에서 : 이렇게 수학에서 기호를 사용한 문제풀이는 아주 오래전부터 있어 온 것으로 그것은 매우 중요한 의미를 가진다. 실제로 미지수가 있는 문제를 푸는데 기호를 사용한다는 것은 매우 효과적인 방법이다. 부등식의 풀이에 필요한 기초적인 원리는 방정식과 비슷한 것으로 우리가 실생활에서 수의 크기의 대소를 비교하고, 여러 가지 요소들의 효율성을 비교하는 넓은 범위에 부등식은 방정식 못지않게 중요한 역할을 하고 있다. 이렇듯이 수학에서 식의 사용 없이는 내용이 목적하는 형식화 및 일반화를 생각할 수 없다.

4) 사회적인 입장에서 : 일상생활에 있어서 부등식학습을 통해 대소 관계에 기초한 폭넓은 응용력을 기를 수 있을 것이다.

다. 단원의 지도 계통

<table>
<tr><th rowspan="2">영역/단계</th><th>선행학습</th><th>본단원</th><th>발전학습</th></tr>
<tr><th>초등학교(1단계～6단계)
중학교(7단계～8단계)</th><th>중학교(8단계～9단계)
(중 8－가)</th><th>중학교(8단계～9단계)
고등학교(10단계이상)</th></tr>
<tr><td>문자와 식</td><td>초등
· 부등호
· 부등식
· 말을 부등식으로 나타내기
· 부등식을 말로 나타내기
중 1
· 등식의 성질
· 일차방정식
중 2
· 다항식의 계산
· 등식의 변형
· 연립방정식</td><td>1. 부등식
§ 1. 부등식과 그해
§ 2. 부등식의 성질
§ 3. 일차부등식의 풀이</td><td>2. 연립부등식
§ 1. 연립부등식
§ 2. 일차부등식과 연립 부등식의 활용
고 1
· 부등식
· 이차부등식</td></tr>
</table>

3. 단원학습목표와 지도방침

가. 단원학습목표

(1) 인지적 목표

1) 지식

가) 지수법칙을 정의할 수 있다.

나) 미지수가 2개인 일차방정식을 정의할 수 있다.

다) 미지수가 2개인 연립일차방성식과 그 해를 설명할 수 있다.
라) 부등식의 뜻을 정의할 수 있다.
마) 부등식의 해의 뜻을 정의할 수 있다.
2) 이해력
가) 부등식의 성질을 요약할 수 있다.
나) 일차부등식의 뜻과 그 풀이 방법을 알게 한다.
다) 연립일차부등식과 그 해를 이해하고, 연립일차부등식을 풀 수 있다.
3) 적용력
가) 다항식의 덧셈과 뺄셈을 할 수 있다.
나) '(단항식)*(다항식)', '(다항식)/(단항식)'과 같은 곱셈과 나눗셈을 할 수 있다.
다) 간단한 등식을 변형할 수 있다.
4) 분석력
가) 방정식을 풀고, 그 해를 수직선에 나타낼 수 있다.
5) 종합력
가) 미지수가 2개인 연립일차방정식을 활용할 수 있다.
나) 일차부등식 또는 연립일차부등식을 이용하여 여러 가지 문제를 해결할 수 있다.
6) 평가력
가) 방정식과 부등식을 이용하여 실생활의 문제를 해결할 수 있다.

(2) 정의적 목표

〈일차부등식과 연립일차부등식을 풀어 구한 해는 검산하여 확인하는 태도를 기른다.

(3) 기능적 목표

〈일차부등식과 연립일차부등식의 해를 수직선 위에 나타내어 표현할 수 있다.

나. 단원지도방침

1) 다양한 문제 상황을 통하여 문자사용의 필요성을 이해할 수 있게 한다.
2) 다항식을 단항식으로 나눌 때에는 몫이 다항식이 되는 것만 다룬다.
3) 지수법칙은 지수가 자연수인 범위에서 다루고, 다항식의 곱셈과 나눗셈을 하는 데 필요한 정도로만 다룬다.
4) 등식의 성질과 비교하여 부등식의 성질을 이해하게 한다.

4. 단원전체 학습계획

단원명			차시	교수방법	매체활용
대단원	중단원	소단원			
부등식	일차부등식	부등식과 그 해	1	강의법, 문답법, 게임	교과서, PPT, 판넬, 칠판, 교구(숫자카드, 줄넘기)
		부등식의 성질	2	강의법, 문답법	교과서, PPT, 판넬, 칠판
		일차부등식의 풀이	3	강의법, 문답법, 문제해결학습법	교과서, PPT, 판넬, 칠판
	연립일차부등식	연립부등식과 그 해	4	강의법, 문답법, 게임	교과서, PPT, 판넬, 칠판, 교구(숫자카드, 줄넘기)
		연립일차부등식의 풀이	5	강의법, 문답법, 문제해결학습법	교과서, PPT, 판넬, 칠판
		미지수가 2개인 연립 일차방정식과 그 해	6	강의법, 문답법	교과서, PPT, 판넬, 칠판
		미지수가 2개인 연립 일차방정식의 풀이	7	강의법, 문답법, 문제해결학습법	교과서, PPT, 판넬, 칠판

5. 학습 지도상의 유의점

가. 게임 학습시 환경설정

1) 게임 학습에 사용할 교구가 모두 갖추어졌는지 확인한다.
2) 게임 학습 교구를 분실하지 않도록 정리하게 한다.
3) 그 외에 필요한 학습도구를 학생들에게 준비하도록 한다.
4) 게임이 끝나고 단원의 내용을 쉽게 이해하였는지 스스로 문제를 해결해 보도록 한다.

나. 교수-학습 전개

1) 학생들의 학습 흥미 유발을 위해 프리젠테이션 자료, 수학과 관련된 이야기 자료를 활용하여 지도한다.
2) 수업 중간 중간에 수업진행에 따른 학생들의 반응을 잘 살펴 어느 정도 학습되고 있는지를 파악하여, 수업의 속도를 조절한다.
3) 개인차에 따른 학습 능력을 고려하여 수준별로 분단이나 학습을 편성하고, 이를 적절히 운영한다.
4) 학습효과를 높이기 위하여 다양한 생각과 의견을 발표하고 서로 의견을 교환하도록 지도한다.

6. 본시 학습자의 특성

가. 인지적 특성

1) 지적 능력 : 학생 정원을 35명이라고 가정할 때, 25명 정도의 학생이 비슷한 학습 발달 수준을 가지고 있다고 보고, 수준별 이동수업을 할 경우 상 · 중 · 하 중에서 중정도의 학습 수준에 레벨을 맞추어 수업을 진행한다. 그리고 나머지 우등학생과 열등학생을 위한 심층문제풀이 시간이나 기본개념 요점정리 시간을 준비하여 최대의 학생들이 각자의 학습발달 수준에 맞는 학습을 할 수 있도록 노력한다. 또한 조별학습을 통하여 각자의 문제풀이 방식을 전달함으로써 다방면의 사고를 할 수 있도록 지도한다.
2) 선수학습 정도 : 초등학교 때의 기본적인 부등호의 개념과 크기의 대소 관계를 이해하고 있는지를 파악하고, 등식의 성질과 그것을 이용한 일차방정식의 풀이를 잘 숙지하고 있는지를 파악하여 그 과정과 비슷한 일차방정식의 풀이를 학습하기 위해 먼저 부등식의 성질을 지도하고, 일차방정식의 풀이를 지도한다.

나. 정의적 특성

1) 학습동기 : 중학교 2학년이라면 이제 중학교의 학습과정에 어느 정도 적응을 하고 좋은 기자재 시설을 갖추고 있으므로 수업에 대한 긍정적인 동기를 가지고 있을 것이다. 무엇보다도 수학에 대한 내적인 학습동기를 지니도록 흥미로운 학습을 유도한다.
2) 성격 : 사춘기를 겪고 있는 청소년이므로 예민하고, 정서적으로 불안하여 작은 것에도 상처가 될 수 있으므로 여러모로 신경을 쓰고, 그에 반해 아직은 순수한 학생이므로 활달하고, 쾌활한 모습으로 학습에 임할 수 있도록 지도한다.

7. 본시 교수-학습 계획

<table>
<tr><td>주제</td><td>일차부등식의 풀이</td><td>지도
대상</td><td>2학년
9반
(35명)</td><td>지도
일시</td><td>2009. 5. 4
1교시</td><td>시간</td><td>9 : 00～9 : 45</td></tr>
<tr><td>학습
목표</td><td colspan="7">① 일차부등식과 그 해를 이해하고, 설명할 수 있다.
② 일차부등식의 풀이법을 이해하고, 그에 따라 해를 구할 수 있다.
③ 일차부등식의 해를 구하고, 그 해를 수직선 위에 나타낼 수 있다.</td></tr>
<tr><td rowspan="3">학습
내용</td><td rowspan="2">선행학습</td><td colspan="6">본시의 내용</td></tr>
<tr><td colspan="2">지식</td><td colspan="2">이해</td><td colspan="2">적용</td></tr>
<tr><td>· 대소의 개념
· 이항의 개념
· 부등식의 뜻과 그 해
· 부등식의 성질</td><td colspan="2">· 일차부등식의 개념
· 일차부등식의 풀이법</td><td colspan="2">· 일차부등식과 그 해의 개념 이해
· 일차부등식의 풀이법 이해
· 일차부등식의 해를 수직선 위에 표시</td><td colspan="2">· 일차부등식의 풀이법을 실생활의 여러 문제를 해결하는 데 적용</td></tr>
<tr><td rowspan="2">학습
자료</td><td colspan="3">교사</td><td colspan="4">학생</td></tr>
<tr><td colspan="3">학습지도안, PPT, 판넬</td><td colspan="4">교과서, 필기구</td></tr>
</table>

8. 본시 교수-학습 활동

<table>
<tr><td colspan="2" rowspan="2">수업단계</td><td colspan="2">교수-학습활동</td><td rowspan="2">수업
방법</td><td rowspan="2">매체</td><td rowspan="2">유의점
(교수사태)</td></tr>
<tr><td>교사</td><td>학생</td></tr>
<tr><td rowspan="2">도입
(6분)</td><td>주의집중
및
동기유발
(2분)</td><td>· 학생과 인사, 출석 확인
· 학습 분위기 조성
· 본 수업과 관련지어 문구점에서 학용품을 구입할 때를 예를 들어, 일상생활에서 부등식이 빈번히 활용되고 있음을 상기시킨다.</td><td>· 교사와 인사
· 수학 수업을 준비한다.
· 듣는다.</td><td>· 문답법</td><td></td><td>· 학생들이 흥미를 느끼도록 주의집중시킨다.</td></tr>
<tr><td>수업목표
제시(1분)</td><td>· 수업목표를 제시하고 학생들이 읽도록 한다.
· 전 시간에 배운 내용을 상기시킨다.</td><td></td><td>· 문답법</td><td>· 판넬</td><td>· 수업목표를 명확히 인지하도록 한다.</td></tr>
</table>

	관련 선행학습 확인 (3분)	· 부등식과 그 해의 개념 · 부등식의 성질 · 전 시간에 배운 내용을 상기시킨다.		· 문답법	· 판넬	· 학생들이 부등식의 성질을 어느 정도 이해하고 있는지를 파악한다.
전개 (33분)	정보제시 (15분)	· 학습목표① 전 시간에 배운 부등식의 성질을 이용한, (일차식)<(수), (일차식)>(수), (일차식)≤(수), (일차식)≥(수) 이러한 꼴의 부등식이 일차부등식이라는 것과 그 일차식의 미지수의 범위가 해라는 것을 지도한다. · 학습목표② 일차부등식의 해는 범위로 표현됨을 이해시키고, 일차부등식의 풀이법은 부등식의 성질을 이용한 부등식의 변형 과정임을 지도하면서 부등식의 성질의 중요성을 다시 한번 강조한다. · 학습목표③ 일차부등식의 풀이법을 이해하여 해를 구하고, 그 해를 수직선 위에 표시하여 해의 범위를 눈으로 확인할 수 있도록 지도한다. · 수업에 대해 이해되지 않는 부분을 물어 본다.	· 정리하며 듣는다. · 이해되지 않는 부분을 질문한다.	· 강의법 · 문답법	· 전체 학습 · 교과서 · 판넬 · 칠판	· 일차부등식의 해는 일차방정식과는 달리 범위로 표현됨을 강조한다. · 일차부등식의 해를 수직선에 표시함으로써 범위의 개념을 눈으로 확인하도록 한다.
	형성평가 (5분)	· 미리 작성해 온 평가지의 문제를 학생들이 직접 풀	· 수업내용을 회상하며 평	· 문답법	· 전체 학습	· 교실을 돌아다니며 이해

		어보는 시간을 제공하고, 2명 정도의 학생은 앞에 나와서 칠판에 풀어보도록 하여 학생들이 오늘의 수업내용을 잘 이해하였는지 파악한다. · 학생들이 문제를 다 푼 후 피드백한다.	가문제를 신중하게 푼다. · 모르는 문제는 교사에게 질문한다. · 교사의 문제 풀이를 집중해서 들으며 자신이 푼 것과 비교한다.		· 형성 평가지 · 칠판	를 못하고 있는 학생이 없는지 살핀다.
정리 (6분)	학습안내 활동(4분)	· 일차부등식의 실생활에 대한 활용성에 대하여 설명하고, 매우 유용한 단원임을 상기키시면서 오늘의 수업내용을 프리젠테이션을 통하여 정리한다.	· 정리하면서 듣는다. · 오늘의 수업을 잘 이해했는지 자신이 자신을 판단하여 모자라는 부분은 수업이 끝난 후 교사에게 질문할 준비를 한다.	· 강의법 · 문답법	· 전체 학습 · PPT · 교과서	· 프리젠테이션으로 인한 갑자기 어두어지는 환경으로 학생들이 산만해 지지않도록 집중시킨다.
	심화 및 교정학습 (2분)	· 학생들 수준에 맞춘 보충 및 심화과제를 숙제로 낸다. · 다음 시간에는 2개의 일차방정식을 묶은 연립일차방정식에 대하여 언급하면서 수업을 마친다. · 학생과 인사	· 다음 시간에 배울 내용을 확인한다. · 교사와 인사 · 집으로 돌아가서 그날 배운 수업을 상기하며 문제를 푼다.	· 강의법	· 심화 보충 문제지 · PPT	· 문제의 난이도를 조절하여 학생들의 학습의욕을 최대한 높일 수 있도록 심화보충문제를 제시한다.

9. 평가계획

가. 총합평가

지필고사 70%, 수행평가 20%(과제제출, 노트 정리), 수업태도 10%

부등식과 그 해의 개념을 정의할 수 있고, 부등식의 성질을 이용하여 일차부등식과 연립일차부등식의 해를 구할 수 있으며, 그것을 활용하여 실생활의 문제를 해결할 수 있는지 평가할 것이다.

수업태도는 수업시간의 질문과 게임을 할 때의 참여정도를 점수화 한다.

나. 형성평가

정리단계에서 퀴즈, 문답(평가지 사용)으로 평가하고, 문항은 4문제 정도로 하고, 학습목표를 반영하는 문항으로 구성한다. 결과는 성적에 반영하지 않는다.

특별활동 교육과정

CHAPTER
05

1. 특별활동의 개념과 교육적 의의
2. 특별활동과 타교육활동과의 관계
3. 특별활동 교육과정 구성과 운영

1. 특별활동의 개념과 의의

1) 특별활동의 발전계보

특별활동이 정식으로 우리나라 교육과정에 자리잡게 된 것은 해방 후 처음으로 제정한 생활영역의 과정으로 과해진 것으로서 1954년 4월 '교육과정시간배당기준령'의 제정 공포될 때부터이다.

1954년 교과부 제35호로 제정 공포된 초등학교, 중학교, 고등학교의 교육과정시간배당기준령 제6조에서 "……특별활동이라 함은 교육목적 및 교육목표를 달성하기 위하여 필요한 교과 이외의 기타 교육활동을 말한다. 특별활동은 다음 각호의 1에 해당하는 것이어야 한다"라고 하여,

첫째, 집회 기타 민주적인 조직하에 운영되는 학생활동에 관한 것

둘째, 학생의 개인 능력에 의한 개별 성장에 관한 것

셋째, 직업 준비 및 이용 후생에 관한 것

넷째, 학생 취미에 관한 것 등 학생의 클럽활동이라든지, 봉사활동, 자치활동, 사회적 · 시민적 적응 훈련의 모든 활동을 포함시키고 있다. 그 동안 일곱 차례의 제정 및 개정을 통해 우리나라의 특별활동은 지도내용과 시간배당에서 변천을 거듭해 오면서 구체화되고 체계화되어 특별활동의 특성을 살려가면서 교육과정의 한 영역으로서 교과과정과 상호보완적 관계를 유지하면서 그 기반을 굳혀 왔다고 하겠다.

2) 특별활동의 개념

특별활동은 교과외활동, 협력활동, 학생활동 등으로 불리기도 하는 것으로

서 소위 교과활동과 더불어 학교 교육과정의 중심적 활동이고, 학생들의 전인적 성장을 돕기 위한 영역으로서 학생들의 자율적이고 협동적인 참여하에 자유로운 자기표현의 기회를 가지게 하여 학생 각자의 개성과 소질의 발견 및 신장을 도모하고 나아가 민주 시민으로서의 자질과 능력을 기르기 위한 활동이다.

3) 특별활동의 교육적 의의

특별활동은 전술한 개념 정의와 같이 교과외활동, 협력활동, 학생활동 등으로 불리기도 하는데 교과활동과 더불어 학교 교육과정의 중심이 되는 활동이나. 특별활동이 학생들의 자주적, 자율적 참여에 크게 의존한다는 점에서 비교적 교사 중심적인 교과교육과 성격을 달리하지만 상호보완적 관계에 있다고 할 수 있다. 물론 현대교육에서는 교과교육에서도 학생들의 적극적인 참여활동이 강조되고 있으나 계획 · 실천 · 평가의 전 과정에서 학생의 적극적이고도 자율적인 참여활동을 강조하고 있다는 점은 특별활동의 특성이라 할 수 있다.

인간의 지 · 정 · 의의 조화로운 성장을 강조하는 교육은 각자가 천부적으로 소유하고 있는 개성을 발휘할 수 있도록 하면서 전체적인 성장에 도움이 되도록 해야 한다는 것이다. 어떤 직업인이 되든지 관계없이 인간으로서 기본적으로 갖추어야 할 지적 · 도덕적 · 심미적 · 신체적 조건이 골고루 갖추어지도록 하는 것이 전인교육이다.

이러한 의미의 전인교육은 전통적 의미의 교과교육만으로는 충분히 이루어질 수 없는 문제가 있다. 일정한 수의 학생에게 주로 교실이라는 제한된 공간에서 교사의 주도로 개인의 소질과 개성을 최대한으로 신장시키는 교육을 기대하기는 어렵다. 보다 자유롭고, 융통성 있게, 보다 독립적으로 학생 스스로 계획 · 실천 · 평가해 보도록 허용되는 교육이 요구되는 것이다. 그래서 교과활동을 보완하는 활동으로, 또 교과활동에서 얻은 지식을 구체적으로 적용하고 실현해 보는 활동으로서의 특별활동의 필요성이 부각되는 것이다. 심신의 조화적 발달을 기하기 위해 다채롭고 다양하며 풍부한 실천경험의 장을 제공해 주는 것이 특별활동이기 때문이다.

특히 우리나라처럼 학급 규모가 큰 교육의 상태에서는, 특별활동의 적극적 지도와 활성화가 더욱 기대되고 '전인교육의 실현'이라는 측면에서 교육적 의의가 크다고 하겠다.

2. 특별활동과 타교육활동과의 관계

1) 특별활동과 학교경영

특별활동 지도목표가 학교 교육목표 달성의 일익을 담당하고 있다면, 특별활동의 충실은 학교교육의 충실을 기하는 것이며 학교경영과 중요한 관계를 가지고 있다고 하겠다.

특별활동을 활성화하려면, 수업시간의 적절한 배당과 학생의 자발적·자주적 활동을 할 수 있는 시간의 확보도 배려되어야 한다.

예를 들면, 학급 어린이회는 전교 어린이회 개최 시기를 고려하여 전학년을 일정한 요일이나 일정한 시간에 배당하고, 클럽활동도 일정한 요일의 일정한 시간에 배당하되 학급 생활을 전부 정리하고 소속클럽에 가서 끝나는 시간에 구애됨 없이 활동할 수 있도록 클럽활동 앞시간의 쉬는 시간운영을 융통성 있게 하는 것 등이다.

2) 특별활동과 학급경영

특별활동의 특질은 실천적 집단활동에 있으며, 학생들에게 있어서 집단의 모체는 학급이다. 따라서 학급집단에 바람직한 인간관계가 성립되어 있으면, 특별활동 또한 충실히 발전할 것이다. 또한 특별활동 중 학급협의활동이나 역할분담활동은 학급경영과 특히 관련이 깊다고 하겠다.

역할분담활동은 학급생활에 관한 여러 가지 문제에 대해 이야기를 나누고, 해결하고, 일을 분담해서 처리하는 가운데서 집단의 일원으로서의 자각을 깊게 하고, 협력하여 보다 좋은 학급생활을 이루려고 하는 태도가 길러져, 그것이 학급경영에 직접적으로 반영된다. 또 친교활동이 학교행사의 활동에 참가함으로써 동학년 집단이나 다른 학년 집단과의 접촉이 이루어져서 좋은 자극이 가해져 학급생활의 개선 · 발전에 이바지할 수 있게 된다.

3) 특별활동과 교과지도

각 교과는 그 영역의 특질에 따라 목표 · 내용 · 방법을 가지고 학습활동을 통하여 이해 · 기능 · 태도 등을 정착시키며 나아가 바람직한 자질로서 자주성 · 사회성 · 창조성의 신장을 지향한다. 특별활동은 구체적인 학습내용을 갖지는 않으나 학생의 자발적 · 자율적 실천활동인 점에서 교과와 현저히 다르나 인간형성의 기초를 닦고 바람직한 자질로서의 자주성 · 사회성 · 창조성 등 학생의 개성 신장을 지향한다는 궁극적 목표에는 차이가 없다. 이 특질을 교과와 관련시키면서 유지해 나가는 배려가 중요하다.

4) 특별활동과 생활지도

특별활동은 생활지도의 기회를 풍부히 제공하는 장이다. 생활지도는 학생 개개인의 개성 · 소질 · 적성 · 환경 등에 따라서 학생의 내재적 가능성을 최대한으로 실현시키기 위한 교사의 조력을 중심으로 하는 교육적인 지도활동이므로 이와 같은 활동은 봉사활동, 자치활동, 학교행사 등 실천적 집단활동 중의 학생 개개인에게 교사의 조력의 손길이 뻗칠 수 있는 좋은 계기를 마련해 주게 된다.

3. 특별활동 교육과정의 구성과 운영

1) 특별활동 교육과정의 성격

현행 우리나라의 교육과정은 교과활동과 특별활동의 양대영역을 이루고 있다. 이러한 교육과정 편제에 의해 운영되고 있는 특별활동의 실제면과 또한 특별활동 본래의 특성에 비추어 볼 때 특별활동의 성격은 다음 몇 가지로 나누어 볼 수 있다.

(1) 특별활동은 교육과정의 한 부분으로서 교과활동과는 상호보완적 관계에 있다.

특별활동은 학교교육활동 중에서 아동이 주체가 되어 자율적으로 학습할 수 있는 활동이다. 그것은 학교 교육과정의 정신과 목표를 구현하는 수단의 하나로서 교과활동과는 달리 학생자신에 의해 계획, 실천, 평가되는 활동영역이다. 소위 교과활동이 개념이나 원리를 바탕으로 한 비교적 이론 중심적인 것이라 한다면 특별활동은 이를 자율적으로 구체적으로 적용해 본다는 면에서 학생의 자신감과 성취감을 높일 수 있어 오히려 학교 교육과정 정신을 실현하는 데 더욱 효과적이고 그런 면에서 특별활동은 교과활동과 상호보완적 관계에 있다고 볼 수 있다.

(2) 특별활동은 학생의 자발적이고 협동적인 참여 아래 자유로운 자기표현의 기회를 부여하여 개성과 소질의 발견 및 신장을 도모하고 나아가 민주시민으로서의 소질과 능력을 기르도록 하는 활동이다.

학생의 참여방식에서의 **첫째** 특징은 자발성을 중시한다는 것이다. 모든 교육활동에서 자발성의 원리는 기본원리로 요구되는 것이긴 하지만 특별활동의 경우에는 특별히 요구되는 원칙이다.

특별활동의 지도에서 교사와 학생이 보이는 관계의 **둘째** 특징은 자기표현의 기회를 많이 갖도록 한다는 점이다. 이것은 민주사회이 구성원으로서 갖추어야 할 중요한 자질인 바 학교 교육을 통해 자신의 생각과 느낌을 표현해 보고 비판도 받아 보는 것이 중요하다는 이유가 된다.

학생참여 방식의 측면에서 본 특별활동의 **셋째** 특징은 협동적 · 집단적 활동에 크게 의존한다는 점이다. 교사의 개입이 적은 특별활동은 학생들간의 협동적 참여에 의해서 실천되어야 한다.

(3) 생활지도의 목적과 과정이 학생 개개인의 전인적 성장을 돕고 개성의 신장을 도모하는 데 있다면 특별활동은 생활지도과정의 일익을 실질적으로 담당하고 있는 셈이다.

특별활동은 자유로운 활동, 격식이나 형식의 지배를 받지 않는 장면을 통해 개인의 모습이 적나라하게 들어나게 하는 것이기 때문에 생활지도가 특별활동과 긴밀한 관련이 가능하다. 특히 어린이회활동이나 자치활동에서 학생이 보이는 참여방식을 주의깊게 관찰하면서 지도한다면, 개인적 차원과 집단적 차원에서의 생활지도를 함께 할 수 있게 된다.

(4) 특별활동의 운영은 교과활동과는 달리 시간운영, 장소활용, 교사조직,

주제선정, 집단편성의 면에서 융통성이 요구된다.

특별활동의 본질적 특성에서 융통성 있는 운영은 빼 놓을 수 없는 것이다. 그러나 우리의 교육여건이 특별활동 운영에 융통성을 확보하기에는 미흡한 상태이나 특별활동의 목표를 달성하기 위해서는 가능한 대로 운영의 융통성을 기하려는 노력이 요망된다.

2) 특별활동 교육과정 구성의 기본방향

교과활동이 비교적 '**이론지향적**' 성격을 띤 것이라 한다면 특별활동은 본질상 '**실천지향적**' 성격을 띤 것이다. 현행 교육과정이 인간주의적, 전인적 교육을 위한 것이라 할 때, 특별활동도 이 기본적 지향성의 추구와 맥을 같이 한다.

현행 교육과정에서 특별활동에 관련하여 특히 강조하고 있는 것은, **첫째**, 조화로운 심신의 발달과 개성신장의 기초를 다지고, **둘째**, 국가사회에 부응하는 가치관교육을 실현하며, **셋째**, 민주시민의 자질을 향상시키기 위한 실천의 장을 마련하는 것이다.

이러한 강조점을 바탕으로 특별활동 구성의 **구체적 방향**은 다음과 같다.

① 전교 학생에게 균등한 활동기회를 주고 자유로운 자기표현의 기회를 주기 위해 학생의 흥미와 발달단계 및 지역사회의 특수성과 계절에 알맞은 다양한 활동내용을 제시한다.

② 활동내용은 학생 중심으로 구성하여 학교 주체의 활동도 학생의 자발적 참여가 가능하도록 하여 탄력성 있고 융통성 있게 구성한다.

③ 타교과와의 관련성을 고려하여 교육효과를 극대화할 수 있게 한다.

④ 학생 스스로 자발적 · 협동적으로 계획하고 실천할 수 있게 구성하여 자주성 · 협동성 · 창조성 등을 함양하도록 한다.

⑤ 교과 학습활동에서 학습한 내용을 실제로 실천해 볼 수 있고 적용할

수 있는 기회를 제공하도록 한다.

3) 특별활동 교육과정의 교육목표

(1) 기본이념

개편된 7차교육과정부터 특별활동의 목표를 사회의 변화와 교육 내·외적 요구에 부응해 전인교육 이념에 바탕을 두고 민주시민을 양성하는 것으로 설정했다.

특히 학교급별 구분없이 총괄목표를 제시하고 특별활동 5개 영역별로 하위목표를 제시해 현장의 자율성이 최대한 발휘되도록 했다.

1 총괄목표

다양하고 건전한 집단활동에 자발적으로 참여하여 개성과 소질을 계발·신장하고, 공동체 의식과 자율적인 태도를 기름으로써 민주시민으로서의 기본적인 자질을 함양한다.

2 하위목표

① 학급 구성원으로서의 역할 분담을 수행하고, 자치활동에 적극 참여함으로써 민주시민의 기본자질과 태도를 지닌다(자치활동).

② 변화하는 환경에 잘 적응하고 대처하는 능력을 신장하여, 자신의 문제를 능동적으로 해결한다(적응활동).

③ 계발활동에 자발적으로 참여하여 질서를 배우고, 협동심을 기르며, 자신의 취미와 특기를 계발·신장함으로써 자아 실현을 위한 기초를 다진다(계발활동).

④ 봉사활동의 의미를 이해하고, 타인을 돕는 일에 적극 참여하여 공동체 의식을 함양하고 삶의 보람과 자신의 가치를 느낀다(봉사활동).

⑤ 각종 행사의 중요성을 이해하고, 자발적으로 참여하여 학교와 지역사회의 일원으로서 갖추어야 할 기본자질과 태도를 가진다(행사활동).

4) 특별활동 교육과정의 영역과 활동내용

특별활동의 내용체계를 자치활동 · 적응활동 · 계발활동 · 봉사활동 · 행사활동 등 5개 영역으로 설정하고, 각 영역별 활동내용을 소영역으로 구분 제시하면 다음과 같다.

(1) 영역별 활동내용

1 자치활동

협의활동, 역할분담활동, 민주시민활동의 세 영역이 설정되어 있다.

2 적응활동

기본생활 습관형성활동, 친교활동, 상담활동, 진로활동, 정체성확립활동 등 5개의 영역이 설정되어 있다.

3 계발활동

학술문예활동, 보건체육활동, 실습노작활동, 여가문화활동, 정보통신활동, 청소년단체활동 등 6개의 영역으로 구성되어 있다.

4 봉사활동

일손돕기활동, 위문활동, 캠페인활동, 자선구호활동, 환경 · 시설보전활동 등 5개의 영역이 설정되어 있다.

5 행사활동

의식행사활동, 학예행사활동, 보건체육행사활동, 수련활동, 안전구호활동,

교류활동 등 6개의 소영역이 설정되어 있다.

(2) 7차 교육과정 개편에서 신설된 내용

신설된 활동내용은 민주시민활동, 정체성 확립활동, 정보통신활동, 수련활동, 교류활동 등이다.

각 영역별 활동 내용면에서는 기본적으로 인간교육의 실현에 강조점을 두고 학생들이 인간 · 자연 · 사회 · 문화와의 접촉을 확대 · 강화할 수 있는 활동이나 프로그램을 학교 실정에 알맞게 선정해 융통성 있게 운영할 수 있도록 제시하고 있다.

종래의 특별활동이 학급회와 클럽활동을 중심으로 운영되어 온 점에 대한 반성에 유의하고 있다. 7차 특별활동 교육과정에서의 계발활동은 종래의 클럽활동과는 그 성격이 크게 다르다.

학교의 의도 하에 이루어지는 교과 외의 교육활동 중에서 학생의 소질 · 적성 및 특기를 계발하고 신장시키기 위한 모든 활동을 계발활동이라 할 수 있다.

따라서 지금까지 교육과정 편제 속에 그 위치를 찾기 어려웠던 특기 · 적성 교육이라든가 학생의 소질과 특기를 신장시키기 위한 각종 활동들이 계발활동에 포함됨으로써 특별활동의 범주로 볼 수 있게 됐다.

7차 특별활동 교육과정은 국가수준의 교육과정에서 제시하고 있는 내용이 예시적 기준임을 분명히 하고 있는 등 특별활동 편성 · 운영에 있어서 단위학교에 많은 재량권을 부여하고 있다.

5) 특별활동 교육과정의 운영방법

(1) 기본방향

학교에서는 학교 교육과정 속에 특별활동 교육과정을 편성하고 특별활동

지도 계획을 수립해야 한다. 특별활동은 본질적으로 교과에 비해 학교와 교사의 자유재량의 폭이 넓은 융통성 있는 교육활동이다.

따라서 특별활동의 실천과 지도방법은 각 학교·교사·지역의 특수성과 실정에 따라 나름대로 특색 있고 창의적인 방법을 구사할 수 있다는 점이 큰 특징이다.

(2) 운영상 유의점

학교 특별활동 교육과정의 편성·운영과 지도계획을 수립함에 있어서 유의할 점은 ① 탄력적인 시간 편제와 운영, ② 융통성 있는 장소 활용, ③ 다양한 자원 인사 활용, ④ 선택적인 활동 주제 선정, ⑤ 다양한 활동집단의 편성, ⑥ 학생의 요구를 반영하는 운영, ⑦ 운영 자료 개발·보급과 지원체제 확립 등이다.

(3) 특별활동의 평가

특별활동의 평가는 활동의 결과보다는 과정을 중시하고, 지식·기능의 습득보다는 학생의 태도나 행동의 변화를 대상으로 하기 때문에 비교적 주관적이고 질적인 방법이 많이 활용된다.

또한 학생들의 태도 및 행동 변화를 주된 대상으로 삼으며, 개인의 진보뿐만 아니라 집단활동도 중요한 평가의 대상이 된다.

이에 따라 활동결과에 대한 평가보다는 활동과정에 대한 평가를 더 중시하며 관찰법·질문지법·자기평가·상호평가 등의 다양한 방법을 사용할 수 있다.

6) 특별활동 교육과정의 편성방법

특별활동 교육과정의 5개 영역 중 **봉사활동** 교육과정을 중심으로 교육과정 편성방법을 예시하면 다음과 같다.

(1) 편성의 준비 및 절차

봉사활동의 학교 교육과정의 시간배당, 운영 등에 있어서 특별활동의 다른 영역과의 연관 속에서 이루어져야 하기 때문에 특별활동 전 영역이 **동일한 절차** 속에서 편성될 수밖에 없다. 학교 교육과정 편성은 다음과 같은 절차로 이루어져야 할 것이다.

① 학교 교육과정위원회의 구성 · 운영

특별활동 교육과정을 편성 · 운영하기 위해서는 모든 교사가 참여하는 '**교육과정위원회**'를 조직하고, 임무와 역할을 구체화한다. 학교의 실정에 따라 위원회를 별도로 구성할 수도 있고 기존의 각종 학교 조직이나 협의회를 활용하여 민주적 절차와 과정에 따라 특별활동 교육과정 편성 · 운영 방안을 수립한다.

② 각종 실태 조사 · 분석

교육과정위원회를 구성하고 나면 가장 먼저 착수해야 할 일이 국가에서 문서로 고시한 교육과정 기준과 시 · 도 교육청에서 제시한 교육과정 관계 법령 교육시책, 교육지표, 중점 과제의 내용을 분석하여 특별활동 교육과정에 반영할 시사점을 일관성 있고 체계적으로 추출하여야 한다. 또 지역의 특수성과 학교의 실정에 알맞은 특색 있고 창의적인 교육 프로그램을 편성하려면 교직원 현황, 시설 · 재정 · 환경 등의 여건, 학생과 학부모의 실태, 지역사회의 특성, 교직원 · 학생 · 학부모의 요구사항 등을 면밀히 조사, 분석하여야 한다.

③ 편성의 기본 원칙 설정

봉사활동의 학교 교육과정을 편성하려면 우선 특별활동 5개 영역에 대한 활동시간을 어떻게 배정할 것인가를 정해야 한다. 그리고 나서 봉사활동의 소영역별 활동시간을 배정하고, 소영역별 활동시간을 학년별로 계획을 수립하고 활동 프로그램을 월별로 선정해야 한다.

4 지역사회의 여건과 환경 반영

봉사활동 교육과정을 편성, 운영함에 있어서는 지역사회의 실정, 봉사대상기관 환경 등이 충분히 반영되어야 한다.

(2) 편성의 중점

① 봉사활동의 목표, 내용, 방법, 평가가 일관성 있게 실천되도록 한다.
② 봉사활동의 연간 계획에 의거 각 소영역별로 연간 지도계획을 수립하여 체계적으로 운영되도록 한다.
③ 활동 내용을 학생 중심으로 계획, 운영, 평가 될 수 있도록 하여 교사위주의 고정적, 획일적 운영이 되지 않도록 편성한다.
④ 다양한 프로그램을 선정하여 자발적이며 자율적인 활동이 되도록 한다.
⑤ 봉사활동 교육과정 시간이 다양하고 융통성 있게 운영될 수 있도록 편성한다.
⑥ 봉사활동 조직 단위는 봉사활동 프로그램의 내용, 장소 등을 고려하여 소집단, 학급, 학년, 학교 등 다양한 형태의 단위로 조직한다.

(3) 활동 내용과 시간 배당

특별활동의 시간 배당은 원칙적으로 5개 영역이 **균형**있게 배당되어야 하나, 각 학교의 실정을 고려해 보면 실질적으로 **자치활동과 계발활동**을 위주로 운영하는 학교가 많을 것이다. 따라서 봉사활동은 기본적인 시간만 특별활동 교육과정 시간으로 편성하여 운영하고 나머지는 별도의 시간을 확보하여 운영할 수밖에 없을 것이다. 그리고 개인 계획에 의한 봉사활동을 **심화과정**으로 권장하는 것이 바람직하다. 특별활동 5개 영역별 시간 배당과 봉사활동 소영역별 시간 배당을 예시하면 다음과 같다. 이를 참고로 하여 학교실정에 알맞게 편성·운영하는 것이 바람직하다.

1 특별활동 영역별 연간 시간 배당계획

중학교의 특별활동 영역별 연간 시간 배당계획을 예시하면 다음과 같다.

영역 \ 학년	1	2	3
자치활동	14	14	14
적응활동	7	7	7
계발활동	30	30	30
봉사활동	7	7	7
행사활동	10	10	10
계	68	68	68

2 봉사활동 내용별 연간 시간 배당계획

봉사활동 연간 시간 배당은 활동 내용별로 학년에 따라 다르게 하는 것이 바람직하며, 1학년에서는 봉사활동에 대한 교육이 반드시 이루어져야 한다. 봉사활동의 개념과 의의, 필요성, 봉사자의 자세 등에 대한 교육이 이루어진 후 구체적인 프로그램별 봉사활동이 실시되어야 교육적 효과를 얻을 수 있다. 그리고 학년의 수준에 따라 한두 가지 활동에 더 많은 시간을 배당하면서 봉사활동 대상의 부족을 어느 정도 해소할 수 있을 것이다. 또, 봉사활동 교육과정과는 별도로 개인 계획에 의한 봉사활동 시간을 10시간 정도 권장하는 것이 적당할 것이다. 봉사활동 소영역별 시간 배당을 참고로 예시하면 다음과 같다.

소영역 \ 학년	1	2	3
봉사활동 교육	3	1	1
일손 돕기활동	1	1	1
위문활동	1	1	1
캠페인 활동	1	1	1
자선구호 활동		1	1
환경 · 시설 보전활동	1	1	1
지도활동		1	1
지역사회 개발활동			1
계	7	7	7

(4) 편성의 유의점

특별활동은 교과활동과는 달리 학생과 교사가 주제를 자유롭게 선정하여 탄력적으로 운영될 수 있다. 특히 지역 및 학교의 특성과 학생, 학부모의 요구에 따라서 그 편성과 운영 방식이 다르게 나타나게 된다. 단위학교의 특별활동은 학교급별에 따라 다르고, 하위영역의 어디에 중점을 두느냐에 따라 각각 다르게 편성 · 운영된다. 봉사활동의 학교 교육과정 편성시에는 아래와 같은 점들을 유의해야 한다.

① 봉사활동의 학교 교육과정은 학년의 수준에 따라 교내에서 할 수 있는 활동에서 시작하여 점차로 교외로 나가 활동 할 수 있도록 편성하는 것이 좋을 것이다.

② 학교와 지역사회의 실정에 따라 적합한 소영역을 활동하도록 편성해야 한다.

③ 학교밖에 나가 활동하는 봉사활동의 특성상 집중적으로 시간 운영을 할 수도 있다.

④ 특별활동의 다른 영역과 연계하여 활동할 수도 있다. 예를 들면, 자치

활동시간에 봉사활동과 관련한 토의를 하고 봉사활동을 실시할 수도 있다.

⑤ 봉사활동 프로그램별로 학생의 수준과 계절, 장소를 고려하여 실시 시기를 정하여 편성한다.

교 육 평 가

02

P·A·R·T

CHAPTER

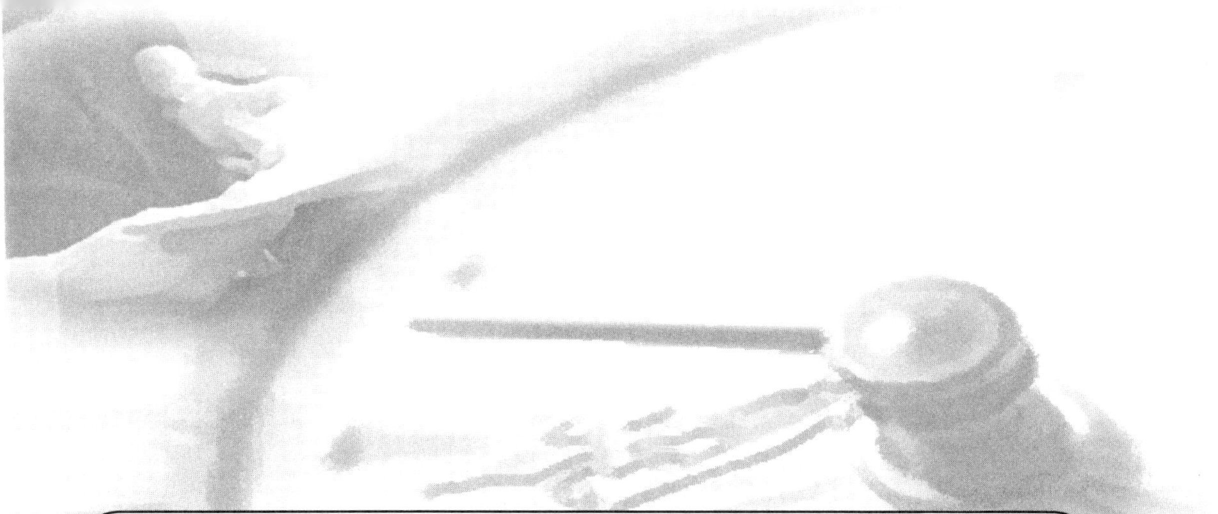

교육평가의 개념과 절차

CHAPTER 06

1. 교육평가의 개념과 기능

1) 교육평가의 개념

R. W. Tyler는 교육평가란 본질적으로 교육과정 및 수업의 프로그램에 의하여 교육목표가 실제로 어느 정도까지 달성되었는지를 밝히는 과정이라고 말하고 있다. 교육평가는 교육목적의 달성도를 다룬다. 교육평가는 설정된 교육목표를 명확히 하는 데 도움을 주며 학생이 이 목적을 어느 정도 성취했는지를 결정하는 과정인 바, 교육평가는 학생의 바람직한 행동의 변화를 측정하며, 나아가서는 학생의 학습과 교수방법을 개선하기 위해 필요한 증거를 수집하고 조작하는 방법인 것이다.

따라서 교육평가는 교육과정에서 교육목표를 달성하고자 선정, 조직, 실천된 학습경험들이 실제에서 어느 정도로 그 교육목표를 달성하였는지를 평가, 반성, 검토하는 과정이라고 정의된다.

2) 교육평가와 교육측정

평가(evaluation)와 측정(measurement)은 같은 뜻으로 쓸 수 있지만 엄밀히 구분하자면 다음과 같다.

① 발달과정으로는 측정의 개념이 앞서고 평가가 뒤에 나타났다.

② 측정은 객관성, 신뢰성에 관계되는 개념이라면 평가는 타당성, 목적성에 관련된 개념이다.

③ 측정은 정확히 재고 엄밀하게 오차 없이 재는 순수과학적 몰가치적인데 반하여 평가는 교육목적, 가치를 타당하게 재는데 대한 개념이다.

④ 측정은 표준화 도구의 개발에 힘쓰고 평가는 구체적 상황에 필요한 도구의 개발에 힘쓴다.
⑤ 측정은 규준집단에 비추어 본 개인의 양적 기술인데 비해 평가는 교육목적에 비추어 본 양적 및 질적 기술이다.
⑥ 측정은 횡단적 방법에 의한 검사를 실시함에 비하여 평가는 종단적 방법에 의해 검사를 실시한다.

3) 교육평가의 기능

교육평가는 다음과 같은 구체적 기능을 발휘하게 된다.
① 학습장애의 원인을 찾아낼 수 있다.
② 수업에 앞서서 출발점 행동을 진단할 수 있다.
③ 학습진행 속도를 조절할 수 있다.
④ 학습지도 방법의 개선에 도움을 준다.
⑤ 학습성취도 수준을 알아보게 한다.
⑥ 장래 성적의 예측이 가능하다.
⑦ 수업과정의 절차를 위한 질적 관리가 가능하다.
⑧ 학습자의 자기자신에 대한 이해와 학습동기의 유발에 도움이 된다.
⑨ 생활지도 상담을 위한 기초자료를 제공해 준다.
⑩ 교육정치의 기능을 발휘한다.
⑪ 평가는 교정학습에 도움을 준다.
⑫ 학생의 필요, 개인차, 어떤 특성에 있어서의 경향 등을 이해하는 수단이 된다.

4) 수업과정상의 평가의 위치

R. Glaser는 수업과정을 하나의 체제로 파악하고 수업의 일반적 과정을 4

개의 구성요소로 구분하고 있다.

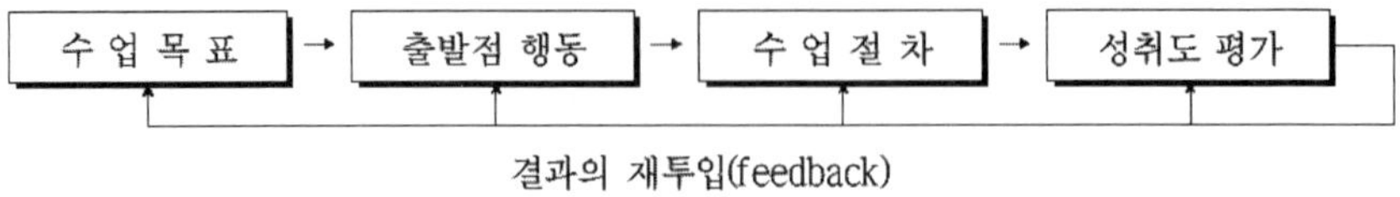

(1) 수업목표

수업은 목표의 세분화에서부터 시작된다. 목표의 세분화란 수업목표를 관찰측정이 가능한 행동적인 용어로 진술하는 것을 뜻하는 것이며, 이는 곧 특정수업과정이 끝났을 때 보여줄 수 있는 성취수준을 규정하는 셈이다. 이때 수업목표의 타당성, 적절성, 수준 등은 평가의 결과에 의해서 검토되어야 한다.

(2) 출발점행동

수업의 효율화는 목표를 학생들의 능력수준에 적합하게 조정하거나, 수업의 형태를 학생들의 출발점행동 수준에 맞게 조절하는 데서 가능해진다.

학생들의 출발점행동 수준에서도 중요한 것은 학생들이 학습해야 할 과제 또는 그 선행학습 과제를 어느 정도 알고 있는가 하는 것이다. 학습해야 할 과제에 대해 이미 상당한 정도 파악하고 있다면 학습은 용이해질 것이며, 학습곤란을 느끼는 학생들에 있어선 학습 흥미가 감소되거나 학습의욕이 상실되게 된다. 따라서 수업의 과정에 있어서, 학생들의 선행학습 정도와 본 학습과제에 대한 사전학습의 정도를 진단함은 절대로 필요하다고 하겠다.

(3) 수업절차

특정수업 상황에서 수업활동은 학생의 출발점행동에서 시작하여 학생이 수업상황을 떠날 때와 도착점행동에서 끝난다. 수업절차는 강의나 토론과 같은 수업전략과 기술, 학습집단의 조직, 시간의 해당, 적절한 수업자료의 동원과 같은 여러 과정을 포함하는 단계이다.

이 단계에선 교사는 무엇보다도 학생들의 학습형성 과정을 철저히 파악할 수 있어야 하며 이에 따른 학습의 보충이나 심화활동이 제공되어야 하고 또한 교사 자신의 수업방법상의 결함이 발견될 때에는 즉시 수정될 수 있어야 하는 것이다. 이러한 일련의 활동을 영위해 나가기 위한 의거점이 되는 것이 곧 평가라고 하겠다.

(4) 성취도평가

이 단계는 수입목표를 바탕으로 학습성취도를 파악하는 것이다. 수업절차가 끝난 다음 그것의 달성여부를 학생을 통하여 최종적으로 평가해 보는 것이다.

이것은 수업절차 중의 과정평가와 구별되는 학생 개인에 관한 결정을 위한 평가인 것이다.

이상과 같은 4단계의 흐름은 그것으로 끝나는 것이 아니라 평가의 결과를 수업의 전 과정에 재투입하여 수업과정 자체의 효율성을 재고함이 필요하다. 이를테면 성취도평가에서 얻어진 결과를 수업절차에 참고할 수 있을 것이고 출발점행동이나 수업목표와 관련시켜 볼 수도 있는 것이다.

2. 교육평가의 일반적 절차

교육평가의 일반적 절차는 다음과 같이 다섯 가지 단계를 거쳐서 이루어진다.

1) 평가목표의 설정

평가목표는 곧 교수목표 또는 수업목표이기도 하다. 즉, 무엇을 평가할 것인가의 문제는 곧 교육목표 달성 여부의 판단문제가 되기 때문에 평가의 과정에서 우선적인 작업은 평가의 목표를 설정하는 일이다. 평가목표를 설정한다는 것은 결국 평가내용 또는 검사내용을 정하는 일이다. 즉, 무엇을 재느냐를 결정하는 일이다. 교육목적이 내용과 행동의 2요인으로 규정되는 것처럼 평가목표 또한 이원적으로 분류 규정할 수 있다.

(1) 내용분류

내용차원의 분류는 매우 간단한 것이 특징이다. 보통 교과내용에서 그대로 추출된다. 예컨대, 어느 중학교에서의 국사시험을 위한 내용분류에서 평가내용을 우선 다음과 같이 분류했고, 그 각 분류내의 문제수의 비율도 다음과 같이 계획하였다.

〈국사시험의 내용분류〉

1) 고 대 사 ········ 10%
2) 삼국시대 ········ 20%
3) 고려시대 ········ 20%
4) 조선시대 ········ 30%
5) 최근세사 ········ 20%
100%

(2) 행동목표분류

B. S. Bloom은 그의 저서 「교육목표분류학」에서 지적 영역의 행동목표를

지식, 이해, 적용, 분석, 종합, 평가의 여섯 가지로 분류하고 있으며 이어서 정의적 영역의 행동목표를 감수, 반응, 가치화, 조직화, 인격화의 다섯 가지로 분류하고 있다.

오늘날 행동분류는 조작주의적 정의방법에 크게 의존되는 경향이 없지 않다. 종래의 행동목표 진술이 철학적이고 사변적인 정의방법에 입각하고 있었기 때문에 일의적으로 해석될 수 없는 혼란을 야기시켜 왔음에 비해 제시될 수 있는 사실과 반복될 수 있는 조작만으로 정의하여야 한다는 주장, 즉 행동적 정의는 일의적으로 쉽게 포착할 수 있는 목표를 분류할 수 있게 한다는 점에서 매우 과학적이다.

(3) 이원분류표

평가목표에 내포된 내용면과 행동면이 분석되었으면 이 두 차원의 목표를 결합하여 다음과 같은 이원분류표를 만드는 것이 요청된다.

이 분류표를 보면 어떤 내용을 평가의 대상으로 삼아 어떤 행동을 측정할 것이냐 하는 것이 일목요연하다.

예컨대, 앞에 나온 국사시험의 평가내용과 평가할 행동목표를 연결시켜 다음과 같은 〈표 6-1〉을 작성한다.

표 6-1 국사시험의 이원분류표

내용 \ 행동	지식	이해력	적용력	분석력	종합력	평가력	평가력
고 대 사	5	3	–	2	–	–	10
삼국시대	5	7	3	–	3	2	20
고려시대	5	6	4	–	–	5	20
조선시대	10	5	5	5	5	–	30
최근세사	5	4	3	3	2	3	20
계	30	25	15	10	10	10	100

이 시험을 필답시험으로 치루고 전체문제를 100문제로 한다면 고대사에 관한 지식을 측정할 문제를 5문제, 이해력을 측정할 문제를 3문제 내겠다는 것이다. 그리고 전체 시험이 내용적으로는 고대사, 삼국시대, 고려시대, 조선시대, 최근세사를 10 : 20 : 20 : 30 : 20의 비율로 측정하고, 행동적으로는 지식, 이해력, 적용력, 종합력, 평가력을 30 : 25 : 15 : 10 : 10 : 10의 비율로 측정하겠다는 것이다.

이러한 비율배당은 평가활동을 사전에 구체화 · 체계화시켜 주게 된다.

2) 평가방식의 구안

평가방식이란 평가목표에서 분류된 행동을 어느 정도 잘 하느냐, 즉 교육목적의 달성도를 어떻게 재느냐를 의미한다. 환언한다면 행동의 증거가 들어날만한 검사상태를 구안함을 의미한다.

평가방식의 구안에서 중요한 점은 **첫째**, 행동적으로 정의된 목표행동이 그대로 다 들어날 수 있는 상태를 고를 것, **둘째**, 바로 그 행동을 학생이 할 수 있는 또는 할 수 있었던 기회가 내포된 상태를 고르는 일이다.

교육평가에서 이용될 수 있는 검사상태는 풍부하며, 평가할 각 행동에 따라 여러 가지로 다를 수 있는 바, 가장 많이 사용되는 평가방식은 다음과 같다.

(1) 필답검사

필답검사란 종이와 연필을 사용하는 평가방식이며, 전통적으로 가장 많이 사용되고 있는 방식이다. 이 방식은 보통 종이 위에 문자나 도표로 문제상태를 구성 제시하여 이것에 반응시키는 것이다.

필답검사는 소위 주관식, 객관식의 구별만이 아니다. 그것이 측정하려는 행동에 따라, 또는 그것이 학생에게 요구하는 반응에 따라 여러 가지 차가 있을 수 있다.

같은 필답검사라도 하나는 단순한 기억력을 재고, 하나는 이해력을 재는 것이다. 또한 필답검사 상태로는 도저히 측정할 수 없는 행동영역도 있다.

일반적으로 문자, 숫자 기타 기호를 다루는 여러 가지 지적 능력에 관한 행동 증거는 필답검사 상태에서 들어날 수 있다. 그러나 흥미, 태도, 습관, 기타 정의적, 사회적, 신체적, 능력에 관한 교육목적은 필답검사 상태에서는 그 증거가 명확히 들어나지 않는다.

(2) 작품분석

작품분석이란 그림, 작문, 수공예품, 습자, 실험제작 등의 결과를 분석해서 그것을 만들어낸 능력, 표현력, 이해력, 종합력의 정도를 파악하는 방식을 뜻한다.

실기시험이나 미술과·공과계 학생들의 작품평가가 바로 이 방식에 속하는 것이다. 이러한 작품평가는 필답검사의 방식으론 불가능한 것이다. 여기에서 문제가 되는 것은, 어떻게 분석하며, 어떻게 분석의 결과를 의미있게 종합하느냐이다. 보통 분석기준표가 이용되고 있다.

(3) 행동관찰

행동관찰이란 학생의 실제행동을 교사가 관찰함으로써 행동을 이해하는 방식으로 인간을 이해하는 기본적인 방법이라고 할 수 있다. 다만 문제는 언제 어떻게 관찰하며, 관찰된 결과를 어떻게 정리 종합하느냐에 있다.

이 방식은 운동기능적 능력, 습관, 태도, 인성적 특성, 흥미 등에 관한 증거의 수집에 도움이 된다. 관찰에도 일상적으로 우연히 엿보는 경우에서부터 계획적 체계적인 것, 좀더 실험적으로 행동환경을 통제하는 통제적 관찰 등 여러 가지 방법이 있다.

학생의 행동을 관찰할 때에는 객관적인 관찰이 되도록 특히 유의해야 한다.

(4) 면 담

면담은 보통 학생의 흥미, 태도, 습관, 인성적인 적응도와 문제 등에 관한 증거수집에 도움이 되고 있다.

특히 이 방식은 면담과정에서 학생에게 정보를 제공하고 지도 · 교정 · 치료할 수 있는 기회도 마련해 준다는 점에서 그 교육적 의의가 크다고 보겠다.

(5) 질문지

질문지는 여러 가지의 검사상태로 이용될 수 있다. 예컨대, 학생의 흥미, 태도 또는 인간적인 행동특성에 관한 것도 질문지로 알아볼 수 있다.

질문지는 그 용도를 대별해서 사실을 알아보는 것과 의견을 알아보는 두 종류로 나누어 볼 수 있다.

3) 평가도구의 제작

평가방식이 구안되었으면 여기에선 실제로 평가의 도구를 제작하는 단계이다. 즉, 학생의 행동에 관한 증거를 수집하는 도구를 제작하는 단계이다.

한 검사상태에서 나타나는 행동증거를 우리는 여러 가지 방법이나 도구로써 수집할 수가 있다.

필답검사의 경우에는 이것은 실제의 문항작성을 의미한다. 문항의 내용을 어디서 어떻게 선택하느냐, 소위 객관식을 사용하느냐, 주관식을 사용하느냐 등이 결정되어 한 개의 검사로 나타난다.

면담의 경우엔 면담조사표가 사전에 마련되어 질문의 순서, 질문의 내용, 응답내용의 처리 등이 계획되어야 할 것이다.

실지행동의 관찰에 있어서도 비슷하다. 실지행동의 관찰이나 면담에 있어선 촬영이나 녹음 등의 방법이 이용됨으로써 수집된 증거의 보존에 만전을 기할 수 있을 것이며 관찰 조사표가 활용될 수도 있다.

모든 평가의 도구는 객관도, 신뢰도, 타당도, 실용도가 높게 제작될 것이 요구되며 문항의 변별력이나 난이도가 적절하게 제작되어야만 한다.

4) 평가의 실시와 결과의 정리

(1) 평가의 실시

평가의 실시가 잘못되면 엉터리 평가가 되기 쉽다. 교사 자신이 작품분석이나 기록물 분석에서와 같이 이미 주어진 증거를 수집하는 경우에는 덜하지만, 학생으로 하여금 증거를 나타내게 하는 필답검사, 질문지, 면담, 행동관찰 등의 경우에는 자세하고 엄밀한 지시도 필요하며, 학생의 동기상태, 수험환경을 고려할 필요도 있다. 소홀히 실시하면 의외의 상태가 나타나서 평가의 결과를 망치는 것이 보통이다. 왜냐하면 검사상태는 바로 거기에서 학생이 일정한 자극을 받아 반응함으로써 행동의 증거를 표시하는 장면인데 검사자가 조심하지 않으면 수험자는 뜻하지 않은 자극하에서 반응하게 되어 결과는 기대되는 반응이 아니라 엉뚱한 반응이 되고 말기 때문이다.

(2) 결과의 정리

행동의 증거가 수집되면 예정된 정리방식에 의하여 정리하고 그 결과를 해석하기 위해 여러 통계적 계산을 하게 된다.

필답검사의 경우엔 답안지의 채점방식이 문제된다. 객관식 검사이면 그냥 통털어 정답만을 세어서 점수로 하는 수도 있고, 경우에 따라선 각 문제의 점수에 채점의 무게를 달리하는 수도 있고, 정답수에서 적당히 오답지를 빼는 수도 있다. 논설형의 경우에는 채점이 더 곤란하다.

따라서 모범답안지를 미리 만들어 둔다든가 채점기준표를 만들어 둔다든가 할 수도 있다. 가능하면 총점 한 개로만 나오는 것이 아니라, 한 답안지에서 여러 가지 분석된 점수가 나오도록 하는 것도 학생의 능력의 여러 가지 면에서 변별적으로 진단적으로 평가함에 도움이 된다.

5) 평가결과의 해석과 활용

(1) 결과의 해석

결과의 해석에 있어서 1차적인 것은 우선적으로 교육목적, 즉 평가목적의 달성여부를 알아보는 것이다.

부차적인 해석으로는, 평균치와 표준편차를 비교함으로써 점수분포의 편포도를 알아볼 수 있고, 다른 집단과의 평균 점수의 비교에서 학급성적의 수준을 검토할 수 있으며 또한 우수학생과 학습부진아를 발견할 수도 있다. 나아가서는 문항반응 분포의 분석이나 검사의 신뢰도계수도 검토될 수 있다.

(2) 결과의 활용

결과를 활용한다는 것은 결과를 해석하고 교육실천의 여러모를 반성하고 가능한 개선책을 세워보는 데 그 뜻이 있다.

① 평가의 과정과 결과는 교육목적을 설정하는 데 활용될 수 있다.

② 평가의 결과는 한 학습경험의 타당도 · 유의도 검증에 활용될 수 있다. 즉, 교육목적 달성에 어느 경험이 가장 유효한지를 평가는 지시해 준다.

③ 평가의 결과는 교수방법의 개선에 활용될 수 있다.

④ 평가의 결과는 학생의 필요, 개인차, 어떤 특성의 경향 등을 이해하는 수단으로 활용되며, 생활지도상담의 기초자료를 제공해 준다.

⑤ 평가의 결과는 교육정치에 활용될 수 있다.

⑥ 평가의 결과는 평가방법 자체의 개량에 도움을 준다.

⑦ 평가의 결과는 교육과정 개선의 기초자료를 제공해 주며, 학교 행정 개선의 기초를 마련해 주기도 하고, 교육계획의 길잡이가 되거나 장학절차와 방법의 개선에 유용하게 활용될 수 있다.

⑧ 평가의 결과는 교육의 반성과 연구의 자료로 활용된다.

⑨ 평가의 결과는 학습경험 조직의 교육적 유효로 결정에 활용되며 학습경험 구성의 적절성 및 교육적 효능의 정도를 결정하는 데 도움을 준다.

교육평가의 형태와 유형

CHAPTER
07

1. 교육평가의 형태
2. 교과성적 평가의 유형

1. 교육평가의 형태

교육평가의 형태는 크게 세 가지로 나누어 볼 수 있다.

1) 임의평가

평가의 기준이 교사 개인의 임의, 즉 주관적 판단에 의하여 좌우되며 교사에 따라 상이한 평가가 이루어지는 형태이다.

소위 100점 만점식 평가가 곧 여기에 속한다. 이 형태에서는 객관적이고 체계적인 평가를 가능하게 하는 어떤 공통된 절대기준을 제시하지 못하고 오직 교사의 주관적인 기준하에 평가되는 것이다.

우리 교육계에서 관습적으로 사용해 왔던 100점 만점식 평가가 여기에 속한다. 우리가 흔히 100점 만점식으로 학습자들의 성취도가 표시되었던 이 임의평가의 형태는 60점 이상은 급제이고, 60점 미만은 낙제라는 방식의 평가기준은 그 타당성이나 객관성이 결여된 평가형태인 것이다.

2) 상대평가

상대평가란 보통 성적을 A, B, C 등 비율할당제로 등급화 하는 평가형태를 지칭하는 수가 많다. 그러나 상대평가는 원래 **규준지향적 평가**를 말한다. 시험의 채점결과에서 얻어진 원점수(raw score)를 표준점수척도로 환산하여 이 표준점수척도에 의거해서 평가하는 방법이다.

즉, 표준점수로 이루어진 집단의 표준척도에 의해 특정인의 특성을 **상대적**으로 비교해서 판단하는 방법이다. 비교 자체는 객관적이고 체계적으로 이루어지고 있으나 교육목적 달성 여부를 밝히는 **기준적 판단**은 불가능하다.

집단내부에서의 상호비교를 기초로 하기 때문에 모든 학생이 교육목표에 도달할 수 있다는 교육의 가능성을 부정하고 수업개선을 위한 아무런 자료도 제공해 주지 못한다. 이 형태에서는 집단구성원 사이의 경쟁만을 유발시키고 교육목적 달성 여부의 판단을 불가능한 것이다.

3) 절대기준평가

이것은 목표(준거)지향적 평가라고도 불리우는 것인데 평가의 기준을 다른 사람과 비교하는 데 두지 않고 달성하려고 하는 수업목표 내지는 도착점 행동 자체에 두는 평가형태이다. 이 기준은 교사에 따라 임의대로 정해져도 안 되며, 집단의 규준점수에 예속되어져도 안 되고, 오직 학습자 개개인에게 성취시키려는 수업목표 그 자체에 두는 형태로 설정되는 것이다. 절대적 기준이란 '이 정도의 학습을 했으면 다음의 학습을 무난히 해 나갈 수 있을 것이다'라는 판정선이 바탕이 된 최저수준의 수업목표인 것이다.

2. 교과성적 평가의 유형

교과학습의 평가방법은 평가목적에 따라 진단평가, 형성평가, 수행평가 및 종합평가로 나눌 수 있다.

1) 진단평가

(1) 진단평가의 목적

다른 모든 평가활동과 같이, 진단은 학생들의 행동의 여러 측면에 관하여 가치판단, 판정, 기술, 분류하는 행위를 포함하지만 다음 세 가지를 목적으로 한다는 점에서 다른 평가형식과는 구별된다.

① 진단평가는 수업의 출발점에서 학생을 알맞은 자리에 적절히 정치(수업집단의 편성)하기 위한 자료를 수집하려는 데 목적이 있다.

② 진단평가는 수업에 앞서서 학생들의 출발점행동을 진단하고 평가하는 데 그 목적이 있다.

③ 진단평가는 수업의 전개과정에서 학생들의 학습실패의 근본적 원인을 발견하는 데 그 목적이 있다.

(2) 진단평가의 역할

진단평가가 다른 형태의 평가에 비하여 다른 역할은 다음과 같다.

① 수업집단의 편성이나 다른 정치활동에 필요한 정보를 적절히 제공해 준다.

② 진단평가는 가장 알맞은 출발점에 학생들을 배치시킬 수 있다.

③ 진단평가는 형성평가와 더불어 수업의 지도과정에서도 실시될 수 있으며, 형성평가로 밝혀진 학습결손의 원인이 수업과 관련이 없는 요인에 의한 것인지 아닌지를 밝히는 데 도움을 준다.

④ 규준참조적 평가에 도움을 준다. 즉, 진단의 결과는 어떤 규준집단의 성취수준과 비교되어 해석된다. 한 학생의 득점은 어떤 비교집단 내에서의 서열이나 석차를 의미하기도 한다. 기본적으로, 측정된 각 행동특성별로 한 개인이 다른 사람들에 비해서 잘하는지 못하는지를 알 수 있게 된다.

(3) 진단평가의 방법

1 선행학습 성취도의 진단

학년이나 학기초 또는 새로운 교과, 새로운 단원이 시작될 때 흔히 학급의 모든 학생들을 똑같은 출발점에 놓고 수업이 시작되고 있다. 이것은 학급안의 전학생이 학력의 출발점이 동일점 내지 동일선 수준에 있다는 것을 은연중에 상정하고 있는 셈이다. 교육적 배경의 동질성에 대한 이러한 상정은 다인구학급의 이질적 상황하에서는 위태로운 가정일 수 있다. 모든 학생이 똑같은 수준에서 출발하도록 수업이 시작된다면, 이미 출발점 이상으로 목표를 달성한 학생에게는 권태와 무관심과 수업에 대한 흥미상실을, 아직 그 출발점에 이르지 못한 학생에게는 실망과 좌절을 안겨주게 될 것이다.

비교적 일반적인 선행학습 성취도를 알기 위한 진단은, 표준화 학력검사로 할 수 있다. 이런 학력검사는 교육과정의 공통적 측면에서 학생들의 일반적인 성취수준이 어떤 것인지를 확인하는 데에 도움이 된다. 이런 검사는 어떤 학년의 학생의 성적을 어휘, 독해, 철자, 어법, 연산, 수학문제 해결과 같은 기본적 영역에서 규준집단의 성적과 비교할 수 있게 되어 있다.

[2] 학습결손의 진단

표준화 검사에서는 어떤 특정내용 영역에서의 특정 학습결함의 정확한 진단에 필요한 정교성이 부족한 경우가 많기 때문에 교과 담임교사가 직접 검사를 만들어 수업현장의 학습사태와 직결이 되는 진단을 할 필요가 있다. 즉, 어떤 형의 문항에서 학생 개인이나 학급 전체가 오답 반응을 나타내고 있는지를 검토해서 교정수업의 필요성을 결정하게 된다.

2) 형성평가

(1) 형성평가의 목적

M. Scriben은 교육평가의 목표와 역할을 구별하고 이 역할에 관해서 두 가지 형태의 평가, 즉 형성평가(formative evaluation)와 총합(총괄)평가(summative evaluation)를 개념상으로 구분했다.

형성평가란 학습 및 교수가 진행되고 있고 활동적인 상태에 있는 도중에 학생에게 송환효과(feedback)를 주고, 교육과정을 개선하며, 수업방법의 개선을 목적으로 실시하는 평가이다. 그렇기 때문에 형성평가는 교수·학습과정을 일차적으로 이끌어가고 가르쳐야 할 교사가 직접 제작하는 것이 원칙이다. 형성평가는 교수목표에 기초한 평가이기 때문에 철저하게 목표지향적 평가이다. 진단평가가 일반화된 기능이나 특성을 측정하도록 되어 있는데 비해 특히 형성평가는 특정학습 단위를 위해서 구체적으로 계획된 검사이다.

형성평가에서는 총점이라는 것은 아무런 의미가 없고 문항반응 유형에 관심을 둔다.

(2) 형성평가의 역할

① 형성평가는 각 학생이 학습진도를 자기의 학습능력에 맞추어 나가는 데 중요한 역할을 한다.

② 형성평가는 교수-학습과정의 각 단계에서 학생에게 feed-back을 주고 교정해 주는 계기를 마련해 준다.

③ 형성평가를 통해 학생이 필요로 하는 정보는 단지 한 학습단위에서 성공했느냐 실패했느냐의 정보뿐 아니라 더 나아가 실패했다면 그 실패의 원인에 관한 정보를 제공해 주는 역할을 한다.

④ 형성평가의 결과는 학생의 학습에 도움을 주기 위해 활용될 뿐 아니라 교사의 수업방법 개선에도 크게 이바지한다.

(3) 형성평가의 방법

① 첫째 과정은 학습단위를 분석하고 확인 선택하여 그것을 결정하는 일이다.

② 결정된 학습단위는 내용소(content components)와 행동소(behavior components)

로 세분화 분석된다.

③ 세분화된 학습단위 속의 목표는 위계(hierarchy)가 이루어지도록 조직되어야 한다.

④ 조직된 목표를 바탕으로 이원분류표를 작성한다(이원분류표란 한 학습단위에서 어떤 학습요소가 포함되어 있으며, 그들 요소 사이의 상호관계가 어떻게 연결되어 있는지를 일목요연하게 나타내어 주며, 형성평가의 문항을 제작할 때 이에 의거해서 쉽게 문항을 출제할 수 있는 이점이 있다).

⑤ 이원분류표에 의거해서 평가도구를 제작하고 분석한다.

⑥ 형성평가의 분석은 학생이 그 학습요소를 학습했느냐(mastery) 학습하지 못했느냐(non mastery)에 의해 판단해야 한다.

⑦ 형성평가의 분석은 학생이 반응한 답의 오류가 무엇인가를 밝혀 주어야 한다.

3) 수행평가

(1) 수행평가의 목적

수행평가(performance assessment)는 교육목표의 달성여부를 가능한 한 실제 상황에서 파악하는데 목적이 있다.

수행평가는 전통적인 필답시험 중심의 평가에 대한 대안적 평가방법으로서 학습자가 주어진 **학습과제**를 다양한 방법으로 **수행**해 보이는 것을 교사가 **직접 관찰**하거나 교육적 판단을 위한 정보수집 과정을 통하여 수집한 정보를 기초로 교육적 의사결정을 하는 방법이라고 정의할 수 있다. 이를 좀더 간명하게 정의하면 필답시험 이외의 모든 방법으로 평가하는 방식이라고 할 수 있다.

이러한 정의에 나타나고 있는 중요한 요소는 학습과제, 수행, 직접관찰 등 세 가지이다.

1 학습 과제

학습자들에게 성취되기를 기대하는 교육목표와 관련되는 것으로, 가능한 한 실제 생활에서 보다 의미 있고, 중요하며, 유용한 과제들을 일컫는다.

2 수 행

학생이 단순히 답을 선택하는 것이 아니라, 학생 스스로 답을 구성하는 것, 산출물이나 작품을 만들어 내는 것, 태도나 가치관을 행동으로 드러내는 것이다.

3 직적 관찰

학습자가 수행하는 과정이나 그 결과를 평가자가 읽거나, 듣거나, 보거나, 느끼거나 하는 활동을 모두 포함한다.

(2) 수행평가의 역할

① 수행평가는 학생이 문제의 정답을 선택하는 것이 아니라, 자기 스스로 답을 작성하거나 행동으로 나타내도록 한다.

② 수행평가는 단편적인 영역에 의해 일회적으로 평가하기보다는, 학생 개개인의 변화 · 발달과정을 **종합적**으로 평가하기 위해 전체적이면서도 **지속적**으로 이루어지도록 강조한다.

③ 수행평가는 학생의 학습과정을 진단하고 개별 학습을 촉진하려는 노력을 중시하는 평가방식이다.

④ 수행평가는 학생의 인지적인 영역뿐만 아니라, 학생 개개인의 행동발달 상황이나 흥미 · 태도 등 정의적인 영역, 그리고 운동기능 영역에 대한 종합적이고 전인적인 평가를 중시한다.

⑤ 수행평가는 기억, 이해와 같은 단순 사고능력보다는 창의, 비판, 종합과

같은 **고등사고 능력의 측정**을 중히 여긴다.

⑥ 수행평가는 학생의 적극적인 학습활동, 자기주도적인 학습을 직접적으로 조장하여 현대사회의 요구와 가치관에 부합되는 역할을 한다.

⑦ 수행평가는 수업과 평가를 종합함으로써 유의미한 학습을 촉진한다. 즉 수행평가의 내용과 범위가 넓고 깊기 때문에 교육과정의 통합적 요소가 된다.

(3) 수행평가의 방법

① 교과별로 범교과적인 연구 주제를 선택하여 주제에 대한 학생 자신의 연구와 학습 결과를 연구 내용 혹은 연구 문제, 연구 방법, 결과, 결론 등 체계적으로 정리한 **연구과제물**을 제출하게 하고 이를 일정한 기준에 따라서 평가한다.

② 비판력, 창의성 등 고등정신 기능을 묻는 질문이나 서술 · 논술형 검사를 통하여 학생이 지니고 있는 다양한 능력과 표현력을 평가한다.

③ 개인적으로 혹은 사회적으로 서로 상이한 의견이나 주장을 내세울 수 있는 주제나 토론과제를 제시한 후 개인간, 혹은 집단별 토론을 시킨 후 토론과정에서 나타나는 **다양한 특성**들(표현력, 설득력 등)이나 토론 결과를 평가한다.

④ 실험 · 실습 과정을 직접 관찰하여 이루어지는 과정의 평가와 함께 **실험 · 실습보고서**를 동시에 평가하게 된다. 특히, 어느 한 측면에만 주목하여 평가하는 것이 아니라 상황의 세부적인 측면을 종합적으로 평가한다는 점이 중요하다.

⑤ 음악, 체육, 실과와 같은 평가는 통제된 상황에서 실기가 진행되는 것이 아니라 **자연스런 장면**에서의 자연스럽게 나타나는 실제 행동을 관찰한 후 평가한다.

⑥ 학생을 직접 관찰 기록하는 **일화기록법**을 적용할 수도 있고 평정척도 등을 이용하여 관찰할 수도 있으며, 필요한 경우 비디오 녹화를 한 후

분석하여 그 결과를 평가자료로 활용할 수도 있다.

⑦ 특정 프로그램이나 수업의 과정에 참가한 후 느낀점이나 개선점, 제안할 점 등을 보고서 형태로 정리하여 제출한 것을 참고로 평가하는 **자기평가 방법**이나 학습과정에 참여한 학습자들끼리 상호평가한 **동료평가**를 토대로 평가할 수 있다.

⑧ 학생이 직접 쓰거나 만들거나 수집한 작품목록 혹은 작품철을 직접 평가자료로 삼아 평가하는 **포트폴리오 방법**을 적용할 수 있다. 학생들의 미술작품집, 문학이나 사진작품집, 연구보고서나 다양한 영역의 학습진행 상황을 정리해 둔 글모음집 등을 이용하여 평가할 수 있다. 포트폴리오를 통한 평가의 가장 두드러진 특징은 학생 자신과 교사가 학습자의 변화과정, 혹은 발전과정을 전체적이면서도 지속적으로 확인하고 발전방향을 설정하기 위한 정보를 제공해 준다는 점에서 교육적 효과가 크다고 하겠다.

4) 총합평가

(1) 총합평가의 목적

형성평가가 학습의 형성에 목적이 있다면 총합(총괄)평가는 행정적 의사결정 또는 전체 교과목이나 중요부분의 성과가 어느 정도 달성되었느냐의 정도를 총괄하기 위한 것이 목적이다.

또한 형성평가는 수업도중에 수시로 실시되는 데 비해 총합평가는 교과가 끝난 다음이나 **기말, 연말**에 한두 번 총합적으로 교육목표 달성의 정도를 평가하려는 것이 목적이다.

형성평가는 **짧은** 검사임에 반해 총합평가는 길이가 긴 검사이며 형성평가는 세분화된 선행기능 및 지식을 평가하려는 것이며, 총합평가는 보다 **일반화**되고 **광범위한 목표**를 평가하려는데 특징이 있으며 총합평가의 문항은 교육목표를 모집단으로 하는 문항모집단에서 모집단을 가장 잘 대표할 수 있는 문항표본을 골고루 표집한다는 데 특징이 있다.

형성평가는 **문항난이도**(item difficulty)에 전혀 관심없이 학습한 과제 및 학습단위의 성취 · 미성취에만 관심이 있는 데 반해서 총합평가는 대부분 30~70%의 난이도를 갖고 난이도의 평균이 약 50%에 이르는 것을 이상적인 준거로 본다.

그리고 총합평가의 목적 및 기능은 학생을 판정하고 **등급**을 정하고 **자격**을 부여하고 분류하려는 데 있기 때문에 자연히 평가의 의거점이 되는 것은 학생의 성적 사이의 상대적 위치에 있다. 즉 **규준지향적 평가**이다.

(2) 총합평가의 역할

① 학생의 성취 정도를 알기 위한 **점수판정**에 쓰인나. 점수판정은 각 학생의 학습의 정도나 수준에 의거해서 학생 사이의 상대적 위치를 결정하려는 것이다.

② 총합평가는 학생이 어떤 기능이나 능력, 지식에 있어서 요구하는 정도의 자격이 있는지 없는지를 인정하기 위한 판단의 역할을 한다.

③ 총합평가의 결과는 다음 학습과정의 학습에서 성공할 수 있느냐를 **예언**하는 데 중요한 역할을 한다.

④ 총합평가의 결과는 다음 학년의 수업이 시작할 때 각 학생 혹은 학급의 학생을 어느 정도의 수준에서 교수해야 할 것인지를 결정하는 데 도움을 준다.

⑤ 집단간의 성적 결과를 **비교**하기 위해 총합평가는 필수적으로 이용된다.

(3) 총합평가의 방법

① 처음으로 해야 할 일은 평가하려는 특정교과에 관한 교육목표를 확인 세분화하는 일이다.

② 형성평가에서는 미소한 학습단위에 관련된 교육목표의 확인과 세분화 그리고 이에 기초한 목표의 위계화 작업이 주된 관심인 반면 총합평가

는 교육목표를 일반적(거시적)이고 포괄적으로 진술하고 그것을 내용과 행동으로 세분화하는 작업(이원분류표)으로 나선다.

③ 목표가 진술되면 이 같은 목표에 관련해서 진술된 '내용'과 '행동'을 그대로 반영할 수 있는 문항을 제작하는 과정이다.

④ 제작된 문항은 난이도 순으로 편집한다. 문항제작이 제대로 될 때 종합평가의 목적이 그대로 적중할 수 있다.

5) 검사문항에 따른 평가유형

검사문항(test item)에 따라 주관식 평가와 객관식 평가로 분류한다. 이것은 출제된 문제를 채점하는 과정에서 채점자의 주관성 개입여부에 따라 객관식이니 주관식이니 하는 구분이 이루어진다.

표 7-1 주관식 평가와 객관식 평가의 특징 비교

요 소	객관식 평가	주관식 평가
평가목표	목표분류상으로 보아 지식, 이해력 수준에서는 적당하지만 종합력이나 평가력과 같은 고등정신기능을 측정하는 데 부적당하다.	비판력, 분석력, 조직력, 종합력이나 평가력의 고등정신기능을 측정하는데 더 적합하다.
내용표집	문항수가 많기 때문에 다루게 되는 범위가 넓으며, 따라서 교과내용을 고루고루 잘 대표할 수 있게 표집할 수 있다.	문항수가 비교적 적기 때문에 다루게 되는 범위가 좁아지며 따라서 교과내용의 대표적 표집이 어렵다.
채점	객관적이며 간단하고 신뢰도가 높다.	주관적이며 어렵고 신뢰도가 낮다.
출제 소요시간	많음	적음
채점 소요시간	적음	많음

여기서는 두 유형의 차이점을 요약 정리한 〈표 7 – 1〉의 내용만을 제시하고 구체적이고 자세한 내용은 8장에서 다루기로 한다.

평가도구의 요건과 제작기법

CHAPTER

08

1. 평가도구의 기본요건
2. 주관식 평가도구의 제작
3. 객관식 평가도구의 제작

1. 평가도구의 기본요건

바람직한 평가도구(시험문제) 또는 검사가 갖추고 있어야 할 특성, 기준 또는 요건으로서는 **타당도, 신뢰도, 객관도**가 높아야 하며 또한 **실용도**가 커야만 한다. 이 네 가지 요건을 자세히 설명하면 다음과 같다.

1) 신뢰도

(1) 신뢰도의 개념

신뢰도(reliability)는 '얼마나 정확하게' '얼마나 오차없이' 평가하고 있느냐의 개념이며, 평가하고 있는 정도의 일관성(consistency)이 있느냐의 문제에 관계한다. 즉, 신뢰도는 평가의 오차가 얼마나 작으냐 하는 문제에 관련되며 또한 신뢰도 개념은 평가도구의 안정성(stability), 신뢰성(dependability), 예언성(predictability), 정확성의 뜻이 포함된다.

(2) 신뢰도 확인의 방법

[1] 재검사 신뢰도

① 재검사 신뢰도(retest reliability)는 한 개의 평가도구 혹은 검사를 같은 집단에서 두 번 실시해서 그 전후의 결과에서 얻은 점수를 기초로 해서 신뢰도 계수를 산출해 내는 방법이다.

② 재검사 신뢰도는 전과 후의 점수 사이에 어느 정도의 안정성이 있느냐를 보는 관점이기 때문에 안정성 계수(coefficient of stability)라고도 한다.

③ 재검사 신뢰도는 전후검사의 실시간격, 검사실에서의 여러 가지 조건 등의 요인의 작용으로 진짜 신뢰도보다 과대추정될 가능성이 많다.

④ 신뢰도나 타당도 계수 산출은 상관계수 산출법을 이용한다. 즉, 다음과 같은 K. Pearson의 적률상관계수(r)의 산출공식(A)를 이용한다.

$$r_{xy} = \frac{N\Sigma XY - (\Sigma X)(\Sigma Y)}{\sqrt{[N\Sigma X^2 - (\Sigma X)^2][N\Sigma Y^2 - (\Sigma Y)^2]}} \quad \cdots\cdots\cdots\cdots\cdots\cdots \text{A}$$

예 제 다음 자료는 재검사법에 의해 검사지의 신뢰도를 검정하기 위해 10명의 동일학생들에게 똑같은 검사지를 1주일 간격으로 두 번 실시한 결과이다. 재검사 신뢰도 계수를 구하라.

학　　생	*A*	*B*	*C*	*D*	*E*	*F*	*G*	*H*	*I*	*J*
월요일 시험(X)	13	12	10	8	7	6	6	4	3	1
토요일 재시험(Y)	7	11	3	7	2	12	6	2	9	6

* X, Y 점수는 개인별 설문지 반응의 각각 총점.

위 자료를 공식 (A)에 적용 대입하면

	Y	X^2	Y^2	XXY
13	7	169	49	91
12	11	144	121	132
10	3	100	9	30
8	7	64	49	56
7	2	49	4	14
6	12	36	144	72
6	6	36	36	36
4	2	16	4	8
3	9	9	81	27
1	6	1	36	6
70 ΣX	65 ΣY	624 ΣX^2	533 ΣY^2	472 ΣXY

$$r = \frac{10 \times 472 - (70)(65)}{\sqrt{[10 \times 624 - (70)^2][10 \times 533 - (65)^2]}}$$
$$= \frac{4720 - 4550}{\sqrt{(6240 - 4900)(5330 - 4225)}}$$
$$= \frac{170}{\sqrt{1340 \times 1105}}$$
$$= \frac{170}{\sqrt{1480700}} = \frac{170}{1216.84} = +0.14$$

$r = +.14$는 X, Y 자료간에 아주 낮은 상관관계가 있음을 보여주고 있다. 즉, 이 검사지의 신뢰도계수는 아주 낮다($r = +.70$ 이상 되어야만 신뢰도가 높다고 볼 수 있다).

[2] 동형검사 신뢰도

① 동형검사 신뢰도(equivalent-form reliability)란 미리 두 개의 동형검사를 제작하고 그것을 같은 피험자에게 실시해서 두 동형검사를 얻은 점수 사이의 상관을 산출하는 방법이다.

② 동형검사 신뢰도는 동형성 계수(coefficient of equivalent)라고도 한다.

③ 기억효과와 연습효과를 최대한으로 감소시키므로 재검사 신뢰도보다 더 정확하다.

[3] 반분 신뢰도

① 반분 신뢰도(split-half reliability)는 한 개의 평가도구 혹은 검사를 한 피험자 집단에 실시한 다음 그것을 적절한 방법에 의해서 두 부분의 점수로 분할하고 이 분할된 두 부분을 독립된 검사로 생각해서 그 사이의 상관을 내는 방법이다.

② 반분 신뢰도는 재검사 신뢰도가 부적당할 때, 또 동형검사를 만들기가 어려울 때 쉽게 사용할 수 있는 방법이다.

③ 두 부분으로 분할하는 방법에는 **전후반분법, 기우반분법** 등이 있다.
④ 반분 신뢰도는 두 부분의 검사 사이의 상관이 기초가 된다.
⑤ 이때 얻은 신뢰도는 검사 전체의 신뢰도가 아니라 반분된 부분 검사의 신뢰도가 된다. 따라서 이 두 부분을 합쳤을 때의 검사 전체의 신뢰도를 계산하기 위해 Spearman-Brown 공식 $r' = \frac{2r}{1+r}$을 사용해서 교정해야 한다.

예를 들어, 반분된 2개 검사간의 상관계수가 0.60이 나왔다면 전체 검사의 신뢰도는 다음과 같다.

$$전체검사의\ 신뢰도 = \frac{2 \times 0.60}{1+0.60} = \frac{1.20}{1.60} = 0.75이다.$$

4 문항내적 일관도(합치도)
① 문항내적 합치도(inter-item consistency)는 피험자가 각 문항에 반응하는 일관성, 합치성에 그 기초를 두고 있다.
② 문항내적 합치도는 검사 속의 한 문항 한 문항을 모두 독립된 한 개의 검사단위로 생각하고 그 합치성, 동질성, 일치성을 종합하는 입장이다.
③ 문항내적 합치도는 동질성 계수(coefficient of homogeneity)라고도 한다.
④ 문항내적 합치도의 계산은 Kuder-Richardson의 공식 20과 21을 이용하거나 L. J. Cronbach의 α(alpha) 계수를 이용한다.

2) 타당도

(1) 타당도의 개념

타당도(validity)란 한 검사 또는 평가도구가 측정하려고 하는 것을 어느 정도로 측정하고 있으냐의 정도를 의미하며 얼마나 충실하게 목적하는 바를, 즉 '무엇을 재고 있느냐'의 개념이다.

타당도의 개념에는 준거(criteria)의 개념이 수반된다(타당도가 있다는 주장 뒤에는 무엇에 비추어 보아서인가라는 질문이 수반된다).

타당도는 측정하려고 한 이외의 것을 재지 않는 순수성의 정도를 나타내게 되며 또한 검사나 평가도구에 의미를 주고 실용적 가치를 부여하게 된다.

(2) 타당도 확인의 방법

1 내용타당도

① 내용타당도(content validity)를 논리적 타당도, 안면타당도(face validity)라고도 한다.

② 내용타당도란 평가도구가 그것이 평가하려고 하는 내용(대개의 경우 교육목표가 된다)을 어느 정도로 충실히 측정하고 있는가 하는 타당도이다.

③ 내용타당도는 주로 교수-학습과정에서 설정했던 교육목표를 평가도구가 얼마나 충실히 측정하고 있느냐는 것을 결정할 때 쓰이는 타당도이다.

④ 내용타당도는 중요한 목표(또는 행동)와 내용(이원분류표에 의해서 검증된다)을 평가도구가 빠트리지 않고 포괄하고 있는가의 정도를 말한다.

⑤ 내용타당도는 교육목표가 준거가 되기 때문에 교육목표의 세분화는 타당도를 높이는 필요조건이 된다.

2 예언타당도

① 예언타당도(predictive validity)란 평가도구가 그 검사 결과로서 피험자의 미래의 행동이나 특성을 어느 정도로 정확하게 또한 완전하게 예언하느냐의 능률의 정도를 말한다.

② 예언타당도의 준거는 시간적으로 미래의 행동 특성이 된다.

③ 예언타당도란 어떤 평가도구가 목적하는 준거(예컨대, 입학후의 재학성적)를 정

확히 높게 예언하는 힘을 말한다.

④ 내용타당도의 준거는 내적 준거(internal criteria)이지만 예언타당도는 실제적인 외적 준거(external criteria)에 관련시켜 해석한다.

⑤ 예언타당도는 선행검사 X와 준거 Y와의 상관계수로 표시한다(상관계수가 크면 그 만큼 정확성이 크고 반대로 예언의 오차가 작다는 뜻이 된다).

3 공인타당도

① 공인타당도(concurrent validity)는 한 검사 X와 준거 Y 사이의 상관계수로 나타낸다.

② 공인타당도는 검사 X와 준거 Y가 본질적으로 동시에 측정된다.

③ 준거의 성질이 예언이라는 데 있지 않고 공통된 요인이 있느냐 없느냐에 있다.

④ 타당도는 한 평가도구의 실제적 의미를 풍부히 해 주고 활용하는 데 유용한 정보를 제공한다.

⑤ 예언타당도와 공인타당도는 준거관련 타당도라 하겠다.

4 구인타당도

① 구인타당도(construct validity)란 '이 특성을 가진 사람은 X라는 상황 아래서는 Y의 행동을 보일 것이다'라는 법칙 정립을 꾀하는 과정이다.

② 구인타당도란 한 검사가 조작적으로 정의되지 아니한 어떤 특성이나 성질을 측정했을 때 그것을 심리학적 개념으로 분석하고 의미를 부여하는 과정이다.

③ 구인타당도란 검사점수 또는 검사결과의 원인이 될 구성요인이 무엇인지를 시사하는 과정이다.

④ 구인타당도의 정도를 어떤 단일한 지수로 표현할 수는 없다(점수차의 비교 또는 상관계수 혹은 시간상의 변화 점수 등).

3) 객관도

(1) 객관도의 개념

객관도(objectivity)는 채점자의 채점이 어느 정도로 신뢰롭고 일관성이 있느냐 하는 개념이다.

객관도는 채점자의 변덕에 의해 결정되는 신뢰도이기 때문에 객관도란 한 가지 반응 결과에 대해 여러 사람의 채점 및 평가가 일치하는 정도의 **채점자 간 신뢰도**라 부를 수 있다. 또한 객관도란 한 채점자가 시간적 간격이나 상황의 차이에 따라 같은 대상에 대해 다른 채점(평가) 결과를 나타내는 정도의 **채점자 내 신뢰도**라 할 수 있다.

(2) 객관도의 확인방법

① 비객관성의 가장 중요한 원칙은 평가도구 및 **평가기준**이 비객관적인 경우이다.
② 비객관성의 원인은 평가자의 소양 부족에 기인한다.
③ 비객관적 비구조화된 평가도구인 경우에는 가능하면 여러 사람이 공동으로 평가하여 그 결과를 종합하는 것이 객관성을 높이는 데 도움이 된다.
④ 객관도의 계산은 한 사람의 채점자가 한 묶음의 답안지를 일정한 기간을 두고 두 번 채점해서 그 간의 상관계수를 낸다.
⑤ 한 장의 답안지를 여러 사람이 채점을 해서 그 결과의 일치도를 본다.
⑥ 한 묶음의 답안지를 두 사람의 채점자가 각각 따로 채점을 해서 그 결과에 대한 상관계수를 낸다.

4) 실용도

(1) 실용도의 개념

타당도, 신뢰도, 객관도는 유용한 평가도구가 갖추어야 할 이론적 기준인데 비해 실용도(utility)는 실제적인 기준으로서의 개념이다. 즉, 한 평가도구가 얼마나 경비와 시간과 노력을 적게 들이고 소기의 목적을 달성할 수 있느냐의 정도를 말한다.

(2) 실용도의 확인방법

① 검사 또는 평가가 쉽게 이루어지며 채점이 용이하게 이루어지는가를 확인한다.
② 평가의 결과를 쉽게 해석할 수 있는지 또 그 결과를 유효적절하게 활용할 수 있는지를 검토한다.
③ 비용, 시간, 노력이 절약될 수 있는지를 확인해 본다.

2. 주관식 평가도구의 제작

1) 문항의 형식

주관식 검사의 답안 작성에 있어서 어느 정도의 범위와 자유를 허용하는가에 따라 확장형과 제한형으로 분류할 수 있다.

(1) 확장형

확장형은 논의할 내용의 범위나 조직 또는 제시방식에 있어서 아무런 제한을 두지 않는 형태로서 보통 2~3페이지 정도의 답안 구성을 요구하고 있다.

확장형에 있어서 학생은 ① 사실적인 지식 내용을 회상할 수 있어야 하고, ② 이 지식을 평가할 수 있어야 하며, ③ 그의 사고와 아이디어를 조직하고, ④ 또한 논리적, 체계적인 형태로 이를 제시할 수 있어야 한다.

따라서 확장형은 문제를 종합하고 평가하는 수준의 고등정신능력을 측정하는 데 크게 공헌한다.

(2) 제한형

제한형은 응답의 범위와 제시방식을 제한함으로써 채점의 신뢰도를 높이고 또한 채점상의 편의를 도모할 수 있지만, 어떤 문제에 대하여 논리적, 체계적으로 사고하여 이를 종합적으로 표현할 수 있는 능력은 측정하기가 어렵게 된다.

이 제한형은 보통 반 페이지 정도의 답안 구성을 요구한다.

(3) 문항형식의 유형

학생들이 질문에 답하기 위해 회상하는 정보의 성질에 따라 다음과 같이 분류할 수 있으며 여기에는 확장형과 제한형이 모두 포함되고 있다.

① (어떤 기초를 전제로) 선택적 회상

예 : 고려시대 외적의 침입을 받은 역대 입금의 이름을 들어라.

② (어떤 기초를 전제로) 회상의 평가

예 : 미국에서 수소폭탄 제조에 가장 공이 큰 세 물리학자 이름을 들어라.

③ (하나의 기준하에) 두 특징의 비교

예 : 극단의 점수가 평균치와 중앙치에 주는 영향을 비교하라.

④ (여러 개의 기준하에) 두 특징의 비교

예 : 규준지향적 평가와 준거지향적 평가를 비교하라.

⑤ (찬반의 입장에서) 결정

예 : 사형집행제를 폐지해야 되는지에 대해서 당신의 의견을 말하라.

⑥ 원인 또는 결과

예 : 전제주의가 이탈리아와 독일에서 발달된 반면에, 영국이나 미국에서는 그렇지 못한 이유는 무엇인가?

⑦ 한 주어진 문장에서 어떤 문구나 진술된 내용의 정확한 의미나 용법에 대한 설명

예 : 위의 문장에서 '경험중심'이란 무엇을 의미하는지 설명하라.

⑧ 교과서의 어떤 단원이나 논문의 요약

예 : 주관식 검사의 장점을 200자 원고지 3매 이내로 요약하라.

⑨ 분석

예 : 월남전쟁에 한국의 참전 이유를 분석하라.

⑩ 관계의 진술

예 : 타당도가 있다는 것은 신뢰도가 있다는 것을 의미하지만, 그 반대는 성립되지 않는다. 그 이유는?

⑪ 언어의 구조 또는 과학이나 기타 교재에 있어서 원리의 적용에 관한 실예나 예증

예 : 관성의 법칙을 이용한 실례를 3개만 들어라.

⑫ 분류(보통 11항의 반대가 됨)

예 : 피아노와 오르간은 어떤 악기군에 속하는지를 설명하라.

⑬ 새로운 사태에서 원리나 법칙의 적용

예 : '일반의지'와 합치하는 '법률'은 자유와 양립할 수 있다고 하는 루소의 일반화가 있다. 이 일반화의 난점은 무엇인가?

⑭ 논의

예 : 다음의 주제하에 대학원 교육의 개선점을 논하라.

ㄱ. 입시제도와 방법　　　　ㄴ. 교육과정

ㄷ. 교수방법　　　　ㄹ. 종합시험제도

⑮ 목적의 진술(자료의 선정이나 조직에 있어서 저자의 의도)

예 : 저자가 각 장마다 연습문제를 많이 제시하고 있는 의도는 무엇인가?

⑯ 비판(어떤 진술에 대한 정당성, 정확성 또는 타당성에 대한 비판)

예 : '인간은 만물의 척도이다'라는 명제를 비판하라.

⑰ 요점의 명시

예 : 우리나라의 외교정책을 개괄하라.

⑱ 사실의 재조직

예 : 교육의 기회균등의 입장에서 의무교육제도를 비판하라.

⑲ 새로운 문제의 제기

예 : 우리나라가 산업사회를 지향하면서 직면하고 있는 도덕적 · 윤리적 문제를 세 가지 이상 들어 설명하라.

⑳ 새로운 방법과 절차

예 : 지금껏 우리나라는 정부주도하의 경제발전이 시도되었다. 앞으로 민간주도 하에 경제를 발전시킨다면 어떤 방략들이 있겠는가 실례를 들어 설명하라.

2) 문항의 제작요령

① 학생집단의 성질을 고려해야 한다.

교사가 가르친 학생을 대상으로 할 때와 입학시험에서와 같이 이질적인 학생의 집단을 대상으로 할 때와는 경우가 좀 달라진다.

② 수업목표에 비추어 그에 적합한 행동목표를 측정할 수 있도록 주관식

검사의 진술양식을 적절히 표현해야 한다.

주관식 문항은 단답형이나 선택형 형식으로 도저히 평가하지 못하는 행동목표에 한하여 사용하는 것이 좋다.

③ 지식보다 고등정신 기능을 측정하도록 만들어야 한다.

주관식 검사는 사고력, 추리력, 종합력, 비판력, 분석력, 표현력, 창의력, 응용력, 평가력과 같은 정신기능을 비교적 쉽게 측정할 수 있는데 그 특징이 있다.

④ 가능하면 채점기준을 미리 제시하면 좋다.

채점기준을 미리 제시하면 학생들이 응답하는데 공통적으로 사용되는 의거점 탓으로 답안을 하나의 방향으로 구성하게 하는데 도움을 주며, 학생들이 어떻게 응답하는 것이 유리한 것인지 그 기준을 알리는데 도움이 된다.

⑤ 문항수를 적절히 조정해야 한다.

주관식 검사에서는 많은 문항을 출제할 수는 없지만 너무 적어도 곤란하다. 너무 적으면 학생의 학습내용을 고루고루 표집할 수가 없기 때문이다.

그러므로 한정된 시간내에 학생이 학습한 것은 고루 평가할 수 있을 정도로는 출제되어야 한다.

3) 논술고사의 예문

구체적으로 좋은 논술형 문제 예문을 몇 가지 들어보면 다음과 같다.

예문 ①

사회발전의 근본요인이 되는 것은 정신이 아니라 물질이다.

① 이 주장을 분석하고, ② 주장에 찬성하는 논문을 쓰고, ③ 주장에 반대하는 논문을 쓰고, ④ 자신의 결론을 쓰고 해명하라.

답안지는 ㄱ) 자료의 조직(30점) ㄴ) 내용의 타당성과 명확성(30점) ㄷ) 내용이나 주장을 분명하게 예시하였는가(40점)의 세 가지 점에서 채점된다.

예문 ②

고교생의 교복과 두발문제를 중심으로 '자유'와 '자율'에 관하여 60분 500자 이내로 논하라. 단 글씨를 비롯, 맞춤법과 띄어쓰기 등은 채점되지 않는다.

예문 ③

남녀간의 임금격차와 업종에 따른 임금격차의 관련성에 대한 의견을 논술문 형식으로 쓰고, 중요하다고 생각하는, 또는 특별히 강조하고 싶은 어귀나 문장에 밑줄을 그어 표시하라. 90분 이내에 완성하고 답안지 전면에만 쓸 것.

예문 ④

과학의 발달이 인간에게 도움을 주는 측면과 인간생활을 파괴하는 위험한 측면을 열거하라. 내일의 인류를 위한 과학의 발전방향을 제시한 논문 또는 평론(A4용 4페이지 정도) 배부.
위의 글을 읽고 다음 물음에 답하라(90분).
① 읽은 내용을 신문 문화면에 발표한다고 가정하고 400자 이내로 요약하라.
② 자연개발과 생태계의 보존방안에 대한 구상의 타당성을 500자 이내로 써라.
③ 유전공학을 잘못 이용하면 인간사회에 큰 혼란을 야기시킬 우려가 있다는 주장을 찬성하는 내용의 글을 실례를 들어 700자 이내로 써라.

예문 ⑤

'만화의 매력'과 '만화의 해독'이라는 글을 각각 제공
두 글을 읽고 아래에 지시하는 내용의 글을 써라. 주어진 시간은 90분이고 착상 · 내용의 타당성 · 글의 구성과 전개 · 논리 전개의 적절성 · 결론의 타당성 · 표현능력 등이 주로 채점에 반영된다.
〈두 글 중에 어느 하나의 주장을 지지하고 다른 것은 반대하는 글을 500자 이내로 써라.〉

예문 ⑥

대입논술고사 기출문제의 예문

〈서울대〉
제시문을 읽고 사물에 대한 올바른 인식에 어떻게 도달할 수 있는가를 논술하시오(2500자 내외).

※ 제시문(가 - 국문)은 조선후기 실학자 박지원이 쓴 '열하일기'의 한 부분으로 그가 하룻밤에 강을 아홉 번 건너면서 자신의 마음상태에 따라 동일한 사물이 어떻게 다르게 인식될 수 있는지에 대해 기술.
제시문(나 - 국문)은 외국의 한 우화를 각색한 것으로 무지의 상태에 놓여있던 우물안 개구리들이 몇 단계를 거치며 새로운 세계에 대해 인식을 확대해 가는 과정을 설명. 제시문은 원고지 30장 분량.

〈연세대〉
다음 제시문에 담긴 '세월이 흘러감'에 대한 생각을 '욕망'과 연관시켜 분석하고 자신의 의견을 논술하시오(첫머리에 자신의 주장을 반영한 제목을 달 것. 1800자 안팎).

※ 제시문은 총 5개로 4개는 국문, 1개는 그림. (가)는 이명한의 문대(問對) '백주집' 20권, (나) 성경전서 전도서 2장, (다) 아리스토텔레스의 수사학, (마) 티치아노의 '인간의 세 시기' 그림, (바) W. B. 예이츠의 '나이들면 철이 드는 법' 시(詩). 제시문은 원고지 10장 분량.

〈고려대〉
(1) 제시문 (가 - 국문), (나 - 영문), (다 - 영문), (라 - 영문)의 내용을 각각 요약하시오(120~140자).

(2) 네 개의 제시문은 모두 하나의 공통된 주제와 관련된 글입니다. 각 제시문의 관계를 밝히고, 공통 주제에 관한 자신의 생각을 논술하시오(110~140자).

※ 제시문 (가)는 조선 중기 이후 지배적인 정치형태였던 붕당에 대해 기술. (나)에서는 서로 다른 종족으로 구성된 국가에서 국민적 정체성의 확보가 어려운 과제라고 지적하며 남아프리카 공화국을 예로 설명. (다)에서는 신흥 종교집단과 같은 소수집단의 가치관이 주류사회의 가치관과 다를 때 발생하는 갈등적 상황에 대해 서술. (라)에서는 전쟁의 예기치 않은 긍정적 효과에 대한 글. 제시문은 200자

원고지 10장 분량.

〈프랑스 Baccalaurét의 논술고사 문제〉
· 역사가 심판할 것이라고 말하는 것은 정당한가?
· 법은 가끔 무시해야 하는가?
· 행복은 모든 행동의 목적인가?
· 정상적인 것과 비정상적인 것의 경계선을 규정할 수 있을까?
· 행복은 단지 한순간 스치고 지나가는 것인가?
· 우리는 자기 자신에게 거짓말을 할 수 있나?
· 행복은 인간에게 도달 불가능한 것인가?
· 역사가는 객관적일 수 있는가?
· 예술 작품은 반드시 아름다운가?
· 예술이 인간과 현실의 관계를 변화시킬 수 있는가?
· 우리는 과학적으로 증명된 것만을 진리로 받아들여야 하는가?
· 자유는 주어지는 것인가 아니면 싸워서 획득해야 하는 것인가?
· 노동은 욕구 충족의 수단에 불과한가?
· 다름은 곧 불평등을 의미하는 것인가?

〈영국 대학입시 A레벨 영문학 서술형 문제〉
· 예이츠의 시는 항상 구어적인 것과 형식적인 것이 조화를 이룬다는 주장에 대해 논하라.
· '뜨거운 양철지붕 위의 고양이'에서 가족들 개개인은 서로 간에 이질감을 느끼면서, 자기 스스로부터도 소외된 모습이라는 견해가 있다.
· 등장인물 3~4명을 자세하게 묘사함으로써 이러한 주장에 대해 논하라.

4) 주관식 검사의 장단점

(1) 장 점

객관식 검사에 대해 주관식 검사만이 가지는 장점은 다음과 같다.

① 주관식 검사는 피검사자의 태도나 가치관 및 의견 등을 간접적으로 측정하는 데 유용하다.

② 주관식 검사는 객관식 검사보다 그 준비가 용이하다. 그러나 이 말은 같은 검사시간에 대하여 고등정신기능을 측정하는 검사를 만드는 것이 객관식 검사보다 비교적 용이하다는 말이며, 결코 좋은 주관식 검사를 만드는 것이 쉽다는 것을 의미하지는 않는다.

③ 주관식 검사는 학생에게 좋은 학습경험을 시킨다고 할 수 있다. 즉, 주관식 검사를 통하여 자기의 생각을 선정하여 조직하고 종합하여 이를 체계적으로 표현하는 기회를 갖는다는 것은 하나의 좋은 학습경험이 되는 것이다. 교사가 논문을 읽고 논평을 해 주는 경우에는 대단히 좋은 학습경험이 될 수 있다.

(2) 단 점

① 주관식 검사에서 가장 문제가 되는 점은 내용표집의 제한성이다.
예를 들어, 아무리 주관식 검사 문항이 잘 제작되었다 하더라도 6개의 주관식 문제 보다는 90개의 선다형 검사가 교과내용을 더 철저하게 골고루 표집할 수 있다.

② 채점의 비객관성 · 비신뢰성을 들 수 있다.
주관식 검사의 경우 채점자간의 점수의 불일치는 큰 단점이라 하겠다. 즉, 응답의 질보다는 누가 채점하였느냐 또는 언제 어떤 조건하에서 채점하였느냐에 따라 상당히 검사점수가 달라지게 되어 점수의 신뢰도가 낮아지게 된다.

③ 주관식의 단점으로서, 흔히 피검사자는 검사문제가 무엇을 물어 보고자 하는지를 정확히 이해 못하여 어떻게 답하여야 할지를 모를 때가 있게 되는 단점이 있다.

④ 학생의 응답내용을 읽고 채점하는 데 걸리는 시간부담이 크다는 점을 들 수 있다.

3. 객관식 평가도구의 제작

1) 문항제작의 기본적 준거

문항의 기본적 준거는 이 조건이 만족되지 않으면 문항으로서의 역할을 할 수 없는 기본적인 조건을 뜻한다. 즉, 한 개의 문항으로 성립하기 위해 필수적으로 갖추어야 할 최소의 필요조건이다.

① 문항은 가능한 그 뜻을 명확하게 진술하라.

나쁨 : 한국에서 큰 도시 이름은?

좋음 : 한국에서 가장 큰 도시 이름은?

위의 나쁜 예에 있어서 서울, 대구, 부산 등 큰 도시 중 어느 도시 이름을 써 넣어야 할지 모호하기 때문에 학생은 큰 고민을 하게 된다. 심지어 어떤 학생은 서너 개의 도시 이름을 적어 넣는 수도 있다.

② 될 수 있는 한 정확한 의미를 가진 단어를 사용하라.

예컨대,

나쁨 : 전주에는 인구가 많다(맞음, 틀림).

좋음 : 전주는 공주보다 인구가 많다(맞음, 틀림).

위의 나쁜 예에서와 같이 '많다'라는 단어는 이 경우에는 정확한 뜻을 갖지 못한다. 전주는 부산이나 인천보다는 인구가 적기 때문에 정답이 달라질 수도 있기 때문이다. 우리가 별 주의없이 쓰는 말에는 대단히 부정확한 말이 많은 것이다.

③ 정답의 판별에 필요한 조건은 빠짐없이 다 진술되어 있어야 한다.

예컨대,

나쁨 : 물은 보통 100° 에서 끓는다(맞음, 틀림).

좋음 : 물은 보통 100℃에서 끓는다(맞음, 틀림).

위의 나쁜 예에선, 100° 가 화씨인지, 섭씨인지가 진술되어 있지 않아 정답을 판단하기가 곤란하다. 더 엄밀히는 기압 조건도 진술되어 있어야 할 것이다.

④ 정답은 반드시 하나가 되도록 만들라.

교사작성 검사에 있어서 흔히 발견되는 예이지만, 학생이 이 답도 맞지 않느냐고 항의를 하는 경우에 교사가 그것도 정답으로 처리하겠다고 수긍하거나 그것은 정답이 아니라고 고집하게 될 때 어느 경우에 있어서나 교사와 학생 간의 관계나 교실의 분위기 깨지기 쉬운 것이다.

⑤ 지나친 특수도는 피한다.

예컨대,

나쁨 : 현재 한국에는 농민이 전 인구의 몇 %나 되느냐?

ㄱ. 44.7% ㄴ. 53.6%

ㄷ. 61.4% ㄹ. 66.3%

좋음 : 현재 한국에는 농민이 전 인구의 약 몇 %나 되느냐?

ㄱ. 약 40% ㄴ. 약 50%

ㄷ. 약 60% ㄹ. 약 70%

위의 나쁜 예처럼 문제를 내기 때문에 학생은 죽어라고 특수한 숫자, 지명, 인명, 연대만 외우려 든다. 어떻게 보면 이런 종류의 시험에서 두각을 나타내는 학생이 못 알아내는 학생보다 우둔한 학생일 수도 있다.

2) 단답형

(1) 문항의 형식

단답형은 서답형으로 단어, 숫자, 그 밖의 다른 부호를 보충하여 답을 직접 써 넣는 형식이다. 문항 속에 제시되어 있는 답들 중에서 정답을 골라 뽑는 선택형과 대립되는 것이다.

대개 직접질문은 "……을 들어라", "……쓰라"와 같은 명령문으로 되어 있다. 단답형의 형식에는 다음과 같은 것들이 있다.

① 질문형

· 미국의 수도 이름은 무엇인가?

② 완성형

· 불교는 (　　　　)가 시작한 종교다.

③ 연상형

· 다음의 각 도시들은 어느 도에 속하여 있는지 그 도 이름을 써라.

마산________________,　　　　목포________________

④ 열거형

· 잎의 녹말실험에 필요한 물건을 써라.

⑤ 해답형

· $\chi + 2 = 4$　$\chi = ?$

(2) 문항의 제작요령

① 대답은 간단히 표현할 수 있도록 하라.

요구하는 정답이 길고 복잡하거나 문장으로 대답하게 하면 단답형이 될 수 없다. 답이 간단한 단어, 어구, 수, 수식 등을 대답할 수 있도록 해야 한다.

예컨대,

나쁨 : 세익스피어의 작품 중 유명한 것은 무엇이냐?

좋음 : 세익스피어의 작품 중 비극작품으로 가장 유명한 것은 무엇인가?

② 계산문제에 있어서는 답을 기대하는 정도나 정확한 단위를 명백히 밝혀 주어라.

예컨대,

나쁨 : π의 값은 얼마인가?

좋음 : π의 값은(소숫점 이하 6자리까지) 얼마인가?

나쁜 예에선 3.1, 3.14, 3.142 등 여러 종류의 답이 나올 수 있으나, 좋은 예에선 3.141593의 한 가지의 종류의 답만이 기대되고 있다.

③ 질문의 뜻은 명확히 일의적으로 해석 되게끔 진술하라.

예컨대,

금강산은 어디에 있느냐?

이 문항의 답은 북한, 강원도, 한국 어느 것이라도 정답이 된다.

3) 완결형

(1) 문항의 형식

이 형식은 일부분 또는 몇 부분을 비워놓고 거기 들어갈 적합한 단어, 어구, 기호 등을 써 넣어서 문장의 뜻을 완결시키는 방법이다.

짧은 답을 요구한다는 면에서는 단답형과 근본적인 차이가 없지만 그 형식에는 차이가 있다. 문항의 형식은 빈 칸에 보충할 자료를 제시하지 않고 자유롭게 답을 쓸 수 있도록 하는 **자유완결형**과 미리 보충할 자료를 제시하고 그 중에서 선택하도록 하는 **제한완결형**의 두 가지가 있다.

[1] 자유완결 – 불완전문장형

· 실험이란 (　　)와 (　　), 양변인간의 관계성 구명을 말한다.

· 집중경향치에는 (　　　), (　　　), (　　　)의 세 가지가 있다.

[2] 자유완결 – 불완전도표형

· 다음의 빈칸에 적절한 답을 써 넣으시오.

비		1 : 0	1 : 100	1 : 1000
소　수	1	0.1	0.01	
분　수		$\frac{1}{10}$	$\frac{1}{100}$	$\frac{1}{1000}$

[3] 제한완결형

· 다음 문제의 빈 칸에 해당하는 답을 보기에서 찾아 그 번호를 빈칸에 써 넣으시오.

사회통제의 원동력은 [　　　]와 [　　　]이다.

예 :　① 정치　② 교육
　　③ 종교　④ 도덕

(2) 문항의 제작요령

① 문장 중에서 중요하고 의의있는 부분만을 공란으로 빠뜨리게 한다.

② 하나의 문항 속에 빈칸을 너무 많이 집어 넣지 말라.

③ 한 문항 속에 공란이 두 개 이상 있을 때에는 각 공란의 길이를 적절히 조절 제한하라.

④ 한 개의 공란에는 하나의 정답만이 있도록 하라.

⑤ 문장 속에 답을 암시하는 내용이 들어있지 않도록 하라. 문장제시 자체가 정답의 단서가 되는 수가 있기 때문이다.

⑥ 문장을 교과서의 습관적인 문구를 그대로 인용하지 말라.
만약 교과서의 문장을 그대로 옮겨 놓으면 학생은 쉽게 정답을 알아 맞출 위험이 있다.

⑦ 빈 칸은 가능한 문장의 마지막에 오도록 하라.

4) 배합형

(1) 문항의 형식

배합형은 흔히 왼쪽에 **전제**들이 주어지고 바른쪽에는 이와 관련된 선택지, 즉 **답지**가 나열되어 있어서 각 전제와 관련된 답지를 골라 ⊥ 번호를 왼쪽에 관련된 전제의 주어진 빈 칸에 가입하도록 하는 방식이다. 즉, 배합형은 일련의 **전제**와 일련의 **답지**, 그리고 전제와 답지를 어떻게 배합시킬 것인가의 지시문의 세 가지로 구성되는 것이 문항형식상의 큰 특징이다.

1 단순배합형

가장 전통적인 형식으로서 전제와 답지가 하나의 묶음 속에 있는 단순한 배합형식이다.

예컨대,

지시

다음에서 A항에 관계되는 것을 B항에서 찾아 그 번호를 A항의 뒤에 있는 ( ) 속에 써 넣어라.

〈A〉	〈B〉
1) 지 식 ( )	① 고 증
2) 이해력 ( )	② 기뻐하는 것
3) 적용력 ( )	③ 주의 집중

4) 분석력 (　　)	④ 재구성
5) 종합력 (　　)	⑤ 인과관계
6) 평가력 (　　)	⑥ 민주이념에 헌신
7) 감　수 (　　)	⑦ 결론의 도출
8) 반　응 (　　)	⑧ 가치체계의 조직
9) 가치화 (　　)	⑨ 작문능력
	⑩ 재생 및 재인

2 복합배합형

이 형식은 한 개의 전제에 대해 두 개 이상의 답지가 배합되도록 하는 방식이다.

예컨대,

지시

다음에 든 인명에 대하여 A에서 사상을 고르고 B에서 저자를 가려내어 A, B의 (　　) 속에 해당하는 기호를 기입하여라.

A	B		(A)	(B)
(　　)	(　　)	1) 루　소	ㄱ. 진보주의 교육사상	ㄱ. 구안법
(　　)	(　　)	2) 브라멜드	ㄴ. 자유주의 교육사상	ㄴ. 에　밀
(　　)	(　　)	3) 킬패트릭	ㄷ. 국가주의 사상	ㄷ. 교육철학의 유형
(　　)	(　　)	4) 에렌케이	ㄹ. 재건주의 사상	ㄹ. 아동의 세기
			ㅁ. 자연주의 사상	ㅁ. 민주주의 교육

3 분류배합형

이것은 어떤 원리, 법칙, 조건, 사실 등을 전제로 삼고 이를 기준으로 주어진 답지를 분류시키는 방법이다.

예컨대,

지시

다음에 제시한 내용들을 A, B, C의 시대구분에 따라 분류하라.

A. 삼국시대	B. 고려시대	C. 조선시대

( ) 1) 경 당
( ) 2) 오부학당
( ) 3) 독서출신과
( ) 4) 사 학
( ) 5) 사문학
( ) 6) 종 학
( ) 7) 섬학전
( ) 8) 국자감
( ) 9) 서 원

4 관계분석배합형

이것은 답지에 제시된 두 개의 진술문(사실 또는 주장과 설명 또는 이유) 사이에 인과관계가 있는지 여부를 분석해서 주어진 전제에 따라 분류시키는 방법이다.

예컨대,

지시

다음 문제에는 주장과 그 주장에 대한 이유를 들고 있다. 다음 요령에 따라 답하시오.

〈답하는 요령〉

· 만일 주장과 이유가 모두 옳고, 그 이유가 주장에 대한 옳은 이유가 될 때에는 ………… 1을
· 만일 주장과 이유가 모두 옳기는 하나, 그 이유가 주장에 대한 옳은 이유가 되지 못하였을 때에는 ………… 2를
· 만일 주장은 옳으나 이유가 옳지 않을 때에는 ………… 3을
· 만일 주장은 옳지 않으나 이유가 옳을 때는 ………… 4를
· 만일 주장과 이유의 두 가지가 다 옳지 않은 말이라면 ………… 5라
고 각각 답안지에 표하시오.

주 장		이 유
1) 결핵을 예방하려면 어렸을 때 BCG 왁찐을 주사한다.	왜냐하면	결핵 박테리아는 공기 중에 있다가 숨쉴 때에 몸안으로 들어온다.
2) 코일에 전기를 통하면 그 주위에 지장이 생긴다.	왜냐하면	전자석에는 N극과 S극이 있다.
3) …………………………	…………………	……………………………

5 관계조건배합형

이것은 하나의 전제에 대해서 두 개의 조건이 제시되는 데 그것이 어떻게 문항과 관계되는 것인지(어느쪽 하나 만인가? 양방 모두인가? 양방 다 아닌가?)를 밝히는 방법이다.

예컨대,

지시

다음에 두 개의 진술문(A · B)이 있다. 각 문제를 푸는 데 어느 것이 옳은지 다음 요령에 따라 결정하고 (　　) 속에 답을 써 넣어라.

· 그 문제가 A에만 관계가 있다면 ……………………………… 1
· 그 문제가 B에만 관계가 있다면 ……………………………… 2
· 그 문제가 A와 B, 둘에 다 관계가 있다면 ……………………… 3
· 그 문제가 A와 B와도 관계가 없다면 …………………………… 4
라고 답하라.

1) 삼각형 중 어떤 것이 정삼각형이 되는가? …………………… (　　)
A. 세 변의 길이가 같다.　　　　B. 세 각이 다 같다.
2) 문항의 신뢰도를 높이기 위해서는? …………………………… (　　)
A. 문제의 수를 늘인다.　　　　B. 객관도를 높인다.
3) ……………………………

6 양적 비교배합형

이것은 한 사상에 관계되는 두 가지 사실간의 대소 관계를 비교하는 방법이다.

예컨대,

지시

다음 문제들에는 두 개의 사실(A, B)이 제시되어 있다. 그 두 개의 크기를 비교하여 다음 요령대로 (　　) 속에 답을 기입하라.

· 만일 A가 B보다 크다면 ………………………………………………………… 1
· 만일 B가 A보다도 크다면 ……………………………………………………… 2
· 만일 A, B가 같거나 비슷하면 ………………………………………………… 3
· 만일 A와 B를 서로 비교할 수 없는 것이라면 ……………………………… 4
라고 답하라.

1) 지구 표면의 전체 넓이 ………………………………………………… (　　)
A. 바　다　　　　　　　　　　B. 육　지

2) 뼈 속의 아교질 ……………………………………………………… (　　)
A. 어　른　　　　　　　　　　B. 아동

3) ……………………………………………………………………………

7 공변관계배합형

이것은 ④와 ⑥의 형태를 합친 것으로 변인간의 양적 관계를 묻는 방법이다.

예컨대,

지시

다음 문제들은 A와 B의 두 조건으로 구성되어 있는 바 이들 조건간의 관계를 다음 요령대로 답하라.

· 만일 A가 늘어나면 B도 늘거나, A가 줄면 B도 준다면 ……………………… 1
· 만일 A가 늘어나면 B가 줄거나, A가 줄면 B가 늘어난다면 ………………… 2
· 만일 A가 변해도 반드시 B가 거기에 응하여 변하는 것이 아니면
……………………………………………………………………………………3
라고 답하라.

1) 공기의 부피 (A)와 압력 (B)의 관계 ………………………………… (　　)
2) 모오터의 힘 (A)와 코일의 굵기 (B)와의 관계 ……………………… (　　)
3) ……………………………………………………………………………

8 충분조건배합형

이것은 어떤 문제를 푸는 데 있어서 필요한 충분한 조건이 무엇인가를 밝혀내는 방법이다.

지시

다음 문제들은 두 조건 A, B로 구성되어 있다. 다음 요령에 의해 답하라.

· 만일 문제를 푸는데 조건 A만으로 충분하다면 ……………………… 1
· 만일 문제를 푸는데 조건 B만으로 충분하다면 ……………………… 2
· 만일 조건 A와 B가 다 있어야 충분하다면 ……………………………… 3
· 만일 이밖의 다른 조건이 필요하다면 …………………………………… 4
라고 답하라.

1) 두 학급의 성적을 비교하려고 할 때 필요한 통계치는? ……………… (　　)
A. 집중경향치　　　　B. 변산도치
2) 학습내용의 조직은 어떤 원리에 의해서 이루어지는가? ……………… (　　)
A. 계속성의 원리　　　　B. 계열성의 원리
3) 표준화 흥미검사지를 선정하여 사용하려고 할 때 선정기준이 되는 것은? (　　)
A. 신뢰도　　　　B. 타당도
4) ……………………………………………………………………………

(2) 문항의 제작요령

① 전제와 답지는 가능한 짧은 문구나 단어, 숫자 등으로 간결하게 구성하도록 하라.

② 전제는 전제대로, 답지는 답지대로 서로 **동질적인** 내용으로 구성된 문

항이 되도록 진술하라.

③ 전제와 답지의 수가 너무 많지 않도록 하라.

④ 일대 일의 대응배합을 피하라.

⑤ 전제나 답지를 보기 쉽고 알기 쉽게 배열해 놓아라. 즉 이론적 순서나 체계가 있다면 그 순서대로 배열해 두는 것이 좋다.

⑥ 하나의 배합형 문제는 동일한 페이지에 오도록 편집해야 한다.

5) 진위형

(1) 문항의 형식

진위형 검사문항이란 하나의 선언적 진술문에 대하여 그 진위를 학생들로 하여금 판단하게 하는 방법으로써 흔히는 OX형 또는 이자택일형이라고도 불리운다.

1 진위형

이것은 어떤 표현이 진실이냐 허위이냐를 가리게 하는 방법이다.

예컨대,

· 모든 인간은 숨을 쉰다. (O)

· 산업혁명은 13세기에 일어났다. (X)

· 한글은 소리글자이다. (O)

2 예-아니오 형

직접적인 질문이나 선언적인 질문에 "예" 또는 "아니오"로 답하게 한다.

3 정오형

이것은 옳게 판단되었느냐를 가려서 정오를 표시하게 하는 방식이다.

예컨대,

지시

다음 글을 읽고 비슷한 말끼리 짝지어져 있으면 (　) 속에 정, 의미가 전혀 다르면 (　) 속에 오자를 써 넣으시오.
(정) i) 어버이 – 부모
(정) ii) 나라 – 국가
(오) iii) 달무리 – 월식

④ **군집형**

이것은 하나의 진위로 판단될 문장을 모아놓은 방식이다. 보통 불완전문장의 문제로 시작한다.

산술평균이란?
(○) i) 하나의 집중경향치이다.
(x) ii) 중앙치보다 극단의 점수의 영향을 덜 받는다.
(x) iii) 상관계수로 사용된다.

⑤ **수정형**

틀린 곳이 있으면 수정하라는 방식인데, 보통 틀린 곳 밑에 밑줄을 긋고 틀린 내용을 바르게 고쳐 써 넣게 한다.

(2) 문항의 제작요령

① 간결하고 명확한 언어를 사용하라.
② 조건이나 예외없이 절대적으로 맞거나 틀리는 진술문을 사용하라.
③ 진의 문항수와 위의 문항수를 대략 서로 비슷하게 출제하도록 하라.
④ 맞는 문장의 진술이 틀린 문장보다 길지 않도록 하라.

⑤ 교과서에 그대로 혹은 조금 고쳐서 따온 문장을 쓰지 말라.

6) 선다형

(1) 문항의 형식

선다형은 **문두**와 이에 따르는 세 개 이상의 **답지**로 구성된다.

문두는 대개 의문문이나 불완전문장으로 되어 있다. 이 형식은 문제의 상황이나 조건을 제시해 주는 문항을 읽고 **정답**과 **오답**이 섞여 있는 답지 중에서 정답을 골라내게 하는 방식이다. 답지는 보통 4개로 구성되어 있어 이를 특히 사지선다형이라고 부른다. 그러나 답지가 3개 또는 5개로 구성된 경우도 있다.

1 최선답형

이것은 답지들이 다소간에 알맞은 것인데 그 중에서 '가장 중요한 것' 하나만을 고르게 하는 방법이다.

2 정답형

이것은 하나의 정답만이 절대적으로 옳고 나머지 답은 오답으로 되어 있는데 그 한 개의 정답을 골라내라는 형식이다. 비교적 많이 사용되고 있다.

3 다답형

이것은 정답이 두 개 이상 들어 있어 그것을 모두 선택하게 하는 방식이다. 분명한 정답이 여러 개 있고 그것을 한 문항 속에 담고 싶을 때 사용되는 형식이다.

학생에게는 반드시 답지 중에서 정답인 것을 **'여러 개'** 골라야 한다는 것을 주지시키지 않으면 함정이 될 수도 있다.

4 불완전문장형

이것은 문두가 불완전문장으로 진술되어 있고 답지가 후속하면 완전한 문장이 되는 형식이다.

예컨대,

· 낙타가 샘을 잘 발견하는 것은?
ㄱ. 물을 좋아하기 때문이다.
ㄴ. 물냄새를 잘 맡기 때문이다.
ㄷ. 저수포가 있기 때문이다.
ㄹ. 눈이 예민하기 때문이다.

5 부정형

이것은 정답이 몇 개 있을 때에 정답이 아닌 것, 즉 위인 것 하나를 고르게 하는 방식이다.

예컨대,

· 선택형 문항에 포함되지 않는 것은?
ㄱ. 진위형　　ㄴ. 배합형
ㄷ. 선다형　　ㄹ. 완결형

· 국민의 의무가 아닌 것은?
ㄱ. 교육　　ㄴ. 국방
ㄷ. 노동　　ㄹ. 납세

2 대입형

이것은 표현방법의 정확성, 유효성 등을 측정하는 데 사용된다. 문장 중의 일부를 틀리게 진술해 놓고 거기에 어떤 것을 대입시키면 좋을지를 물어 보는 방식이다.

예컨대,

1) She lived to Pusan.
ㄱ. in ㄴ. on ㄷ. for ㄹ. with
2) 어디선가 멀리서 힘차게 울려오는 종소리
ㄱ. 웅장하게 ㄴ. 처량하게 ㄷ. 은은히 ㄹ. 조용히

7 합답형

이것은 정당한 조합을 요구하는 방식이다. 정답의 답지가 많을 때 사용된다.

예컨대,

· 중앙치가 사용되는 경우는?
ㄱ. 분포의 순서상의 위치를 알고 싶을 때
ㄴ. 분포가 편포되어 있을 때
ㄷ. 분포가 정상분포일 때
ㄹ. 신뢰로운 대표치를 구할 때
① ㄱ, ㄴ, ㄷ ② ㄱ, ㄴ ③ ㄴ, ㄷ ④ ㄷ, ㄹ

8 기호형

이것은 정답을 그대로 기입해 두면 너무 정답이 들어나게 될 때에 정답의 명백성을 조금 감추고 싶을 때 쓰이는 방식 이다.

예컨대,

· Thurston의 군집요인설에 등장하는 요인이 아닌 것은?
ㄱ. D ㄴ. M ㄷ. N ㄹ. P

9 다답완성형

이것은 앞에서 들은 합답형과 기본적으로 같은 것인데, 고정된 틀을 만들고 그것으로써 모든 문항을 통일시키는 방식이다.

지시

다음 각 문제에는 하나 또는 몇 개의 답지가 정답이다. 어느 답지가 옳은지를 결정하고 다음 요령에 의하여 답을 답안지에 표시하여라.

· 만일 ㄱ, ㄴ, ㄷ 셋이 옳으면 ………… 1
· 만일 ㄱ, ㄴ이 옳으면 ………… 2
· 만일 ㄴ, ㄹ이 옳으면 ………… 3
· 만일 ㄹ만이 옳다면 ………… 4
라고 하시오.

· 진보주의 교육사상의 특징이 되는 것은?
ㄱ. 아동중심 교육
ㄴ. 흥미중심 교육방법
ㄷ. 지식중심 교육
ㄹ. 장래 생활의 준비 교육

(2) 문항작성의 요령

① 문두는 직접 **질문형**이거나 **불완전문장**으로 제시하라. 문항의 뜻이 명확하다는 입장에서 볼 때 일반적으로 직접적인 질문형식이 좋다.

② 불완전문장으로 문두를 제시할 때에는, 그 자체가 의미있고 직접질문을 암암리에 표명하는 것이라야 하고, 아무 상관없는 진위형식의 문장을 주워 모은 것에 연결하지 않도록 하라.
예컨대,

나쁨 : 한국은
ㄱ. 1억의 인구를 가지고 있다.
ㄴ. 석유를 많이 생산하고 있다.
ㄷ. 농토가 국토의 8할을 차지한다.
ㄹ. 반만 년의 역사를 가지고 있다.

좋음 : 한국인이 가장 많이 종사하고 있는 산업은?
ㄱ. 수산업　　ㄴ. 임업
ㄷ. 공업　　ㄹ. 농업

③ 답지에서 계속적으로 반복되는 말은 문두에 넣어 답지의 표현을 간결하게 하라.

④ 답지는 연대순이나 크기의 정도 등 어떤 논리적인 순서로 배열하라.

⑤ 답지의 중첩을 피하라.

예컨대,

나쁨 : 농작물의 몇 %가 매년 충해를 입고 있는가?
ㄱ. 20% 이하 ㄴ. 30% 이하
ㄷ. 50% 이상 ㄹ. 70% 이상

이 문제에서는 30% 이하라면 20% 이하도 말하는 것이며, 50% 이상이라면 70% 이상도 말하는 것이 된다. ㄱ이 맞으면 ㄴ도 맞는 것이 되며 ㄹ이 맞으면 ㄷ도 맞는 것이 되어 결국은 이자택일의 문제가 되고 만다.

좋음 : 농작물의 몇 %가 매년 충해를 입고 있는가?
ㄱ. 약 10% ㄴ. 약 20%
ㄷ. 약 30% ㄹ. 약 40%

⑥ 문두의 길이는 일반적으로 답지의 길이보다 길게 만들라.

예컨대,

나쁨 : 한국은
ㄱ. 많은 식민지를 가진 나라다.
ㄴ. 반만 년의 역사를 지녔다.
ㄷ. 아시아에서 가장 후진국이다.
ㄹ. 유목민이 많은 나라이다.

좋음 : 한국에서 가장 높은 산 이름은?
ㄱ. 한라산 ㄴ. 지리산
ㄷ. 백두산 ㄹ. 태백산

⑦ 특수한 경우를 제외하고는 문두를 부정문으로 하지 말라.
⑧ 문두에는 정답을 할 수 있는 충분한 근거와 정보가 주어졌는가를 검토하라.
⑨ 가능한 복잡한 말 대신에 그림, 도표, 수표 등을 사용하여 문항을 만들도록 하라.
⑩ 답지의 길이는 비슷하게 만들라.
⑪ 답지에는 반드시 타당한 정답 또는 최선의 답이 들어 있도록 하라.

7) 객관식 검사의 장단점

(1) 장 점

일반적인 장점은 다음과 같다.
① 채점의 객관성, 신뢰성이 높다.
② 주관식 검사에 비해 보다 광범위한 내용의 표집을 통하여 학생의 성취도를 평가할 수 있다.
③ 채점의 통계적 분석이 쉽다.

1 단답형과 완결형의 장점
① 교수목표에 따라 어떤 사실의 회상을 요구하는 경우에 도움이 된다.
② 문항제작이 쉽게 이루어지는 장점이 있다.
③ 비교적 광범위한 학습내용을 표집할 수 있다.

2 배합형의 장점
① 배합형은 용어, 정의, 연대나 일자, 사건 등의 단순한 지식수준을 평가하는 데 적절하다.
② 두 가지 또한 그 이상의 문항간의 관련성을 파악하고 있는가를 측정하

는 데 도움을 준다.

③ 진위형이나 선다형처럼 기계적으로 채점될 수 있으며, 손으로 직접 채점하더라도 주관식 검사보다는 시간과 노력이 훨씬 적게 든다. 또한 누구에게나 채점을 시킬 수도 있다.

[3] 진위형의 장점

① 진위형은 평가영역상의 용도가 다양하다. 즉, 문항이 신중히 만들어지면, 사실적인 지식, 이해력, 응용력, 문제해결, 추론 등의 측정에 도움이 된다고 한다.

② 독해력이 낮은 초등학교 저학년이나 독해력이 부족한 학생에겐 매우 효과적이다.

③ 주어진 시간 안에 다른 객관식 검사형보다 더 많은 양의 교과문제를 언급할 수 있다.

학생들이 보통 선다형 문제 2개를 푸는 시간에 진위형 문제는 3개를 답할 수 있다.

④ 시험시간 단위당 신뢰도는 매우 높게 나타난다.

⑤ 모든 내용영역의 측정에 사용될 수 있다.

[4] 선다형의 장점

① 선다형은 사실적인 회상뿐만 아니라 학생들의 비판력, 판단력 및 자신을 정확하게 효율적으로 표현하는 능력까지 측정할 수 있다.

② 기계, 사무직원, 조교까지 물론, 심지어 학생 자신에 의해서도 정확하게 빨리 채점할 수 있다.

③ 검사문항의 난이도는 답지의 동질성의 정도의 변경에 의해서 조절통제될 수 있다.

④ 진위형에 비해, 선다형은 우연에 의한 정답의 가능성, 즉 추측에 의해 정답을 고를 확률이 상대적으로 적다.

⑤ 만일 학생들이 그들이 아는 대로만 답하게 된다면 선다형은 교사들에게 가치 있는 진단적 정보를 제고할 수 있게 된다.

교사는 이런 정보에 의해서 학습의 결손을 치료할 수 있을 것이며 다음 단계를 위한 학습처방을 내리는 데 기준자료로 활용할 수도 있다.

⑥ 선다형은 항상 진위형보다 한 개의 문항당 **검사신뢰도**를 크게 높여 준다.

⑦ 선다형은 진위형문항보다 쉬우며 학생들이 더 좋아하는 경향이 있다.

⑧ 선다형은 모든 선택형 객관식 문제 중 **답지형식**이 가장 자유로운 방식이다.

(2) 단 점

① 일반적으로 자기 표현력이나 사고력 특히 **고등정신능력**을 평가의 목적으로 하는 경우에는 부적당하다. 즉, 자기의 능력을 문장으로 표현함으로써만, 행동의 증거를 나타낼 수 있는 교육의 목적의 평가에서는 반응의 자유가 없고 오직 선택만 하게 되는 객관식 검사의 사용은 부적당하다고 하겠다.

② 객관식 검사는 주관식 검사에 비하여 문항을 제작하는 데 상당한 시간과 노력이 요구된다.

주관식 검사문항은 시험보기 전일 혹은 시험시간 직전에도 출제할 수 있겠지만 객관식 검사의 문항을 제작할 때에는 충분한 시간을 두고 숙고해서 만들지 않으면 십중팔구 반드시 빈약한 나쁜 문항이 작성되고 만다.

③ 추측요인을 제거하기 힘들다.

객관식 검사는 주어진 답에서 선택을 하기 때문에 **추측요인**이 작용하기 쉽다. 정답을 모르고서도 아무렇게나 선택한 답이 정답일 가능성을 완전히 배제하기란 힘든 것이다. 극단적으로 대학에서의 객관식 검사

문제를 초등학교 1학년 학생이 모든 답지의 ①번 답지를 정답으로 고르더라도 0점은 나오지 않을 것이다. 이것이 객관식 검사의 큰 단점인 것이다.

1 단답형과 완결형의 단점

① 하나의 단어, 문구, 기호, 숫자 등으로 대답할 수밖에 없기 때문에 질문이 제한된다.
② 하나의 답만을 정확히 요구하기 때문에 종합적이고 해석적인 능력을 표현할 것을 요구하는 문제는 불가능하다.
③ 고도로 특수한 사실들(연대, 인명, 장소, 단어)의 측정에 지나치게 사용하다보니 학생들에게 기억중심의 나쁜 학습습관을 배양하기 쉽다.
④ 재점에 어느 정도 주관적 판단이 개입될 여지가 있다.

2 배합형의 단점

① 단순한 지식수준의 측정에는 알맞지만, 이해, 적용 등의 상위수준의 학습결과를 측정하기가 어렵다.
② 사전에 충분한 주의를 주지 않으면, 배열항목들은 학생들에게 연상보다 기억을 조성하기 쉽다.
③ 때로는 배합형에 적절한 동질성을 가진 일련의 내용 구성이 쉽지 않다.

3 진위형의 단점

① 학생의 점수가 추측요인의 작용으로 그날의 운에 따라 크게 좌우된다.
② 객관식 검사 중 검사문항의 **내적 합치도**가 가장 낮다.
③ 커닝하기 쉽고 시험준비를 약화시키기 쉽다.
④ 선다형에 비해 **문항변별력**을 저하시키기 쉽다.
⑤ 다른 객관식 검사보다 그 의미가 불명료하여 학생이 잘못 해석할 가능성이 크다.

4 선다형의 단점

① 선다형은 그 제작이 어렵다. 오답을 그럴듯하게 만들어 정답처럼 느껴지게 만드는 것은 많은 경험과 기술을 요한다.

② 객관식 검사의 선택형 중 학생이 답하는 데 가장 시간이 많이 걸리며, 특히 답지간의 엄밀한 구별을 요구하는 경우에는 더욱 그렇다.

수업목표의 평가기법

CHAPTER 09

1. 지적 행동의 평가
2. 정의적 행동의 평가

1. 지적 행동의 평가

교육평가학자들은 수업목표를 진술하는 여러 가지 방법을 제안하고 있다. 목표에 관한 일반적인 정보원은 교육목표의 분류법이다. 교육목표를 분류함으로써 수업목표를 명세화하여 전달하고 평가하는 데 도움이 된다. 이 분류법은 교육의 목표를 분류하고 목표를 전달하고 목표 사이의 관계를 이해하는 수단으로 유용하다.

이와 같은 분류는 지적 영역(cognitive domain), 정의적 영역(affective domain), 그리고 운동기능적 영역(psychomotor domain)으로 나누어 개발되었다. 지적 영역은 B. S. Bloom에 의해서, 정의적 영역은 D. R. Krathwohl 등에 의해서 연구되었다. 운동기능적 영역에서의 목표에 관한 종합적 분류는 완성되었다고 할 수는 없어도, E. J. Simpson 그리고 그 밖에 여러 사람에 의해서 체계적인 분류가 시도되었다. 특히 지적 영역은 복합성의 원리(principle of complexity)를, 정의적 영역에서는 내면화의 원리(principle of internalization)를 주로 살려 행동형을 분류하고 있다.

Bloom에 의하면 지적 영역은 "지식의 재생과 재인, 그리고 지적 능력과 사고기능의 개발을 다루는 목표를 포함한다." 이 영역은 학습자가 지식을 습득하고 사용하는 행동에 초점을 두고, 단순하고 구체적인 행동으로부터 복잡하고 추상적인 행동에 이르기까지 위계적인 순서로 되어 있는 여섯 단계로 분류되고, 이들 여섯 단계의 목표는 다시 더 세분되어 있다.

지적 영역 분류의 요약을 〈표 9-1〉에 소개한다.

표 9-1 교육목표의 지적 영역 분류의 요약

1.00 **지식**(knowledge) : 특수한 것과 보편적인 것의 재생, 방법과 과정의 재생, 양식 · 구조 · 장면 등의 재생을 포함한다.
- 1.10 특수한 것에 관한 지식(knowledge of specifics)
- 1.11 용어에 관한 지식(knowledge of terminology)
- 1.12 특수한 사실에 관한 지식(knowledge of specific facts)
- 1.20 특수한 것을 다루는 방법과 수단에 관한 지식(knowledge of ways and means of dealing with specifics)
- 1.21 형식에 관한 지식(knowledge of forms)
- 1.22 경향과 연계에 관한 지식(knowledge of trends and sequences)
- 1.23 분류와 유목에 관한 지식(knowledge of classification and categories)
- 1.24 준거에 관한 지식(knowledge of criteria)
- 1.25 방법론에 관한 지식(knowledge of methodology)
- 1.30 보편적인 것과 추상적인 것에 관한 지식(knowledge of the universals and abstractions in a field)
- 1.31 원리와 통칙에 관한 지식(knowledge of principles and generals)
- 1.32 이론과 구조에 관한 지식(knowledge of theories and structure)
- 1.33 지적 능력과 기능(intellectual abilities and skills)

2.00 **이해력**(comprehension) : 이해(understanding)의 최하위 수준을 나타낸다.
- 2.10 변환(translation)
- 2.20 해석(interpretation)
- 2.30 추론(extrapolation)

3.00 **적용력**(application) : 특별하고 구체적인 장면에 추상적인 것을 활용하는 것.

4.00 **분석력**(analysis) : 사고의 위계적 관계를 명확히 하거나 추상적인 관계를 명백히 하기 위해서 하나의 정보를 그 구성요소나 부분으로 분해하는 것.
- 4.10 요소의 분석(analysis of elements)
- 4.20 관계의 분석(analysis of relationships)
- 4.30 조직원리의 분석(analysis of organizational principles)

5.00 **종합력**(synthesis) : 하나의 전체를 형성할 수 있도록 요소나 부분을 종합하는 것.
- 5.10 독특한 정보의 구성(production of a unique communication)
- 5.20 계획의 작성 혹은 조작의 창안(production of a plan or proposed set of operations)
- 5.30 일련의 추상적 관계의 도출(derivation of a set of abstract relations)

6.00 **평가력**(evaluation) : 주어진 목적을 위하여 자료와 방법의 가치를 판단하는 것.
- 6.10 내적 증거에 의한 평가(judgments in terms of internal evidence)
- 6.20 외적 준거에 의한 평가 (judgments in terms of external criteria)

1) 지식 및 이해력의 평가

(1) 지식의 정의

Bloom은 인지와 재생에 의하여 아이디어나 자료 또는 사상을 기억해 내는 행동을 지식이라고 정의하고 있다.

학교의 수업에서, 상기하거나 재인할 수 있어야 하는 것으로서 학습하는 많은 특수사항은, 얼마 안가서 잊어버리게 될지도 모르지만, 학습할 당시의 지식은 사상의 해석이나 사상간의 관계를 연결짓는 사고의 발달을 위해서 극히 중요한 것이다.

따라서, 학생들 속에서 무엇이 일어나고 있는지 알기 위해서, 기초적인 지식에 관한 평가는 지극히 바람직한 것이다. 특정사실의 상기에 관한 평가는 총합적 평가보다는 형성평가의 기능에 속한다. 즉, 학습곤란이나 다음의 지도에 관한 추정을 위해서 학생들이 일정한 용어나 사실이나 방법을 상기할 수 있는지 없는지에 관한 정보를 필요로 하기 때문이다.

(2) 이해력의 정의

Bloom의 「교육목표분류학 : 핸드북Ⅰ : 인지적 영역」에 나타나는 도식에 의하면, '이해'라고 불리우는 분류목은 '지식'의 분류목을 넘어선 첫 단계의 인지적 수준으로서 세 가지의 서로 다른 조작으로 정의하고 있다.

① 이해력의 첫 번째 수준 : 변환

개인이 어떤 자료를 원래와는 다른 언어, 용어 및 다른 형태의 자료로 바꾸어 놓을 수 있는 능력으로 정의된다. 여기서는 기지의 개념이나 전달내용을 다른 말로 바꾸거나, 어떤 종류의 기호표시법을 다른 표시법으로 대체시키는 과정이 포함된다.

[2] 이해력의 두 번째 수준 : 해석

이것은 어떤 전달내용의 개개의 부분을 인지하는 수준을 넘어서서 부분간의 내적 관련성을 보는 능력으로 정의된다. 이는 자료를 아이디어들의 구성체로 보고 이를 다루는 능력이 포함된다. 학생들의 해석하는 행동의 증거는 개개학생이 해놓은 추리, 개괄, 요약 등에서 찾아볼 수 있다.

여기에서 정의된 해석은 분석력과는 다르다. 분석력에서는 의사소통의 형식, 조직, 효율성 및 논리 등에 중점을 두는 것이다.

해석의 본질적인 행동은 자료가 주어졌을 때 학생들이 거기에 포함된 주된 뜻을 발견하고 이해하며 그들간이 상호관계를 해석하는 행동이다.

[3] 이해력의 세 번째 수준 : 외삽 또는 추론

이것은 전달을 받는 사람이, 그 전달내용이나 전달되는 자료 자체를 넘어서 확장 해석한다든가, 원래의 내용이나 자료 안에는 분명히 포함되지 않은 사태나 문제에도 결과에 관한 의견을 내려보는 능력이라고 정의된다. 외삽은 이해와 매우 흡사하지만, 전달내용 자체의 한계를 뛰어넘는다는 점에서 다르다.

(3) 문항의 제작

여기서는 몇 가지의 주요 문항형식을 예시하고 이에 알맞은 평가행동이 어떤 것인지를 시사하고자 한다.

[1] 지식목표의 문항 예

① 삼각형의 합동조건을 말하라.

② 기체의 온도, 압력, 부피의 관계를 나타내는 법칙을 기술하라.

③ 한국의 초대 대통령의 이름은 (   )이다.

④ 미국의 초대 대통령은 누구인가? ················ (　　　)

ㄱ. 제퍼슨　　ㄴ. 와싱턴　　ㄷ. 잭 슨　　ㄹ. 메디슨

⑤ 왼쪽에 열거한 각 책의 저자를 오른쪽에서 고르고, 그 기호를 책명의 앞에 있는 빈 칸에 기입하라. 단, 한 사람의 작자가 여러 개의 작품을 쓸 수도 있고, 해당되는 작품이 없을 수도 있다.

(　　　) 1. 에 밀　　　　　　a. Fröbel
(　　　) 2. 백조의 노래　　　b. Rousseau
(　　　) 3. 아동의 세기　　　c. John Dewey
(　　　) 4. 학교와 사회　　　d. Ellen Key
(　　　) 5. 민주주의와 교육　e. Herbart
　　　　　　　　　　　　　　f. Pestalozzi

2 이해력 목표의 문항 예

① 교육연구법의 강의를 들을 때, '가설', '과학적 방법', '과학적 태도' 등의 술어를 자주 들을 수 있다. 이들 각 술어가 의미하는 바를 일상 경험에 비추어 여러분 자신의 말로 차례로 기술하시오.

② 중 3학년에게 중 1 문제로 시험이 실시되었다. 시험성적 결과는 다음 중 어떤 분포로 나타나리라고 생각하는가?

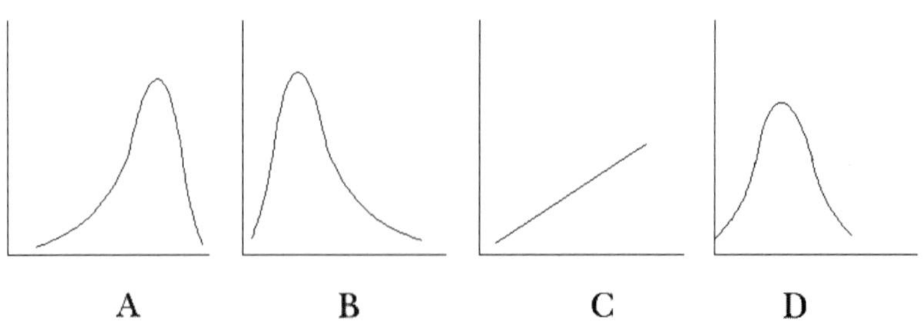

2) 적용력 및 분석력의 평가

(1) 적용력의 정의

적용력이란 Bloom에 의하면 특정의 구체적 장면에 있어서의 추상개념의 사용능력이라고 정의된다. 추상개념은 일반적 관념, 절차상의 규칙, 또는 일반화된 방법의 형태를 취한다. 추상개념은 또한 기억되고 적용되어야 하는 기술상의 원리나 관념이나 학설일 수도 있다.

따라서 적용력이란 응용된 방법, 원리 학설, 추상개념에 관한 이해력을 요구하는 능력이라고 정의할 수 있다. 교사들은 흔히 "만약 한 학생이 어떤 것을 정말 이해하고 있다면 그는 그것을 적용할 수 있다"고 말한다. 학생이 어떤 추상개념의 사용법이 자세히 주어졌을 때에만 그것을 사용할 수 있다면 그것은 '이해력'일 것이고, 그가 해결방안이 구체적으로 주어지지 않는 상태에서 그 추상개념을 정확히 사용할 수 있을 때 그것은 '적용력'인 것이다. 즉, '적용의 능력'은 적절한 훈련이나 연습이나 또는 그 밖의 조력에 의하여 학생들이 새로운 문제나 사태의 원리나 일반화를 적용할 수 있게 되는 것을 의미한다.

(2) 분석력의 정의

'분석력이란' 관념들의 상대적 위계구조가 관념간의 관계가 분명해지도록 어떤 전달내용을 그 구성요소나 부분으로 분해하는 능력이라 정의된다. 분석을 통하여 전달내용이 명확히 되며, 그것이 어떻게 구성되어 있는지 그것의 기초와 배열은 어떻게 되었는지, 전달의 효과를 높이기 위하여 어떤 수단이 취해지고 있는지를 밝혀 볼 수 있다.

문제, 전달내용, 문제에의 접근방법 등을 분석하는 능력은 지식과 이해력과 적용력을 필요로 할 뿐만 아니라 그 이상의 것을 요구하는 복잡한 능력이다.

수업목표로서의 분석력은 세 가지 수준으로 나눌 수 있다.

첫째의 수준에서는 학생이 자료를 구성부분으로 나누고 자료의 요소를 발견하고 분류하기를 기대하는 것이다.

둘째의 수준에서는 요소간의 연결과 상호관계를 결정하는 것이다.

셋째의 수준에서는 자료를 전체로서 묶고 있는 조직원리, 즉 배열과 구조를 인지하는 능력이 포함된다.

이러한 분석력은 초등학교의 수업목표 속에서는 거의 발견할 수 없지만 중등교육 이상의 수준에서는 상당히 보편적으로 나타난다.

(3) 문항의 제작

적용력 목표평가를 위한 문제 제작의 필요 조건은 다음과 같다.

첫째, 문제사태는 반드시 새롭고 미지의 것이어야 한다. 수업에서 사용된 것과는 어떤 모양으로 색다른 것이어야 한다.

둘째, 문제의 해결은 적절한 원리나 일반화의 사용에 의하여 부분적으로나마 가능해야 한다.

[1] 적용력 목표의 문항 예

▸ 경제를 안정시키는 유일한 수단으로써, 은행정책이나 금융정책을 적용하는 경우에 일어나기 쉬운 약점을 말하고 있는 것은 어느 것인가? 2개의 답을 골라라.

A. 금융정책은 투자자본의 실제의 수익률에 영향을 주지 않는다.

B. '저금리'정책은 비관적인 기업가나 세대주의 예금을 장려하기에 충분치 못하다.

C. 인플레이션의 경향은 고용이나 경기의 상태가 만족스러운 수준에 도달하기 이전부터 시작된다.

D. 전체 유효수요의 누적적 변화의 원인으로써, 자금유통 속도에 비하여 자금량은 중요하지 않다.

E. 채권자는 인플레이션 정책을 추진하도록 정치적 압력을 가하려고 하며, 채무자는 디플레이션화하려고 노력한다.

2 분석력 목표의 문항 예

분석력 목표 평가를 위한 문항제작에 있어서 꼭 유의해야 할 점은 분석되어야 할 문제사태, 문헌자료 등이 반드시 새롭고 생소하며, 수업에서 사용된 것과는 어떤 점에서든 달라야 한다는 점이다.

▸ 다음 글을 읽고 물음에 답하라.

> 대학생들이 두 개의 성적 표시법의 상대적인 장단점을 논의하고 있었다. 종래 사용해 오던 A-B-C-D-F 제도보다 가부만을 쓰는 것이 좋다는 설이 나왔다. 한 학생이 다음과 같이 말했다.
>
> "사람들이 대학에 가는 것은 배우러 가는 것이지 학점을 따러 가는 것이 아니다. 학점은 학습한 정도를 절대적으로 나타내는 것이 아니고 단지 상대적이고 대개는 우연이나 확률(추측, 선다형 문제 등에서)에 의하여 결정된다. 학생은 교수보다 자기가 얼마나 잘 알고 있는가를 더 잘 판단할 수 있다. 그러므로 가부제도가 학점간의 차이를 줄이고 그 학생이 어떻게 했는가를 더 잘 설명해 주니까 더 좋다고 생각한다."

(ㄱ) 이 주장에 포함되어 있으면서 언급되지 않은 중요 가정은?

① A-B-C-D-F제의 정확성은 현저하게 개선될 수 없다.

② 사람들은 배우러 대학에 간다.

③ 학생은 교수보다 자기가 얼마나 잘하고 있는가를 더 잘 판단할 수 있다.

④ 가부제도가 더 좋다.

⑤ 학점이 중요한 것은 아니다.

(ㄴ) 이 학생이 주장한 결론은?
① 학점제도를 없애야 한다.
② 학생들은 학점에 무관심하다.
③ 학생들 스스로 학점을 정해야 한다.
④ 지금 제도 대신에 새로운 성적 표시제가 채택되어야 한다.
⑤ 현재의 성적 표시제가 새로 제안된 대안보다 좋다.

(ㄷ) 이 결론은 근원적으로 다음 어떤 전제에 의하여 성립되는 것인가?
① 사람들은 단지 학점을 따기 위하여 대학에 다니는 것은 아니다.
② 학생은 자기가 얼마나 잘 했는가를 가장 잘 판단할 수 있다.
③ 학점은 학생이 공부한 것을 나타내는 지표로서는 아주 부정확하다.
④ 현 성적 표시법이 다른 것보다 더 좋다.
⑤ 학점을 정하는데 선다형 검사가 사용되고 있다.

3) 종합력 및 평가력의 평가

(1) 종합력의 정의

Bloom에 의하면 종합력이란 여러 개의 요소나 부분을 전체로서의 하나가 되도록 묶는 능력을 의미한다. 이것은 이전까지는 분명치 않았던 어떤 하나의 구조나 형태가 되도록 여러 가지 요소나 부분 등을 종합하는 과정을 말한다. 종합력은 **확산적 사고**(수렴적 사고의 반대)의 한 종류로서 세 가지 수준으로 나누어 볼 수 있다.

첫째 수준은 독창적인 의사전달 내용을 산출하는 능력이다.

종합력이 작용되어 만들어진 어떤 결과는 그 개인이 자기의 아이디어, 감정 및 경험을 타인에게 전달하는 데 있어서 허용되는 범위가 독특한 것이기 때문에 확산적 사고의 형식을 갖게 되는 것이다.

둘째 수준의 종합력이란 계획 및 조작절차의 창안 능력이다.

어떤 작업의 계획을 짜내는 일은 종합하는 행동으로 구성되며, 계획이 짜여진 후에 일어날 일은 또다른 문제이다. 절차의 계획 또한 독창적인 것을 만들어 내는 생각이나 결과를 만들어 내는 능력이다. 따라서 계획이나 절차를 과제가 요구하는 대로 만들어 내는 능력은 확산적 사고로 분류된다.

셋째 수준은 추상적 관계의 추출 능력이다. 이것은 곧 어떤 특정 자료나 현상을 분류하거나 설명할 수 있는 일련의 추상적 관계를 찾아내는 능력을 의미한다.

(2) 평가력의 정의

평가력이란 어떤 목적으로 가치나 아이디어, 작품, 해답, 방법, 소재 등에 관한 판단을 내리는 것이라고 정의할 수 있다.

평가력에는 또한 어떤 특수사상들이 얼마나 정확하고 효과적이고, 경제적이고, 만족스러운가를 판단하는데 준거와 표준을 활용하는 행동도 포함된다.

판단은 양적인 것일 수도 있고, 질적인 것일 수도 있으며 그 준거는 학생들이 결정할 수도 있고 그들에게 주어진 것일 수도 있다.

평가의 형태는 **내적 증거**에 의한 판단과 **외적 준거**에 의한 판단의 두 가지로 나누어 볼 수 있다.

전자는 대개 일관성, 논리적 정확성, 내적인 결함의 유무 등으로 판단되는 작품의 정확성 검증과 관련된 것이며, 후자는 합당한 목표나 이러한 목표를 달성하는 특정한 수단의 적절성을 고려함으로써 얻을 수 있는 외부적인 표준이나 기준에 근거를 둔 평가이다. 특히 후자의 경우엔, 특정한 현상과 다른 현상을 비교할 때의 기준가 같은 특정의 기준의 사용도 포함된다.

(3) 문항의 제작

1 종합력 목표의 문항 예

종합력 평가문항을 제작함에 있어선 ① 학생들이 과제나 문제를 스스로 설정할 수 있거나 또는 문제의 재정의에 있어서 상당한 자유를 가질 수 있어야 하며, ② 종합의 결과로서 성과는 평가대상이 되고 있는 특정수업 목표에 알맞은 것이어야 하고, ③ 최종적 성과의 적절성은 과제를 달성하는 방법의 적절성을 나타내는 증거 등에 의해서 평가되도록 유의함이 필요하다.

▸ 다음 시를 음악으로 작곡하시오.

(a) 단순선율로 작곡하시오.

(b) 단순조의 베이스로 작곡하시오.

(c) 두 개의 조성으로 작곡하시오.

▸ 다음 시의 2절을 써 보시오.

물고기처럼
인간은 수영할 수 없다.
고난의 길을 걷는

▸ 한국에 있어서의 사유재산제도의 미래에 있어서, 그 제한되어야 할 측면에 관한 글을 써라. 사적 소유의 어떤 형태를 지지하는 것으로도 또는 비판하는 것으로도 좋지만, 다음과 같은 사항을 반드시 고려하며 써야 한다.

① 지지 또는 비판하려고 하는 소유양식의 도덕적 기반이나 사회적 영향을 반드시 논할 것. 예컨대, 어떤 것에 대한 자기소유를 주장하기 위한 최

종적 권리는 무엇이며, 그 권리는 어떻게 달성되며, 보호되며 제한되어야 할 것인가? 그와 같은 정책이 사회에 끼치는 영향은 무엇인가?

② 찬성 및 반대의 논의는 반드시 당신의 주제와 관련되어야 한다. 자신의 입장을 전개하는 과정에서, 그것을 지지하는 논의는 이용하되, 반대되는 논의는 배제할 것.

③ 당신의 경험이나 관찰, 또는 독서로부터 얻은 사유재산권에 관한 예를 하나 이상 들고, 당신의 이론적 입장을 예증하여야 한다. 예컨대, 다음과 같은 예를 들 수 있다. 사유재산, 자기소유가옥, 독립 또는 협동조합제의 상점, 은행이나 광산이나 철도의 국영화 등.

④ 논문의 형식은 반드시 주장의 형식을 취할 것. 자신의 의견을 다만 주장히지만 말고, 지지 또는 비판의 이유를 들며, 논리적으로 전개할 것.

⑤ 논의는 명쾌하고 흥미 있어야 하며, 이 논문의 독자들이 받아들일 수 있는 것이어야 한다. 마음 속에 생각하고 있는 독자의 특성을 간단히 여백에 기술할 것.

논문은 반드시 잘 조직되어야 한다. 위에서 열거한 사항을 그대로 이 글의 개요로 사용해서는 안 되지만, 그것을 무시해도 안 된다.

이 논문 속에 표시되는 의견의 내용 자체는 채점과 관계가 없다. 논문은 학생의 이름을 떼어낸 뒤, 담당교수가 채점하게 된다.

2 평가력 목표의 문항 예

▶ 물리학이나 화학은 기초과학이며, 천문학이나 지학은 응용과학이다라고 흔히 말한다. 이 말의 해석으로써 다음의 어느 것이 적절한가?

A. 물리학과 화학은 증명된 법칙이라고 하는 확고한 기초 위에 서 있다. 천문학이나 지학의 대부분은 순수한 지식이다.

B. 천문학이나 지학이 발전하는 데에는 물리학이나 화학의 이용이 필요하다. 그 역은 진이 아니다.

C. 천문학이나 지학의 모든 주관은 물리학과 화학의 법칙이나 방법으로부

터 도출된다.

D. 물리학과 화학은 천문학과 지학보다도 인간의 활동에서 보다 기본적이고 중요하다.

▶ A명제 : "다른 어떤 경우에도, 가설로부터 현상을 연역할 수 있다는 것이 그 해설의 진실성의 증거가 될 수는 없다."

B명제 : "연역적 사고의 가설인 그 학설은 귀납적 과정의 추론에 해당한다. ……그래서, 이런 방식으로 연역이 귀납을 확립하는 사실로부터 얻은 원리는 진실이다.

왜냐하면, 엄격한 증명을 통해서 사실이 원리로부터 연역될 수가 있기 때문이다."

▶ 두 명제의 대립점은 무엇인가?

a. 단순히 표현상의 것이다.

b. (A)에서 시사된 현상과 원인간의 차이에 있다.

c. 감각과 지성의 관계에 관한 기초적인 사고의 차이에 있다.

d. 연역적 진실과, 관찰되지 않은 경우의 예측과의 관계에 관한 기초적인 사고의 차이에 있다.

e. "발견의 과학"에서의 증명의 본질과 역할에 관한 기초적인 사고의 차이에 있다.

2. 정의적 행동의 평가

D. R. Krathwohl과 B. S. Bloom에 의해서 개발된 정의적 영역은 흥미,

태도, 그리고 가치에 있어서의 변화와 감상력과 적응력의 개발 등에 관계가 된다. 정의적 영역의 목표는 가치를 체득하는 양태가 가치를 **감지**(awareness)하는 하위수준으로부터 가치를 **내면화**(internalization)하는 최상위 수준으로 이동하는 것이라고 가정하여, 위계적 순서로 되어 있는 다섯 가지 유목으로 분류되고 있다. 즉, 이 연속선 위의 최하위점에는, 학생들이 어떤 현상에 대해서 주목을 하고 단순히 그 현상을 **지각**하는 정도에 그친다. 그 다음 수준에서는, 그 현상에 적극적 **주의**를 기울이고, 세 번째의 수준에서는 그 현상에 대해서 감정을 동반하는 **반응**을 하게 된다. 다시 그 다음의 단계에서는 행동과 감정을 개념화하고 하나의 구조로 **조직**하게 된다. 이 구조가 그의 **인생관**이 될 때 학생은 이 단계의 최고점에 도달하는 것이다. Bloom 등은 이 연속선을 내면화의 과정으로 생각한다. 이를 그 순서에 따라서 배열하면 〈표 9－2〉와 같다.

표 9－2 교육목표의 정의적 영역분류의 요약

1.0 **감수**(receiving) : 어떤 현상이나 자극을 감지하는 것, 즉 현상이나 자극을 수용하고 유의하는 것. 의도된 다른 목표를 습득하기 위한 최초의 결정적 단계.
- 1.1 감지(awareness)
- 1.2 자발적인 감수(willingness to receive)
- 1.3 통제나 선택적 주의집중(controlled or selected attention)

2.0 **반응**(responding) : 현상에 대해서 단순히 감수하는 것 이상으로 능동적으로 반응하는 것. 흥미 목표를 기술하기 위해서 이 유목을 사용한다.
- 2.1 묵종반응(acquiescence in responding)
- 2.2 자발적인 반응(willingness to respond)
- 2.3 반응에 대한 만족(satisfaction in response)

3.0 **가치화**(valuing) : 행동의 지침이 되는 근본적인 가치에 관여되어 동기가 유발되는 것. 이 유목은 태도와 가치에 관한 목표를 기술하는 데 사용한다.
- 3.1 가치수용(acceptance of a value)
- 3.2 가치채택(preference of a value)

3.3 확신(commitment)

4.0 **조직화**(organization) : 하나 이상의 가치가 관계된 상황에서 ① 하나의 체계로 그 가치들을 조직하고, ② 그들간의 상호관계를 결정하고, ③ 지배적인 가치체계를 수립하는 것. 조직된 가치체계가 나타나므로 그 가치들을 개념화하고 위계적 관계를 수립하여야 한다.

4.1 가치의 개념화(conceptualization of a value)

4.2 가치체계의 조직(organization of a value system)

5.0 **가치 또는 복합가치의 인격화**(characterization by a value or value complex) : 가치가 개인의 가치위계 내에 자리를 잡고 있으며, 내적으로 일관된 체계로 조직되고, 이 방향으로 행동을 조정하리만큼 충분한 시간동안 개인의 행동을 통제하고 위협이나 도전이 있는 경우를 제외하고는 그와 같은 행동을 유발하지 않는다. 이미 수용되어 조직화된 가치체계에 따라 일관성 있는 행동을 하리만큼 인격의 일부로 내면화된 상태.

5.1 일반화된 행동 태세(generalized set)

5.2 인격화(characterization)

1) 정의적 목표의 개념과 진술

(1) 감 수

감수(receiving or attending)는 어떤 현상이나 자극의 존재에 대한 감수성이라고 정의할 수 있다. 즉, 현상이나 자극을 받아들이거나 주의를 집중시키려는 행동을 가리킨다. "여러 가지 종류의 음악에 대한 관용성을 기른다."와 같은 것이 이 수준에서의 한 대표적인 목표 예이다.

하위목표별로 예시하면 다음과 같다.

1 감수에 관한 목표

① 자기 주위에 있는 대상과 구조 및 인물, 사물, 사태에 관한 기술적 또는 상징적 표현의 색채, 형태, 배열, 그리고 디자인에 대한 의식을 발달시킨다.

② 자진감수에 관한 목표

② 대화, 전화, 강연에서 다른 사람이 말할 때 주의깊게 듣는다.

③ 타인의 의견을 존경해서 듣는다.

③ 주의집중에 관한 목표

④ 소개받은 사람의 이름을 주의해서 듣고 기억하기

⑤ 여러 가지 자발적인 독서형태를 주의해서 알기

⑥ 시나 산문의 낭독에서 리듬에 귀를 기울이기

⑦ 소설낭독에서 아름다운 단어에 귀를 기울이기

⑧ 인간이 선한 생활을 추구하는데 있어서 예술의 가치를 인식하기

⑨ 신문을 즐겨 읽기

(2) 반 응

반응은 어떤 현상에 대하여 단순히 주의하는 수준을 넘어서는 행동을 일컫는다. 적극적으로 주의를 집중함을 의미하며, 그 현상에 대하여 또는 그 현상과 더불어 무엇인가를 실제로 행하는 것이며, 단순히 지각하는 것이 아니다. 여기서는 "청소년을 위한 잡지나 신문을 자발적으로 읽는다."라는 것이 대표적인 목표의 한 예이다.

하위목표별로 예시하면 다음과 같다.

① 반응에 관한 목표

① 과해진 문학작품을 읽는다.

② 자진반응에 관한 목표

② 토론에서 주제에 흥미가 있을 때는 적절한 질문을 한다.

③ 점차 '청중을 감지하면서' 능동적으로 신중하게 집단토론에 참가한다.
④ 사고를 유발케 하는 질문을 하거나 적절한 정보, 아이디어 등을 내어 놓음으로써 집단토론에 공헌한다.
⑤ 토론을 성공적으로 이끌기 위해 도움을 줄 책임을 맡는다.
⑥ 전화사용에 있어서 타인의 편의를 고려한다.
⑦ 자발적인 독서와 토론을 통해서, 국제적, 정치적, 사회적 및 경제적인 여러 문제에 있어서의 중요한 시사문제를 알게 된다.
⑧ 독서, 실험, 소풍가기 등을 통하여 나타낼 수 있는 과학적인 흥미를 갖는다.
⑨ 인간 행동에 관한 지식원으로서 독서에 대한 흥미를 갖는다.
⑩ 경험을 넓히고 풍부히 하기 위해 광범한 독서를 한다.
⑪ 애완물이나 자기가 관심을 갖고 있는 주제를 다룬 설명서를 자발적으로 찾아본다.
⑫ 오늘날 개인의 사회적 책임 및 경험에 관계가 있는 서적 및 정기간행물을 읽는 데 계속적인 흥미를 갖는다.
⑬ 청소년단 잡지나 신문을 자발적으로 읽는다.
⑭ 학급 또는 학교신문이나 잡지의 제작에 협조한다.

3 만족에 관한 목표

⑮ 각계 각층의 사람들과 이야기를 나누는 데 즐거움을 느낀다.
⑯ 라디오, 텔레비전을 통해 언제나 다양한 연극, 기타 프로그램을 즐긴다.
⑰ 즐거운 여가활동으로서 많은 새 독서영역을 발견한다. 즉 로맨스, 유머, 우정, 가족 관계, 역사 및 전기 등이다.
⑱ 개인적인 교양과 사회적 이해를 위한 수단으로서 지적 그리고 심미적으로 문학을 즐긴다.
⑲ 다양한 주제에 관한 독서를 즐긴다.
⑳ 개인적으로 즐기기 위해서 특히 시를 낭독한다.

㉑ 오락을 위한 독서에 기쁨을 찾는다.

㉒ 오락을 위해 다양한 형태의 독서자료를 즐긴다.

(3) 가치화

가치화에 속하는 행동은, 어떤 현상에 대하여 단순히 무엇인가를 행하는 수준을 넘어선다. 즉, 어떤 현상들을 가치있는 것으로 지각하고, 따라서 그 현상과 관련되는 행동에 일관성을 나타내는 것을 뜻하고 있다. 예컨대, "자기가 중요하다고 생각하는 문제에 관하여 신문사에 편지를 쓴다."는 것이 대표적인 목표의 한 예이다.

1 가치수용에 관한 목표

① 한 현상, 행동, 대상 등에 가치를 부여하는 일에 관심을 갖는다.

② 효과적으로 말하고 쓰는 힘을 기르기를 계속 바라는 것.

③ 지적 토론에 귀를 기울이고, 또 거기에 참여해야겠다는 책임감.

④ 훌륭한 문학작품에 대한 감상의욕을 북돋울 것.

2 가치채택에 관한 목표

⑤ 현행 문예활동에 능동적인 역할을 담당한다.

3 확신(commitment or conviction)에 관한 목표

⑥ 이성의 힘과 실험 및 토의의 방법에 대한 신념이다.

(4) 조직화

조직화란, 가치를 개념화하고, 그 개념을 여러 가치간의 상호 관계를 결정하는 데에 적용하는 것으로 규정된다. 여기서는 "한국사회가 나아갈 방향에 관하여 판단력을 갖기 시작한다."는 것이 한 대표적인 목표예이다.

1 가치의 개념화에 관한 목표

① 전기 및 기타 적절한 문예의 독서를 통하여 자기의 논리적 기준과 개인적 목적을 관계 짓는다.

2 가치체계의 조직에 관한 목표

② 자기의 인생의 목표나 생활에서 우선적 가치를 정립할 수 있는 태도이다.

(5) 가치 또는 복합가치의 인격화

인격화란 가치, 신념, 관념 및 태도를 내적으로 일관성 있는 체계로 조직하는 것을 인격화라고 한다. 이것은 단순히 여러 가치간의 상호 관계를 결정하는 수준을 넘어서서, 그 가치들을 인생철학 또는 세계관으로 조직함을 의미한다. "일관성 있는 인생철학을 정립한다."는 것이 한 대표적인 목표 예이다.

1 일반화된 행동태세에 관한 목표

① 어떠한 특정 순간에 있어서도 태도 및 가치체계에 내적일관성을 부여하는 자세이다.

② 문제를 객관적으로 해결해 가는 습관이다.

③ 증거에 비추어서 판단을 수정하고 행동을 변화하려는 태세이다.

④ 증거를 검토해 본 결과 이전에 가졌던 의견의 수정이 요구될 때에는 그 논쟁점에 관한 자기의 의견을 바꾸는 일이다.

2 인격화에 관한 목표

⑤ 양심적인 행동을 하려는 자세이다.

⑥ 양심적인 행동이 몸에 밴 태도이다.

2) 정의적 행동목표의 평가기법

(1) 면접에 의한 평가 방법

면접법은 교사(면접자)와 학생(피면접자)이 대면하여 행하는 것으로서 구조화된 것과 구조화되지 않는 것으로 구분할 수 있다.

구조화된 면접의 경우에는, 질문의 순서나 표현법이 엄격히 고정되어 있다. 오해가 있을 때나 모호할 때 반문을 하거나, 기준이 충족되었을 때 다른 질문 항목으로 옮긴다든가 하는 경우를 제외하면 교사는 미리 정해진 질문내용 순서로부터, 이탈할 수 없게 되어 있다. 교사가 해야 할 일은 학생에게 질문을 제시하고, 대답을 기록하는 것 뿐이다.

구조화되지 않은 면접법은 실시와 처리에 있어 많은 시간이 걸린다. 보통 이 방식은, 구조화된 항목을 작성할 때의 참고가 되며, 구조화된 면접에서 얻은 자료를 보완하기 위해 사용된다.

이와 같은 면접과정에서는 면접표의 활용이 필수적으로 요청된다.

(2) 자유기술식 질문에 의한 평가방법

자유기술식 질문이란, 반응자가 여러 가지 길이의 문장을 써서 대답해야 하는 질문항목으로 구성되어 있다. 태도, 신념, 활동, 가치 등을 밝히는 데에 효과적인 자유기술식 질문항목을 예시하면 다음과 같다.

① 10,000원이 생긴다면, 나는 ____________________
② 다음 주말이 3시간의 연휴라면, 내가 하고 싶은 것은 ____________________
③ 나의 가장 친한 친구에게 기대할 수 있는 것은 ____________________
④ 내가 가장 우울한 날은 ____________________
⑤ 내가 기다리기 어려운 것은 ____________________
⑥ 나의 자녀들이 할 필요가 없는 것은, ________, 왜냐하면 ____________________

⑦ 나의 기분이 가장 상할 때는______________________________

(3) 투사적 질문에 의한 평가방법

J. W. Getzels와 J. J. Walsh는 반응자가 자신의 정말 신념보다도 좋은 반응을 보이려는 경향을 감소시킬 수 있다는 입장에서 '직접적' 질문항목과 '투사적' 질문항목을 짝지어 병용하는 방법을 제시하고 있다. 직접적 질문항목은 1인칭으로 진술된 항목이며, 투사적 질문항목은 3인칭으로 진술된 항목이다.

직접적 질문에 반응하는 경우 학생은 자기의 반응이 자기노출적이며 다분히 평가적인 성격을 띠고 있다는 점을 의식하고 있다. 그 때문에, 그의 반응은 "사회에 알려도 좋다고 생각되는 행동수준"을 나타내게 된다. 이에 반해서, 투사적 질문은 자신과 직접적인 관련이 없기 때문에, 반응자의 신념을 그대로 측정할 수가 있는 장점이 있다.

예시하면 다음과 같다.

1. 놀다가 유리창을 깨었을 때, 나는 ______________	1a. 놀다가 유리창을 깨었을 때, '갑돌이'는 ______________
2. 부탁을 받게 되면, 나는 언제나 ______________	2a. 부탁을 받게 되면, '차돌이'는 언제나 ______________
3. 시험에서 부정행위를 하다가 선생님께 들키면, 나는 ______________	3a. 시험에서 부정행위를 하다가 선생님께 들키면, '갑순이'는 ______________

(4) "예-아니오"식 질문에 의한 평가방법

독서를 예로 다음과 같은 4개의 정의적 목표를 선정하면 그 내용은 다음과 같다.

① 평생을 통해서 소설과 비소설의 명작을 읽는 습관을 형성시킨다.

② 독서를 지식습득의 도구로 사용한다.

③ 양서를 읽음으로써 안정과 즐거움을 발견한다.

④ 자기의 독서 프로그램을 평가하고 계획하는 일의 중요성을 인식하는 감각을 형성시킨다.

이러한 정의적 독서목표를, 목표분류학의 내면화의 4가지 수준에서 측정할 수 있다. 예컨대, 목표 3인 "양서를 읽음으로써 안정과 즐거움을 발견한다."를, 다음과 같은 질문항목에 의하여, 각각의 내면화 수준을 측정하고 있다. 이 항목에는 "예"와 "아니오"로 대답하게 되어 있다.

1 감 수

· 여러 가지 책에 관한 토론을 위하여 자주 모임을 갖는 클럽에 지금 가입하고 싶은 생각이 있습니까?

2 반 응

· 지치지 않고 적어도 한 시간 정도, 책 읽기를 할 수 있습니까?

3 가치화

· 때때로 독서에 깊이 몰두하여, 당신 주변에서 무엇이 일어나고 있는지를 전혀 모르는 경우가 있습니까?

4 조직화

· 어떤 책이나 기사를 읽음으로써 다른 새로운 취미나 흥미를 갖게된 일이 있습니까?

(5) 강제선택식 질문에 의한 평가방법

목표분류학의 내면화 수준에 따라 정리한 다음의 항목들은 음악의 정의적 목표의 여러 가지 측면을 측정하기 위하여 선택한 강제선택식 질문(그렇다-그렇지 않다)의 예들이다.

1 감 수

① 음악회에 가고 싶은 때가 한 번도 없었다.

② 음악을 듣기 위하여 라디오를 트는 경우가 거의 없다.

③ 만약에 부모나 친구들이 음악을 듣기 위하여 라디오를 켜면, 나는 오히려 그 방을 떠난다.

④ 나의 음악이해력을 높이고 싶은 생각을 해본 적이 한 번도 없다.

⑤ 좋은 음악을 듣기 위하여 시간을 좀 할애하고 싶다.

2 반 응

① 친구와 함께 있거나 파티에 갔을 때, 고전음악을 듣자는 제안을 대개의 경우 환영한다.

② 대단히 좋아하기 때문에, 여러 사람의 다른 음악가들이 연주하는 것을 듣고 싶은 곡이 몇 가지나 있다.

③ 나는 2시간이나 계속해서 음악을 듣는 때가 거의 없다.

④ 나는 적어도 일 년에 한 번은 음악회에 간다.

⑤ 내가 음악회에 간다면, 그것은 대개 다른 사람(부모나 친구들)의 권유에 의해서이다.

3 가치화

① 흔히 음악과 관련된 주제를 가지고 토론을 한다.

② 내가 좋아하는 음악이 있으면, 나는 흔히 친구들에게 그 음악을 들어보라고 권한다.

③ 나는 내 친구들에게 음악 감상 시간을 가져 보라고 여러 번 설득하려고 한 일이 있다.

④ 나는 음악에 관한 기사를 항상 큰 관심을 가지고 읽는다.

4 조직화

① 음악을 들을 때, 나는 언제나 연주의 질을 판단해 보려고 노력한다.

② 같은 음악을 여러 다른 음악가들이 연주하는 것을 비교해 보는 일이 있다.

③ 같은 음악 프로그램을 들은 사람들과 연주의 질에 관해서 의견을 나누기를 좋아한다.

④ 연주에 관한 의견을 형성할 때, 나는 연주자의 기법을 고려한다.

(6) 행동발달 상황에 의한 평가방법

이 문제는 11장에서 독립적으로 다루고자 한다.

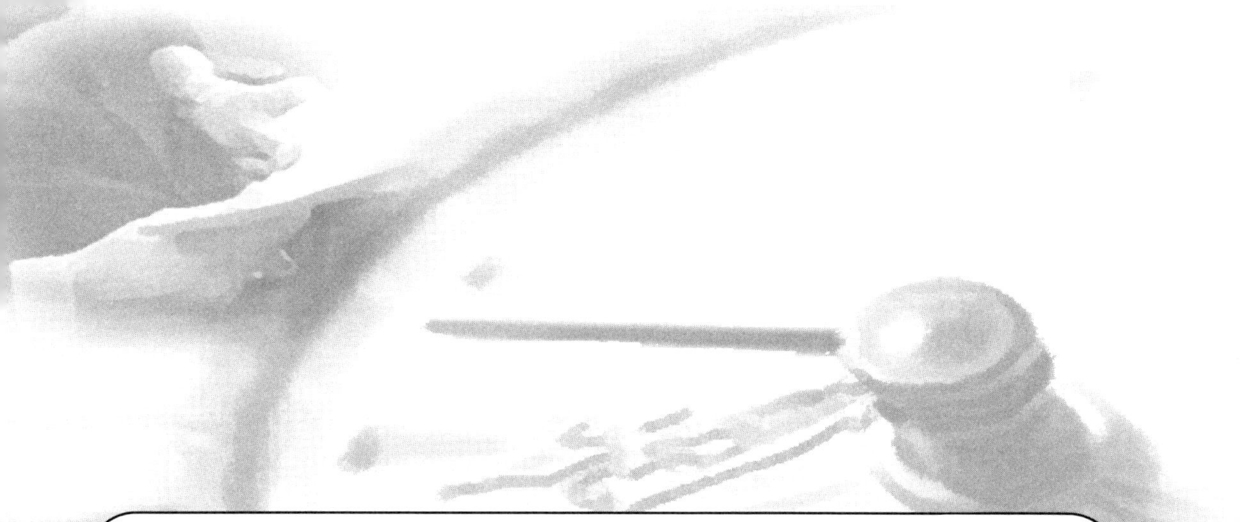

문항양호도 검증과 표준점수

CHAPTER **10**

1. 검사의 실시와 채점법
2. 문항 양호도의 검증법
3. 성적표시법

1. 검사의 실시와 채점법

1) 검사의 준비

(1) 출제문항의 재검토

출제가 끝나면 인쇄에 들어가기 전에 최종적으로 다시 한 번 더 문항제작의 원리에 따라 출제된 문항들을 반드시 재검토하여만 한다.

문항의 재검토시에는 다음과 같은 기준하에 검토되어야 할 것이다.

첫째, 작성된 이원분류표에 합당한 문항인가?

평가목적 이원분류표에 구체적으로 나타나 있는 내용과 행동 중에서 그 어느 부분을 측정하려는 것이 목적이기 때문에 모든 문항은 이원분류표에서 벗어난 문항이어서는 안 된다. 따라서 문항을 제작할 때 어느 부분을 평가하기 위한 것이라는 것을 밝혀 두는게 좋다.

둘째, 각 문항의 난이도는 알맞은가?

각 문항이 검사를 치를 사람에게 적당한 것인가를 검토하기 위해서 또는 문항을 어려운 정도에 따라 배열할 수 있도록 하기 위해서 문항의 난이도에 관한 재검토가 가해져야 한다.

셋째, 문항 중 중복되는 문항은 없는가?

자료해석력을 묻는 복합형 문항에서 문항이 서로 엇갈려 있는 경우가 많다. 또한 한 문항에 나와 있는 정보가 다른 문항을 답하는 데 도움이 될 때도 마찬가지의 문제가 생기기 때문에 재검토 과정에서 조절해야 한다.

(2) 문항편집

제작 검토된 문항들은 편집을 통해서 비로소 하나의 검사로 구성된다.

편집시의 유의사항은 다음과 같다.

첫째, 문항을 문항 난이도에 따라 배열하라.

문항배열은 쉬운 문항부터 어려운 문항순서로 배열하는 것이 바람직하다. 이렇게 함으로써 수검자는 어려운 문제에 막혀 뒷문항은 손도 대지 않고 포기해 버리는 일을 예방할 수 있다.

둘째, 가능한 한, 문항형식이 같은 문항들을 같이 묶어라.

선다형은 선다형끼리 형식별로 묶어 배열하는 것이 직접적인 방법이며 또한 학생들이 검사를 받을 때 혼란을 일으키는 것을 막을 수 있다. 이 방법은 또한 한 가지 형식의 문항에 대해서는 한 번의 지시문으로 충분하게 된다.

(3) 검사지시문의 준비

지시문은 원칙적으로 간단하고 명료해야 하지만 적어도 ① 소요시간 ② 해답을 기입하는 방법 ③ 정답을 잘 모르는 경우 추측을 할 것인가, 하지 않을 것인가? 등 세 가지 점은 분명히 밝혀 주는 것이어야 한다.

그리고 한 가지 검사에 두 가지 이상의 문항형식을 쓰고 있을 때는 검사 전체의 지시문과 각 부분별 지시문을 별도로 만드는 것이 좋다.

문제지와 답지를 별도로 마련하는 경우에는 답의 기입방법을 지시하고 난 다음에 예문을 두고 그 예문에 대한 정답의 표시 방법을 예로 들어주는 것이 좋다.

(4) 검사지의 인쇄

논설형 검사 중에는 교사가 문제를 직접 칠판에 적어 주기도 하지만 대개의 검사물은 프린트나 인쇄된 것이 보통이다. 검사는 글씨가 정확하고 선명하여 쉽게 읽을 수 있게 해야 한다. 문제지가 두 장 이상일 때에는 페이지를 문제지의 하단에 꼭 표기 인쇄해 두어야 한다. 특히 지도, 도표, 수표 또는 그림 등은 선명하게 가시적으로 인쇄되어 있어야 한다.

2) 검사의 실시

(1) 검사실시의 기본적 조건

첫째, 먼저 검사장의 물리적 조건을 일정하게 하고 작업하기에 알맞도록 해야 한다. 무엇보다도 환기, 채광 및 온도를 적당히 조절함으로써 수검자가 지장을 받지 않아야 한다.

둘째, 수검자의 심리를 조절하고 고려해야 한다. 만약 사람이 피로할 때나 다른 일에 정신이 없을 때 또는 정신적으로 동요되어 있을 때 검사를 받는다면 그 검사의 결과가 그 사람의 학력이나 행동을 대표하리라고 생각하기는 힘들다. 따라서 검사를 실시할 때는 수검자의 검사에 대한 태도, 신체적 정신적, 건강을 고려해 넣어야 한다.

셋째, 검사 지시문을 엄격히 준수한다.

검사를 공정하게 실시하기 위해서는 검사를 실시하는 사람이 그 검사와 실시요령에 대하여 익숙하여야 하며 검사의 지시문을 엄격히 준수해야 한다. 검사의 지시문은 자동적으로 검사가 실시될 수 있을 만큼 상세하고 명백히 꾸며져 있어야 하지만 때로는 검사실시 때 구두로 보충설명을 하는 것이 도움이 될 때가 있다.

(2) 시험감독

시험 중의 부정행위란 자기의 학력이나 능력 이상의 성적을 받으려는 모든 행동을 포괄하는 것이기 때문에 광범위한 것들이 포함될 수 있을 것이다. 그러면 부정행위는 어떻게 방지할 것이며 또 부정행위가 일어났을 때 그것을 어떻게 처리할 것인가?

첫째, 만약 부정행위를 하게 되면 그 과목의 실격 또는 정학이나 퇴학과 같은 처벌을 한다는 것을 분명히 해야 한다.

둘째, 시험을 출제할 때나 인쇄나 보관을 할 때 비밀을 유지해야 한다.

셋째, 교실이 좁아서 학생들이 가까이 앉아야 할 때는 두 가지의 동형 검사를 쓰는게 좋다.

넷째, 시험 감독 중 감독의 의무를 철저히 해야 한다.

학생이 시험 중 부정행위를 하면 모든 시험자료를 회수하고 규정에 따라서 실격, 정학 또는 퇴학을 명해야 한다. 그리고 시험 중에는 책상 사이를 가능한대로 충분히 멀리하여 부정행위에 대한 유혹을 받지 않도록 해야 한다.

3) 채점의 방법

검사의 채점이란 검사를 통해서 얻어진 자료를 숫자로 정리하고 종합하는 것을 말한다. 아무리 타당하고 신뢰로운 방법으로 검사가 제작되고 실시되었다고 하여도 채점이 제대로 되지 않으면 모든 것이 헛수고가 되고 만다. 채점의 생명은 객관성과 신뢰성에 있다.

(1) 주관식 검사의 채점법

첫째, 채점기준표를 작성해서 활용하라.

작문이나 논문과 같은 반응의 자유도가 극히 높은 것이 아니고 반응의 자유도가 비교적 낮은 논문형을 채점할 때는 채점기준표를 작성 활용하는 것이 도움이 된다.

채점기준표를 작성할 때는 먼저 각 문항에 대하여 모범답안을 만들고 그 문항 전체에 대하여 몇 점을 줄 것인가를 설정해야 한다.

둘째, 문항이 여러 개 있을 때에는 학생 단위로 채점하지 말고 문항 단위로 채점하고, 후에 학생 단위로 종합하라.

문제가 여러 개인 경우에는 답안지 단위로 채점하기 보다는 문제단위로 채점하는 것이 좋다. 다시 말하면 한 문제에 대하여 모든 답안지를 채점하고 그리고 다음 문제로 넘어가서 그들 문제의 채점을 끝내가는 방법이다. 이와 같이 문제 단위별 채점을 함으로써 채점을 해가는 과정에서 일어나기 쉬운 동요를 막고 채점기준의 통일성을 가지게 된다. 또한 이 방법은 한 문제의 응답에 대한 인상이 다른 문제의 채점에 영향을 미치는 인상의 착오를 배제할 수 있다는 큰 장점을 가지고 있다.

셋째, 이름을 가리고 채점하라.

주관식 검사의 답안 채점에는 여러 가지 인상의 착오, 논리의 착오가 작용한다. 답안지의 학생의 이름, 그 학생이 과거에 주어진 인상, 혹은 답안의 글씨의 청결도……등이다. 또는 엄격한 의미에서는 과학의 답안지에서 철자법이 틀렸다고 점수를 깎는 것은 부당하다. 또는 숙제를 안냈다고 답안지 자체에서 점수를 깎는 것도 부당하다.

이런 점에 비추어 학생의 이름을 감추어 둔 채 보지 않고 채점하는 것이 더욱 요망된다. 이름 대신 적당한 번호로 대신해 두는 것이 좋다. 이름을 알면 아무리해도 채점자는 그 영향을 받는다.

(2) 객관식 검사의 채점법

[1] 추측요인의 교정

객관식 검사 중 선택형 검사에 있어서는 학생들이 몰라도 짐작이나 요행으로 정답을 고르는 수가 있다. 이러한 것을 추측요인이라고 지칭한다. 예컨대, 진위형 10문항 중 완전히 모르는 학생이라도 정답을 할 확률은 최대 5문항은 맞을 수 있는 가능성이 있고, 사지선다형 100문항 중에는 25문항을 득점할 가능성이 있다는 것이다.

따라서 이 경우 25개의 정답수를 사실은 0이라고 볼 수 있는 일이다. 이러한 추측요인을 교정하기 위하여 다음과 같은 교정공식을 사용한다.

$$S = R - \frac{W}{n-1}$$

여기에서 R = 정답수
W = 오답수
n = 한 문항 속의 답지수
S = 교정된 점수

추측의 교정은 답지가 5 이상 되는 경우에는 교정해도 별 차이가 나타나지 않는다. 즉, 교정요인은 $\frac{W}{n-1}$ 는 n이 클수록 작아지기 때문에 답지수가 많은 문항의 검사에서는 교정 하나마나이다. 같은 이유로 보통 배합형의 문항에서는 교정을 하지 않는다.

2 채점방식의 결정

가령 필답형에서 글씨를 깨끗이 쓰면 점수를 더 준다는 채점방식이라면, 학생은 글씨를 깨끗이 쓰려고 애쓸 것이다. 검사는 역사시험인데, 이런 식으로 채점하고, 또 그 채점방식을 학생에게 일반적으로 공표하지 않는다면 불공평하다.

3 채점요령

① 문제와 답안지가 같은 지면인 경우

각급 학교에서는 대개 문제지가 곧 답안지인 형식을 취하고 있다. 한 문항이 있고 그 옆에 혹은 그 아래에 답을, 선택형인 경우에는 해당하는 기호를 기입하게 되어 있는 형식이다.

㉠ **무조직적 문항배열** : 선택형인데, 그 문항이나 답의 기입란이, 채점의 편의를 생각해서 요령있게 배열되어 있지 않고, 생각나는 대로 그대로 배열되어 있는 검사가 많다. 이 때에는 일일이 각 문항별로 채점하는 수밖에 없다.

㉡ **도려낸 채점반** : 문제지의 주위에서 사각의 틀을 인쇄해 두고, 그 규격과 꼭 맞는 좀 두꺼운 종이를 만들어서, 정답지의 위치를 도려내서 구멍을 만들어 둔다. 그러면 각 문제지 위에 이것을 덮어서, 구멍에 나온 것을 정답의 수로 헤아리면 된다.

② 문제지와 답안지를 따로 하는 경우

애당초 문제지와 답안지를 따로하여, 문제지에 아무것도 못쓰게 하고, 답은 모조리 딴 답안지에 기입하게 하는 방법이 있다. 이 방법에서는 채점이 좀더 신속해진다. 채점할 학생의 수가 많을 때에는 따로 특별한 이유 없으면, 이 형식을 취하는 것이 최선이다.

2. 문항양호도의 검증법

하나하나의 문항 자체가 얼마나 잘 만들었는지를 검증하는 방법을 문항양호도 검증법이라 한다. 이에는 크게 세 가지 방법이 있다.

1) 문항난이도의 분석

(1) 문항난이도의 개념

문항난이도(item difficulty)란 문항의 어렵고 쉬운 정도를 말하며, 검사를 실시한 결과 그 문항의 몇 %의 피험자가 정답을 했는가로 결정된다. 즉, 정답을 한 피험자의 %가 곧 문항난이도 지수(item difficulty index)가 된다.

문항난이도는 0～100%에 이르기까지의 변산을 갖고 있으며 집단에 따라 변한다.

(2) 문항난이도의 계산방법

$$P = \frac{R}{N} \times 100$$

P=난이도 지수
R=정답자 수
N=전체 학생수

문항난이도의 계산에는 추측요인을 제거한 문항난이도와 미달항을 고려한 문항난이도 산출법이 별도로 있으나 실용성이 없어서 여기에선 생략한다.

(3) 문항난이도의 이용

① 문항편집 배열의 순서는 난이도의 서열에 따른다.
② 문항난이도는 50% 정도에 머무는 것이 이상적이며, 보통 30~70% 사이에 드는 난이도가 바람직하다.
③ 검사의 목적이나 대상에 따라 문항난이도가 적절히 고려되어야 한다. 총합평가에서는 30~70% 사이의 문항난이도가 요구되지만, 형성평가에서는 전혀 문제시되지 않는다.

(4) 문항난이도 조정

문항난이도는 집단에 따라 다르게 나타난다. 따라서 원 성적분포를 다른 표준성적분포로 옮겨 놓음으로써 난이도를 얼마든지 임의로 조정할 수 있다.

예컨대, 평균치(M_1)가 60점, 표준편차(S_1)가 5점으로 분산된 어떤 교과목의 성적분포 자료를 평균치(M_2)가 70점, 표준편차 (S_2)가 10점인 새로운 성적분포로 조정했을 때 원 득점(X_1)이 65점이었던 학생이 새로이 조정된 성적(X_2)은 다음의 공식에 의하여 80점으로 환산된다.

$$X_2 = \left(\frac{S_2}{S_1}\right)X_1 - [(\frac{S_2}{S_1})M_1 - M_2]$$

$$\begin{aligned} X_2 &= \left(\frac{10}{5}\right)65 - [(\frac{10}{5})\,60 - 70] \\ &= 130 - [120 - 70] \\ &= 80 \end{aligned}$$

위 공식은 대학본고사의 선택과목간의 난이도 조정 또는 교과담당 교사가 재출제(재시험)하지 않고 성적교정이 필요할 때 적용할 수 있다(이 공식은 원 성적분포가 정규분포를 이루고 있을 때 한하여 적용됨. 더 자세한 설명은 저자의 통계학 책 참조 바람).

2) 문항변별도의 분석

(1) 문항변별도의 개념

문항변별도란 문항 하나하나가 얼마나 피험자들의 상하 능력을 잘 변별하느냐의 정도를 뜻하며, 변별의 정도를 수치로 나타내는 것을 문항변별도 지수(discriminating index, D.I.) 또는 문항타당도 지수(item validity index)라고도 부른다.

문항변별도란 검사의 총점이라는 내적 기준에 의해 문항의 타당도를 보고자 하는 것이며, 문항변별도 지수는 상관계수와 마찬가지로 $-1.00 \sim +1.00$ 사이에 분포된다. 바람직한 지수는 $+0.3 \sim +1.0$ 사이에 드는 지수이다.

(2) 변별도의 계산방법

일반적으로 A. P. Johnson의 공식이 사용된다.

〈문항 1〉

		오	정	
검사총점	H	40	10	50
	L	20	30	50
		60	40	100명

〈문항 2〉

		오	정	
검사총점	H	15	35	50
	L	40	10	50
		55	45	100명

$$\text{U.L.I(또는 D.I)} = \frac{RU - RL}{f}$$

ULI=상하부 지수(upper-lower index)
RU=상위 50% 집단의 정답자 수
RL=하위 50% 집단의 정답자 수
f=각 집단의 학생수

〈문항 1〉 $ULI = \frac{10-30}{50} = -0.4$ (불량한 문항)

〈문항 2〉 $ULI = \frac{35-10}{50} = +0.5$ (양호한 문항)

(3) 문항변별도의 이용

① 문항변별도는 총합평가에서나 형성평가에 모두 유용하게 쓰인다.
② －부호가 붙은 문항은 물론 0.0에 가까운 것도 쓸모없는 문항이다.
③ 난이도가 0%나 100%의 극단에 가까울수록 변별도는 줄어들고 난이도가 50%일 때에 변별도는 가장 클 수 있는 가능성이 있다.

3) 문항 반응분포의 분석

(1) 문항 반응분포 분석의 개념

문항 반응분포(item response distribution)분석이란 답지별 반응이 어떻게 반응하고 있는가를 기술하고 분석하는 시도이며, 문항의 특정한 답지가 의도했던 대로의 역할을 다하고 있느냐, 답지의 상대적 반응비율이 기대하는 바 대로 나타나고 있는가 하는 것을 문제 삼는다.

(2) 분석의 방법

① 먼저 문항의 각 답지에 학생들이 어떻게 반응하고 있는가 하는 문항반응 분포를 기술해야 한다.

② 상 · 하 집단에서 반응하는 형태에 어떤 차이가 있는가 등을 알아본다(아래에 예시한 문항 1, 문항 2 참조).

〈문항 1〉

답지 \ 반응자수	H	L	전체
①	10	20	30
(정답) ②	30	10	40
③	5	10	15
④	5	10	15
N	50	50	100

〈문항 2〉

답지 \ 반응자수	H	L	전체
①	0	0	0
(정답) ②	5	15	20
③	5	0	5
④	40	35	75
N	50	50	100

(3) 문항반응 분포의 이용

① 오답이 제 구실을 다하고 있는가를 검토하게 해 준다.

② 문제구성의 잘못을 판단해 주는 근거를 제공해 준다.

③ 오답 반응을 근거로 교수 · 학습과정을 개선하는 데 이바지한다.

(4) 문항분석 카드와 문제은행

문항분석을 하는 이유는 그 문항의 재 활용의 근거를 검증하는 데 의의가 있다. 분석된 자료를 한 눈에 알아볼 수 있도록 정리한 문항분석 카드와 이

카드를 잘 보존할 수 있는 문제은행(item pool)을 만들어야 한다. 문제 저장함(은행)은 교육평가에 대한 반성적, 연구적 재료를 제공함은 물론 동형검사의 제작에 도움을 주며 계획적으로 원하는 검사를 쉽게 만들게 하고 검사제작의 시간을 절약하는 데 크게 기여한다.

<문항분석표> * 위 문항 1의 분석 예

교과명 : 철학				No. 3
평 가 목 표	학설 · 사상에 대한 지식			
평가단원 및 내용	단원명 : 제1장 인간관	내용 : 인간의 본성		
답지 \ 반응자수	상집단	하집단	소 계	총 계
①	10	20	30	100
② 정답	30	10	40	
③	5	10	15	
④	5	10	15	
문항난이도(P)	40			
문항변별도(D.I)	+0.40			
문제구성	인간의 성선설을 주장한 사람은? 1) 공자 2) 맹자 3) 순자 4) 노자			

문항분석 카드는 위의 표와 같은 항목을 기본요소로 하여 작성한다.

3. 성적표시법

1) 원점수

(1) 원점수의 정의

검사를 치르게 되면 우선 채점되어 나오는 점수가 소위 **원점수** 또는 **소점**(素

點, raw score)이다. 한 검사에서 얻어진 원점수는 그 자체로서는 어떤 의미를 갖지 못한다. 한 검사 결과를 어떤 비교하고자 하는 집단의 검사 결과를 규준(norm)이라고 하는데 어떤 규준과 비교하느냐에 따라 한 개인의 검사결과의 해석은 단연 달라진다. 원점수의 대표적인 사례는 100점 만점식의 전통식의 성적표시법이다.

(2) 원점수의 단점

첫째, 이 원점수 척도에는 의미있는 의거점(reference point)이 없다. 따라서 어떤 일정한 점수가 어떤 속성의 일정한 크기(magnitude)를 절대적으로 지시해 주지는 못한다. 가령, 물리측정에 있어서의 cm 척도에는 0cm라는 것이 그 척도의 의거점이다. 0cm는 길이가 전혀 없는 상태이고, 이를 기초로 해서 모든 길이가 비교되고 판단된다. 그런데 학력검사에서 나온 0점이란 것도, 어떤 능력의 절대적인 결핍상태를 가리키는 것은 아닐 것이다. 또 이 0점이 검사의 난이도 정도에 의해서 심하게 동요하는 불안정한 수치라는 것도 우리는 잘 알고 있다. 따라서 이 원점수 척도의 0점은 소위 그 척도의 절대영점과 일치되지 않으며, 의미있고 유용한 의거점의 구실을 전혀 하지 못하고 있는 셈이다.

둘째, 여러 가지 원점수 척도는 서로 비교될 수 없다. 가령, 한 학생이 A검사와 B검사에 다 같이 75점을 얻었다고 해서, 이 학생이 이 두 검사가 재는 두 가지 능력이 꼭 같다고는 할 수 없을 것이다. A검사의 75점은 이 학생이 속해 있는 학급의 최고점수일 수 있으며, B검사의 75점은 극단적으로 그 학습의 최하점수일 수도 있기 때문이다. 검사가 다를수록 우리는 성질이 전혀 다른 척도를 쓰고 있는 셈이다.

셋째, 이 원점수 척도에는 단위의 동간성이 없다. 원점수 척도는 측정척도의 종류 중 대개 **서열척도**에 속하며 서열척도 중에서도 가장 조잡한 것이라고 할 수 있다. 예컨대, 한 검사에서 90점~70점의 능력의 차이와 50~30점의 능력의 차이가 동일하지 않으리라는 것은 쉽게 짐작할 수가 없다.

원점수 척도는 이와 같은 여러 가지 단점 때문에 엄밀하고 그 정확한 검사 결과 표시를 필요로 하는 각종 **표준화검사나 심리측정**에서는 사용되지 않고, 좀더 안정성이 높고 합리적인 다른 점수척도로 환척해 쓰게 된다. 특히 근래에 이르러서는 **수능성적**도 원점수로는 평가하지 않는다.

2) 석차점수

(1) 석차(등위)점수의 정의

석차점수란 흔히 쓰는 서열, 순위와 같은 점수를 말한다. 이 석차점수는 근본적으로 앞에서 말한 원점수 척도의 약점을 보충하기 위해서 씌어지기 시작한 것이라고 볼 수 있다. 가령, 어떤 학생의 국어 성적이 75점이고 영어 성적이 80점인 경우 이 원점수만으로는 직접적인 비교를 할 수 없으니, 그것을 석차인 석차점수로 옮겨, 국어가 15등, 영어가 22등이라고 표시한다면 이 학생의 어느 교과목의 실력이 좋은지를 직접 비교해서 판단할 수 있다.

(2) 석차점수의 단점

중요한 결점은, 석차를 결정하게 된 집단의 사례수가 다르면 석차점수들을 직접 비교할 수가 없다는 사실이다. 가령, 국어의 15등은 20명 중 15등임을 나타내고 영어의 22등은 100명 중 22등을 지시하는 경우도 있을 수 있기 때문이다.

이 석차점수도 측정척도의 성질로 본다면 **서열척도**에 속하게 된다. 따라서 서열척도가 가지고 있는 일반적인 난점을 이 석차점수 척도가 그대로 물려받고 있는 셈이다.

3) 백분위 점수

(1) 백분위 점수의 의미

검사점수를 의미있게 해석하기 위하여 가장 흔히 사용되는 방법이 백분위(percentile rank)이다. 어떤 한 점수의 백분위는 한 수험생 집단에 있어서 그 주어진 점수보다 낮은 점수를 받은 사람의 전체에 대한 백분율로 정의된다. 따라서 백분위 78이란 수험생 집단에 있는 사람 중에 78%가 그 점수(백분위 78에 해당하는) 밑에 놓여 있다는 것을 의미한다. 또한 한 검사에서 원점수 26점이 백분위 5에 해당한다면 그 수험생 집단의 5%에 해당하는 사람이 26점보다 낮은 점수를 받았다는 것을 나타낸다. 어떤 선정된 백분위에 해당하는 점수 분포상의 점수를 백분위 점수(percentile score), 약하여 P점수라고 한다.

(2) 백분위 점수의 장단점

백분위 점수의 장점은 우선 누구나 이해하기 쉽다는 것이다. 비교하고자 하는 집단에 대해서 한 개인의 상대적인 위치를 나타내 줌으로 모든 사람에게 그 의미가 단순하고 직접적이며 이해하기 쉽다. 대부분의 경우 한 집단 내에서 한 사람의 **서열**을 나타내는 것으로 충분하며 보다 복잡한 소점의 전환이나 유도점수가 필요 없을 경우에 적합하다.

백분위 점수는 반면에 두 가지 주요 단점을 갖고 있다. **첫째**로 이 점수 척도는 측정의 수준으로 볼 때 **동간척도**이다. 따라서 **비율척도**가 아니므로 **가감승제**를 하는 것은 적절한 방법이 되지 못한다. 이것은 하나의 검사 점수를 해석하는 사람에겐 단점이 된다고 볼 수 없으나 검사점수를 가지고 연구하는 사람에게는 상당히 심각한 문제가 된다.

백분위 점수의 **두 번째** 단점은 검사점수 해석의 경우에 문제가 된다. **분포**

의 중심에 있어서 조그마한 원점수의 차이는 상당히 커다란 백분위의 차이를 가져오는 반면에 **분포의 극단**에 있어서는 원점수상으로 상당한 차이를 보일 때 백분위로는 조그마한 차를 보인다. 따라서 검사의 원점수와 백분위간의 관계를 명확히 이해하고 명심하지 않는 이상 백분위간의 차를 잘못 해석하기 쉽다. 특히 분포의 중앙에 있어서 백분위간에 어느 정도 과장된 큰 차를 나타내고 있는 경우에 정말로 커다란 의미있는 차가 있는 것처럼 지나치게 해석하기가 쉽다.

4) 표준점수

(1) 표준점수의 의미

검사점수를 가지고 여러 가지 복잡한 통계적 처리를 하고자 할 때에 이 점수를 동간척도(interval scale), 즉 각 단위가 모두 같은 크기를 나타내는 점수로 전환시킨다는 것은 상당히 중요한 일이다. 전환 점수의 하나인 표준점수(standard score)는 이와 같은 **동간성**(interval)을 가정하는 **비율척도**이다. 모든 표준점수 체제의 기본 단위는 **표준편차**(standard deviation)가 된다. 어떤 종류의 표준점수건 간에 이것은 하나의 원점수를 그 평균으로부터의 **편차점수**(deviation score)로 전환시킨 다음 이것을 표준편차의 단위로 나타낸 것이다.

① Z점수

가장 기본적인 표준점수인 Z점수는 다음과 같이 어떤 원점수를 가지고 거기에 해당되는 표준점수 Z를 구할 수 있다.

$$Z = \frac{X - M}{\sigma^{*}}$$

＊표준편차(Standard Deviation, SD, σ) 계산법

원점수(측정치)에 의한 계산법은 다음과 같다.

〈공식〉

$$\sigma = \frac{1}{N}\sqrt{N\Sigma X^2 - (\Sigma X)^2}$$

〈계산 예〉

학생	A	B	C	D	E	F	G	H	I	J	$N=10$
X(원점수)	13	17	15	11	13	17	11	13	11	11	$\Sigma X=132$
X^2	169	289	225	121	169	289	121	169	121	121	$\Sigma X^2=1794$

$$\sigma = \frac{1}{10}\sqrt{10(1794)-(132)^2}$$

$$= \frac{1}{10}\sqrt{17940-17424}$$

$$= \frac{1}{10}\sqrt{516}$$

$$= \frac{22.7}{10}$$

$$= 2.27$$

여기에서 영문대문자 Z는 어떤 원점수에 해당하는 표준점수이고 X는 어떤 주어진 원점수, M과 σ는 각각 원점수 분포에 있어서 얻어진 평균과 표준편차를 나타낸다. 원점수를 표준점수(이 경우는 특히 Z점수라 함), 즉 평균이 0이고 표준편차가 1인 정상분포 곡선의 척도로 전환하게 되며 이 때에 표준편차가 측정의 단위가 된다.

여기에 이 표준점수의 몇 가지 특징을 열거해 본다. 우선 첫째로 표준점수의 절대값은 분포의 평균으로부터 그 점수가 얼마나 떨어져 있느냐의 거리를 나타낸다. 둘째로 평균보다 큰 점수는 ＋부호가 붙고 평균보다 작을 때는 －부호가 붙는다. 셋째로 표준점수는 동간척도라고 가정함으로써 가감승제의 여러 가지 복잡한 수리적인 조작을 할 수 있다. 넷째로 원점수와 표준점수와는 **직선적인 관계**(linear transformation)를 갖고 있으므로 표준점수의 분포의 형태는 원점수의 분포와 꼭 같다. 즉, 원점수의 분포가 정상분포에 가깝다면 Z점수의 분포도 정상분포에 가깝고, 또 원점수가 편포(skewed)되었다면 Z점수도 똑같이 편포를 이룬다. 마지막으로 원점수의 분포가 정상분포에 근사하게 접근할 때에 Z점수의 분포의 범위는 대략 −3으로부터 +3이 된다. Z점수는 **비율척도와 동간척도**의 장점을 가지고 있지만 소수점 이하의 숫자와 **음수**를 갖게 되는 단점이 있다.

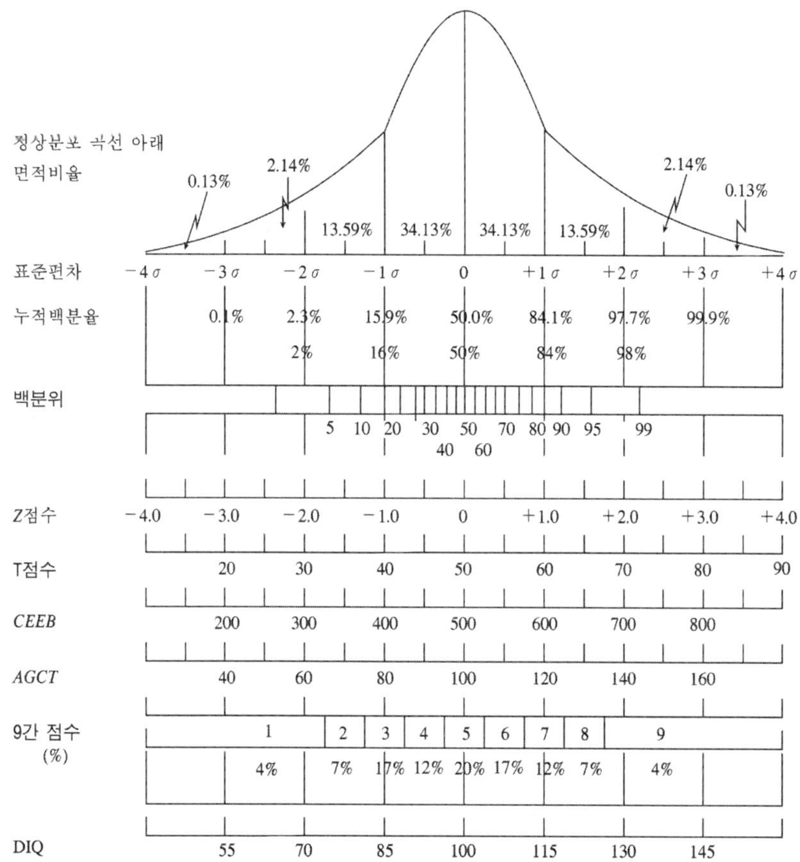

[그림 10－1] **각 표준점수의 비교**

② T점수

$$T = 10Z + 50$$

표 10-1 원점수가 정상분포일 때, Z점수, T점수, 백분위 점수 상호간의 관계

Z점수	T점수	백분위 점수	분포 끝 부분의 사례수(%)	백분위 점수	T점수	Z점수
3.0	80	99.9	0.1	0.1	20	−3.0
2.9	79	99.8	0.2	0.2	21	−2.9
2.8	78	99.7	0.3	0.3	22	−2.8
2.7	77	99.6	0.4	0.4	23	−2.7
2.6	76	99.5	0.5	0.5	24	−2.6
2.5	75	99.4	0.6	0.6	25	−2.5
2.4	74	99.2	0.8	0.8	26	−2.4
2.3	73	99	1	1	27	−2.3
2.2	72	99	1	1	28	−2.2
2.1	71	98	2	2	29	−2.1
2.0	70	98	2	2	30	−2.0
1.9	69	97	3	3	31	−1.9
1.8	68	96	4	4	32	−1.8
1.7	67	96	4	4	33	−1.7
1.6	66	95	5	5	34	−1.6
1.5	65	93	7	7	35	−1.5
1.4	64	92	8	8	36	−1.4
1.3	63	90	10	10	37	−1.3
1.2	62	88	12	12	38	−1.2
1.1	61	86	14	14	39	−1.1
1.0	60	84	16	16	40	−1.0
0.9	59	82	18	18	41	−0.9
0.8	58	79	21	21	42	−0.8
0.7	57	76	24	24	43	−0.7
0.6	56	73	27	27	44	−0.6
0.5	55	69	31	31	45	−0.5
0.4	54	66	34	34	46	−0.4

0.3	53	62	38	38	47	-0.3
0.2	52	58	42	42	48	-0.2
0.1	51	54	46	46	49	-0.1
0.0	50	50	50	50	50	0.0

위와 같이 전환된 척도는 **소수점과 음수를 제거**할 수 있으며 만약 본래의 원점수의 분포가 정상분포에 가까우면 이 때에 얻어진 **T점수**(M=50, S=10)는 대략 20부터 80점까지의 점수분포, 즉 그 분포의 범위가 약 60점이 된다. 필요에 따라서는 자기가 원하는 어떤 평균과 표준편차를 가진 새로운 척도로 변화시킬 수 있을 것이다.

이와 같이 **평균이 50이고 표준편차가 10**으로 전환된 표준점수(normalized standard score)를 흔히 T점수라고 부른다. 1982년에 J. H. McGall은 이 표준점수를 E. L. Thorndike와 L. M. Terman을 기념하기 위하여 T점수라고 부르자는 것을 제안하여 오늘에 이르고 있다.

위의 〈표 10-1〉은 원점수가 정상분포로 나타냈을 때의 Z점수, T점수 그리고 백분위 점수의 상호관계를 나타낸 표이다.

3 표준점수의 장단점

여러 가지 종류의 표준점수는 서열척도가 아닌 동간척도로 검사점수를 나타낸다. 따라서 동간척도는 여러 가지 수리적 처리가 가능하므로 여러 가지 점수를 종합한다든가 또는 어떤 복잡한 통계적 처리를 하고자 할 때 적합한 점수이다. 또한 모든 **표준점수는 공통적인 측정단위**를 사용하고 있으므로 여러 가지 다른 검사로부터 얻은 원점수는 그것이 동일한 규준집단에서 유도된 표준점수라면 직접적으로 상호 비교할 수 있는 장점을 갖고 있다. 뿐만 아니라 정상화된 표준점수는 정규분포와 직접 관련시켜 줌으로써 보다 단순한 백분위 점수로 환원하여 해석할 수 있는 장점도 갖고 있다.

검사점수를 표준점수로 전환하는 과정은 백분위 점수보다 더 복잡하지만 각종 전자계산기와 컴퓨터 사용이 일반화되면 이것은 하나의 단점으로 볼 수 없을 것이다(각종 규준 점수간의 비교는 [그림 10-1]의 비교표를 참조 바람).

[4] 원점수의 표준점수 전환 예

A학생의 네 교과목 성적의 원점수(100만점 득점)를 표준점수 T로 전환한 예는 〈표 10-2〉와 같다.

표 10-2 원점수와 표준점수 전환 성적표

	소속학년 학생	득점	평균 점수	표준 편차	Z점수	T점수	A학생보다 성적이 더 좋은 학생 수*
영어성적	1000명	80	74	6	80-74/6=+1.00	10×1+50=60	159명
수학성적	1000명	75	65	5	75-65/5=+2.00	10×2+50=70	23명
국어성적	1000명	85	81	4	85-81/4=+1.00	10×1+50=60	159명
물리성적	1000명	70	52	6	70-52/6=+3.00	10×3+50=80	1명

* 〈표 10-1〉 분포 끝 사례수 참조

〈표 10-2〉에 의하면, 원점수에 의거한 네 교과목 성적 중 가장 좋은 교과목 성적은 국어 85점으로 가장 좋고, 70점인 물리성적이 가장 나쁘다. 반면, T점수에 의한 성적평가는 정반대로 물리성적이 가장 좋고 영어와 국어성적이 상대적으로 많이 떨어지고 있음을 보여 주고 있다. 특히 물리성적은 천재적 수준을 시사해 주고 있다.

따라서 성적평가나 심리검사 결과에 해석에 있어서 원점수에만 의존할 때에는 큰 오류를 범하게 된다. 현재 고등학교 학생들의 성적기록에는 교과별 원점수, 평균점수, 표준편차 등이 기재되고 있는 바, 이는 T점수 산출을 위한 성적자료로 활용하기 위함이다.

행동발달 상황의 평가

CHAPTER 11

1. 행동발달 상황평가의 필요성
2. 행동발달 상황평가의 절차
3. 행동발달 상황의 평가방법

1. 행동발달 상황평가의 필요성

1) 행동발달 상황평가의 어려움

(1) 지식중심의 교육풍토

수업에선 보통 어떤 개념과 원리와 이론을 가르친다는 것은 그에 대한 이해만을 가르치는 것이 아니라, 그것을 유용하다든가, 믿을만하다든가 등등으로 수용 또는 거부하는 반응까지도 가르치고 있다.

만약 인지적인 것과 관련된 가치나 태도에 관하여 그것을 가르치지 않는 것을 M. Scriven은 "비급할 뿐 아니라 무능한" 일이라고 비판하고 있다.

그러나 학교교육의 실제에 있어서는 정의적인 목표나 행동발달을 위한 교육은 희생되고 언어개념적인 인지적 교육만이 최우선의 자리를 차지하고 있는 점은 부인할 수 없을 것이다.

교사가 정의적 행동발달을 위한 교육을 장조하지 못한 큰 이유 중의 하나는 정의적 성과나 행동발달 상황을 평가하지 못 하는데서도 유래한다. 교사들이 만든 자작검사는 거의가 다 인지적 성과만을 측정하기 위한 것이다. 학교에서 사용하는 표준화 검사도 학생들의 성취도를 전국 규준집단의 성취도와 비교하여, 이미 습득한 지식의 재인이나 재생, 또는 이러한 지식을 출제된 문제의 해결을 위해서 적용할 수 있는가와 같은 지적 과제에 그 강조점을 두고 있다.

(2) 행동발달 상황평가의 실패 요인

오늘날 행동발달 상황의 평가가 실패하고 있는 몇 가지 요인을 열거하면 다음과 같다.

첫째로, 대부분의 행동발달 상황은 인지적 목표와는 달리 주, 월, 학기 또는 학년이라는 비교적 짧은 교육기간 동안에 달성될 수 없는 것이기 때문에 학교상황에서는 평가될 수 없다는 가정을 흔히 한다. 이러한 생각은 행동발달 상황은 명확히 규정하기 어렵거나 너무 장기간에 걸치는 것이어서 교사가 학생들에게 가르치고자 노력하는 태도, 즉 자주성이나 협동성 등은 학교 교육이 끝나고 먼 훗날에 나타나는 것이라고 주장하는 교사들의 말 속에 잘 암시되고 있다.

행동발달상황의 평가를 주저하는 **두 번째** 이유는, 이런 종류의 특성은 학업성취력과는 달리 공적인 것이라기보다 사적인 일로 간주된다는 데에 있다. **자주성**, 또는 **지도성**이나 **근면성** 등은 사적 관심사이며, 개인생활의 사적 성질 때문에 교사들은 이런 영역에서 평가적 판단을 내리기를 주저하게 되는 것이다.

이 문제와 밀접히 관련된 것은, 대부분의 교사는 학생들의 행동발달 상황 등에 점수를 매기는 것이 온당하지 못하다고 생각하고 있다는 사실이다. 따라서, 비록 행동발달 상황이 학생들의 인지적 필답고사의 점수에 때로는 유리하게 때로는 불리하게 비공식적으로 영향을 미치지만, 대부분의 교사들은 '**행동발달 수준**'을 직접 측정하는 평가란 상상밖의 일로 생각한다.

세 번째 이유로선, 학교에서의 주요교육 활동이 월말고사, 기말고사, 학년말고사, 특히 입학시험 준비에 집중되다보니, 학생의 학력향상의 정도를 확인하는데 열중하여, 그의 행동발달에 관한 관심이 도외시될 수밖에 없었던 점을 들 수 있겠다. 따라서 비지적인 학습성과의 평가는 사무적이고 하찮은 잡무 수준에 머물게 된 것이다.

마지막 이유로는, 행동발달 상황을 평가할 **평가도구**가 거의 없다는 것이다. 학생의 지적 학력을 평가하기 위한 평가도구는 오히려 지나칠 정도로 너무 많은 것이 염려된다. 그러나 학생의 행동발달 상황을 평가하기 위하여 검사를 만들어 실시하는 학교는 전국에 과연 몇이나 있을 것인가? 아마도, 그 수는 극히 적을 것이다.

2) 행동발달 상황평가의 필요성

이와 같이 주저하거나 실패하는 이유는 있지만, 학교가 인지적 목표뿐만 아니라, **근면성, 지도성, 준법성** 등의 행동발달 상황도 그 교육목표 속에 포함하고 있다면, 교육과정이 얼마나 효과적으로 이러한 행동을 형성하고 있는지를 평가할 의무가 있다. 만약에 이런 평가를 외면한다면, 교육과정과 학습지도방법을 수정할 수 있는 정보를 얻을 수 없게 될 것이다.

더욱이 앞에서도 언급한 바와 같이, 이러한 평가를 하지 않는다면 결국에는 학생들의 행동발달은 무시하고 언어 · 개념적 수업을 지나치게 강조하는 결과를 초래하게 될 것이다.

평가를 점수를 매기고 시험을 치는 일과 동일시해서는 안 된다. 왜냐하면, 평가는 개인이나 집단의 성취도의 질이 무엇인지, 또는 진술된 목표에 비추어 한 교육과정이 어느 정도로 성공적인지를 밝히는 데에 도움이 되는 광범위한 **증거수집** 방법을 동원하는 보다 넓은 개념이기 때문이다.

행동발달에 평점을 매긴다는 것은 좋은 일이 아닐지도 모르지만, 행동발달에 형성평가를 실시한다는 것은 매우 바람직하다. 이러한 평가는, 바람직한 행동발달을 위해 자기가 얼마나 나아가고 있는가를 학생들에게 알려 준다는 점에서 진단적이다. 또한 예컨대, **근면성**이나 **협동성**의 프로파일을 학생들에게 제시할 수 있을 때, 그것은 교육적일 수도 있다. 요점은, 점수를 매기는 것이 아니다. 학생에 대한 **피드백**이 행동발달에 대한 **형성평가**의 목적이 되어야 한다는 것이다.

2. 행동발달 상황평가의 절차

1) 평가목표의 정의와 분류

(1) 행동발달의 정의

행동발달이란 "특정한 사물, 인물, 또는 사건에 대한 개인적 '행동의 선택'에 영향을 미치는 학습된 내재적 발달상태"로 정의된다. 이 정의가 시사하는 '**학습된 발달상태**'란, 학생이 특정 자극에 대하여 일관성 있게 반응을 산출하는 상태의 정도를 말한다. 학습된 태도란 장면에 따라 변하는 행위 그 자체를 뜻하지 않고, 다양한 장면에서 일관성 있게 나타나는 **행위경향**을 말한다. 따라서, 학생이 취하는 행위의 한 사례만 가지고는, 그가 특정한 대상에 대하여 긍정적 또는 부정적 태도를 형성하고 있다고 판단할 수는 없다. 따라서 행동의 다양한 장면사례의 표집이 요구된다.

그리고 '**내재적 상태**'란, 이 행동을 외현적인, 행위의 선택과 관련시켜서 보아야 한다는 뜻이다. 행동의 학습여부는, 실제 장면에서 학생이 전에 않던 행위를 선택하는지 여부로 미루어 판단해야 한다는 것이다. 예컨대, 한 학생이 근면한 태도를 배웠는지 여부는, 그가 실제로 주어진 일을 끝까지 끈기있게 열심히 하는지 여부를 확인함으로써 알 수 있다는 것이다. 이 정의는 "……에 대한" 행동이 아니라, "……을 하는" 행동, 즉 학생 개개인이 선택하는 행위에 초점을 두고 있음을 유의해야 할 것이다.

(2) 행동발달 평가목표의 분류

여기서는 생활기록부에 표시된 6개의 행동특성에 따라 분류하고 각각 목표의 정의와 하위목표를 예시하고 한다.

1 근면성

주어진 일을 자발적으로 끈기 있게 하는 행위를 의미한다.

① 자기 스스로 기꺼이 하는 행위

② 중단없는 꾸준한 행위

③ 시간을 효용하는 부지런한 행위

2 협동성

남을 이해하고, 공익을 앞세우며, 집단생활에 즐겨 참여하고 또 집단의 의사에 준수하는 행위를 뜻한다. 즉, 남의 처지를 알아주는 행위, 집단의 이익을 나의 사익보다 더 중요시하는 행위, 집단생활에 즐겨 참여하는 행위, 집단이 결정한 사상을 지키는 행위 등이다.

3 책임감

자기의 의무와 책임을 완수하고, 자신의 과오를 인정하는 행위를 뜻한다. 즉, 자기가 해야 할 일을 끝까지 하는 행위, 자기가 맡은 일을 끝까지 하는 행위, 자기가 잘못한 일을 정직하게 인정하는 행위 등이다.

4 자주성

모든 일을 자발적으로 계획·실천하고, 자신의 의견을 정당하게 주장하는 행위를 뜻한다. 즉, 스스로 계획하는 행위, 스스로 실천하는 행위, 자신의 의견을 정당하게 주장하는 행위 등이다.

5 준법성

규칙, 규범을 자발적으로 지키고, 남들에게도 이를 지키도록 권장하는 행위를 의미한다. 즉, 교칙을 스스로 지키는 행위, 사회적 규범이나 법률을 지키는 행위, 남들에게도 교칙, 규범, 법률들을 지키도록 권장하는 행위 등이다.

⑥ 지도성

집단운영의 방법과 기술에 익숙하며, 집단을 잘 이끌어 가는 행위를 뜻한다. 즉, 남을 설득하는 행위, 집단을 이끄는 행위, 남의 신뢰와 존경을 받는 행위 등이다.

2) 평가장면의 분류

한 행동의 학습 또는 발달 여부는, 특정 행위의 한두 사례만을 가지고는 판단하기 어렵다. 이 한두 사례는 얼마든지 우연적으로 발생될 수 있기 때문이다. 행동발달 상황을 정확하게 평가하기 위해서는, 특정 행동이 **빈번**하게 또는 **반복**해서 일어날 장면들을 포괄적이고 다양하게 표집해야 한다.

학교에서 근면성, 책임감, 협동성 등 6개 행동들이 일어날 수 있는 장면들은, 크게 **교과학습 장면**과 **특별활동 장면**이 둘로 분류할 수 있다.

(1) 교과학습 장면

학생들이 각 교과를 배우는 학습활동과 관련된 장면들은 구체적으로 대략 다음과 같이 열거될 수 있겠다.

· 질문하는 장면 · 대답하는 장면
· 예습하는 장면 · 복습하는 장면
· 연습하는 장면 · 실습하는 장면
· 실험하는 장면 · 토의하는 장면
· 문제해결의 장면 · 노작하는 장면
· 노트에 기록하는 장면 · 조작하는 장면

(2) 특별활동 장면

1 자치활동

· 학급협의활동 장면
· 조회 · 종회 장면
· 위원활동 장면
· 역할분담활동 장면
· 당번활동 장면
· 민주시민 활동 장면

2 계발적응활동

· 정체성 확립 활동 장면
· 보건체육 활동 장면
· 여가문화 활동 장면
· 정보통신 활동 장면
· 친교활동 장면
· 청소년단체 활동 장면
· 진로활동 장면
· 학술문예 활동 장면

3 봉사활동

· 위문활동 장면
· 시설 · 환경보전 활동
· 캠페인 활동 장면
· 생산 근로를 위한 일손돕기 활동 장면
· 자선구호 활동 장면

4 행사활동

· 조회, 입학식, 졸업식, 개교개념식, 국경일 등 학교주관 의식 행사활동 장면
· 음악회, 영화감상회, 각종 전시회 등 학예행사 활동 장면
· 운동회, 신체검사, 예방접종, 중간체조 등 보건체육 행사활동 장면
· 소풍, 여행 등 소풍행사 장면
· 안적사고와 공습, 화재 등 안전구호 활동 장면
· 단체, 지역사회 등을 위한 수련활동 장면

3) 평가의 절차

(1) 행동발달 상황평가를 위한 이원분류표 작성

평가계획을 짜는데 있어서 가장 먼저 해야 할 일은 이원분류표의 작성이다. 행동발달 상황평가에 있어서 하위목표 수준을 Krathwohl과 Bloom의 정의적 영역별로 세분해서 평가한다면 〈표 11-1〉과 같은 분류표가 작성될 수 있다.

(2) 평가방법의 선정

이원분류표가 작성되면 이에 따라 구체적으로 평가가 이루어지도록 적절한 평가방법이 선정되어야 한다.

행동발달의 평가방법으로서는 관찰에 의한 방법이 중심을 이루어야겠으나 이밖에도 면접법, 자기보고식방법 등 여러 가지 방법이 활용될 수 있다.

표 11-1 평가행동 이원분류표

행동특성 / 행동수준 / 행동장면		근면성				책임감				협동성				준법성				자주성				지도성			
		감수	반응	가치화	조직화	감수	반응	가치화	조직화	감수	반응	가치화	조직화	감수	반응	가치화	조직화	감수	반응	가치화	조직화	감수	반응	가치화	조직화
교과학습장면	토의																								
	연습																								
	예습복습																								
	……																								
특별활동장면	학급활동																								
	봉사활동																								
	학교행사																								
	……																								

(3) 결과처리와 판정

1 평가목적별 처리법

어떤 평가방법에 의해서 어떤 결과를 얻든지 간에, 그 결과는 점수화되어야 할 것이다. 교사는, 이들 점수를 근거로 해서 학생들의 행동발달 상황을 'A', 'B', 또는 'C'로 판정하게 된다. 문제는, 평가결과를 어떻게 점수화하고, 또 이들 점수를 어떤 기준에 비추어서 'A', 'B', 또는 'C'로 판정할 것인가 하는 점이다.

평가결과의 점수화 문제는 두 가지 관점에서 생각할 수 있다. 그 하나는, 행동평가의 결과를 총합적 평가의 한 목적으로, 즉 행동발달의 정도를 학기말이나 학년말에 성적화하고자 한다면, 그 결과를 단일점수로 나타내는 것이 바람직하다. 다른 하나는, 평가 결과를 학생들의 형성적 평가나 생활지도를 위하여 이용코자 한다면, 그 결과는 단일한 점수체제 보다는 다분화된 점수, 즉 복수점수로 제시되는 것이 이상적인 일이다.

2 평가기준별 처리법

평가 결과를 '가·나·다', '상·중·하' 또는 'A·B·C'로 분류·판정하는 기준은 절대적 기준과 상대적 기준으로 나누어 생각할 수 있다. 절대기준은 여러 교사들이 협의해서 만드는 합의기준(선)으로 학생 개개인의 행동이 이 합의기준에 어느 정도로 도달하고 있는가를 판정하는 것을 의미하며, 상대적 기준이란 개개인의 평가 결과를 학급전체의 서열로 나타내어 그 결과를 바탕으로 한 '가'(15%), '나'(70%), '다'(15%)식의 비율해당제 판정법을 의미한다. 절대적 기준의 사용은 형성적 평가의 목적에 유용하고 상대적 기준은 총합적 평가의 목적에 더 유리하다고 할 수 있다.

우리나라 초·중·고교에서의 행동발달 상황의 평가방식은 여태까지 위에서 언급한대로 A, B, C, 즉 '가', '나', '다'로 분류 평가해 왔으나 1999학년부터는 서술형으로 기술하게끔 평가방식이 바뀌었다.

3. 행동발달 상황의 평가방법

여기에선 학교 현장에서 가장 많이 사용되는 관찰법, 평정법, 표준화검사법 및 사회성 측정검사법만을 다루고 활용도가 적은 면접법과 질문지법은 생략하기로 한다.

1) 관찰법

(1) 관찰법의 개념과 장단점

[1] 관찰법의 정의

관찰법이란 "시각 · 청각 등의 조사자의 감각을 통하여 직접적으로 피조사자나 사물의 특성을 과학적으로 분석하는 방법"이라고 말할 수 있다.

관찰법의 특색은, **직접성**과 **현재성**에 있다. 지금 일어나고 있는 사태 또는 피조사자의 행동이나 언어가 다른 사람의 개입없이 관찰자에게 **직접** 수집되어진다는 점이 다른 방법과는 다른 특색이 있다.

[2] 관찰법의 장점

① 어떤 문제의 사태나 피조사자의 행동이 **발생함과 동시**에 기록되어 질 수 있다는 점이다.

② 피조사자, 즉 피관찰자의 고의적인 방해를 받지 않는 잇점이 있다. 즉,

관찰의 성패 여부는 피험자의 능력 · 협조심 · 저항감 같은 조건에 의해서 좌우되지 않고 다만 관찰자 자신의 관찰 능력에 의해서만 좌우된다.

③ 관찰법은 피관찰자의 연령이나 교육 정도에 제한을 받지 않는다는 장점이 있다.

④ 백문이 불여일견의 특징을 지니고 있다.

관찰법은 교사 자신이 학생의 행동이나 징후를 자신이 직접 눈으로 보고 추정한 사항을 자료로 삼는 특징이 있다.

3 관찰법의 단점

① 관찰은 관찰의 대상이 되는 행동을 현장에서 포착하는 것이므로 통제된 관찰이 아니라면 그러한 행동이 일어날 때까지 기다려야 한다는 애로점이 있다. 심지어 어떤 행동은 관찰 불가능한 것도 있다. 계획성 있는 관찰을 하기 위한 준비가 없이는 실패하기 쉽다.

② 관찰은 동일한 현상도 사람에 따라 상이한 의미는 가지는 것이므로 관찰자의 **편견**이나 **선입견**이 개입하기가 쉽다. 즉 객관적인 관찰이 여간 어렵지 않다.

③ 관찰 당시의 환경조건이 바로 그 때에만 그러한 행동을 일으키게 하는 수가 있다. 행동 그 자체가 환경조건으로 마음에도 없는 엉뚱한 방향으로 일어날 가능성이 있으며, 같은 행동이라 할지라도 환경조건에 따라서는 그 해석이 달라질 수 있다. 관찰할 때에는 환경조건을 아울러 기록해 둘 필요가 있다.

④ 하나의 행동이 그 이전 이후의 행동과 단절된 상태에서 독립적으로 이루어지지 않는 것이므로 그 행동 하나만을 가지고 해석한다는 것은 위험스럽기 짝이 없다. 하나 하나의 행동은 모두 어떤 목표를 향해 움직이는 일련의 행동 중 일부분이라는 것을 잊지 말아야 하는 것이다. 그리고 하나의 행동을 보다 신뢰성 있게 해결하기 위해서는 행동의 추이를 계속해서 관찰해야 한다. 그러나 하나의 행동을 장기간에 걸쳐 관찰한다

는 것은 보통 어려운 일이 아니다.

(2) 관찰법의 유형

1 비조직적 관찰과 조직적 관찰

비조직적 관찰은 관찰자에게 특별한 지시를 하지 않고 상당히 자유로운 관찰을 허용하는 경우이다. 따라서 이 방법에서는 관찰자에게 상당한 기술과 학식을 필요로 하는 것이다. 또 조사대상 집단의 특색이나 거기에 내표되고 있는 문제가 명확하지 않거나 또는 너무 관찰에 제약을 받게 되면 도리어 그 제약 때문에 핵심적인 문제에서 벗어날 가능성이 있는 경우에는 비조직적인 관찰이 유효하다.

조직적 관찰은 관찰자에게 관찰할 사항이나 시간 등을 지시하고 조직적·계통적으로 실시하는 것을 말한다. 조직적 관찰은 이미 상당히 연구가 진행되어온 영역의 문제 또는 그 문제는 비교적 상세히 논증되어 있는 분야의 연구에 사용된다. 여기서는 이미 얻어진 정보를 통해 관찰체계나 절차를 만들어 낼 수도 있다. 따라서 관찰자에게는 비조직적 관찰의 경우만큼의 학식이나 기술내지 경험이 필요하지는 않다.

그리고 비조직적 관찰이건 조직적 관찰이건 각기 관찰자가 관찰대상 속에 참여를 하면서 관찰하느냐 또는 눈에 띄지 않는 국외자로서 관찰하게 되느냐에 따라서 이를 다시 **참여관찰**과 **비참여관찰**로 분류한다.

표 11-2 관찰법의 분류

분 류 기 준	유	무
관찰자에 대한 지시유무	조직적 관찰	비조직적 관찰
피관찰자의 피관찰의식 유무	직접적 관찰	간접적 관찰
인과관계 조작의 유무	실험적 관찰	자연적 관찰

관찰계획의 유무	구조적 관찰	비구조적 관찰
통제 유무	통제관찰	비통제관찰
관찰자의 대상 참여 유무	참여관찰	비참여관찰

2 참여관찰과 비참여관찰

참여관찰법이란, 조사자 자신이 관찰대상 속에 한몫끼어 그들과 더불어 같이 활동을 하면서 관찰하는 것이고, 이와는 반대로 어디까지나 외부인으로서의 객관적 관찰을 하는 방법이 비참여관찰이다.

이 두 가지 방법을 비교해 보면 〈표 11－3〉과 같다.

표 11－3 참여관찰과 비참여관찰의 비교

	참여관찰	비참여관찰
장점	① 관찰의 기회가 상당히 많다. ② 조사 대상자가 피관찰 의식을 갖지 못하므로 자연스런 행동을 관찰할 수 있다. ③ 조사대상의 심층적 내면성을 어느 정도 파악할 수 있다.	· 보다 객관적으로 관찰할 수 있다.
단점	① 일반적으로 조사에 시간이 많이 소요된다. ② 감정적 정서적으로 쏠리기 쉽다. ③ 객관성이 손상당하기 쉽다. ④ 일정한 역할을 맡고 있기 때문에 집단을 전체적으로 관찰하기가 어렵게 된다.	① 피관찰 의식을 갖게 되므로 조사 대상자의 행동이 인위적이기 쉽다. ② 관찰의 기회가 적다. ③ 심리적으로 떨어져 있기 때문에 조사대상의 심층적 내면성이나 미묘한 변화 파악하기가 어렵다.
유의사항	① 너무 정서적이거나 감정적으로 일체감을 갖게 되므로 객관성이 손상당하지 않도록 힘쓴다. ② 언제나 날카로운 관찰력을 발휘하여 관찰자로서의 역할과 입장을 망각해서는 안 된다.	① 외부의 낯선 방관자가 있다는 의식이 피조사자에게 주어지지 않도록 힘써야 한다. ② 관찰되어질 행동이나 사태가 자연상태 그대로 진행되도록 노력해야 한다.

(3) 관찰의 절차와 방법

1 관찰의 절차

실제로 관찰에 들어가기 전에 관찰계획을 세워 그 절차에 따른 능률적인 관찰이 이루어져야 한다. 중요한 사전계획에 필요한 절차는 다음과 같다.

① 평가목표에 관계되는 관찰 대상의 선정 기준을 결정해야 한다.

② 관찰대상집단을 위해서 필요한 조건을 선택하고 배치할 준비를 한다.

③ 관찰 기간이나 관찰 횟수 또는 관찰 시간 간격 등을 결정한다.

④ 관찰자의 위치나 피관찰자에 미칠 영향을 고려해서 참여관찰 또는 비참여관찰 등 관찰형식을 결정한다.

⑤ 관찰하려는 행동이나 사태의 항목을 결정한다.

⑥ 관찰내용의 범위를 결정한다.

⑦ 기록내용과 기록형식을 결정한다.

⑧ 관찰보조자가 있는 경우엔 이 자들을 훈련시킨다.

⑨ 관찰결과를 판단 해석할 기준을 결정한다.

2 관찰 계획시의 유의사항

효율적인 관찰을 시도하기 위해서는 다음 사항을 반드시 준수하고 있어야 한다.

① 관찰은 특정의 대상에 한정 되어야 한다. 즉, 특정목적을 달성하기 위해서는 관찰대상을 명확히 규정해 두어야 한다.

② 관찰은 계통적 체계성이 유지되게 계획해야 한다. 우연적 관찰이 아니라 사전에 엄밀한 계획이 있어야 한다.

③ 관찰은 양적이어야 한다. 즉, 통계적 처리가 가능하게 계획되어야 한다.

④ 관찰의 기록은 즉시 이루어지도록 계획하여야 한다.

⑤ 관찰의 결과는 재검토되고 또 보충되도록 하여야 한다.

3 관찰자 자신의 유의사항

관찰법의 성패는 관찰자 자신에게 달려 있다고 해도 과언이 아니다. 관찰 계획의 단계에서부터 결과의 해석에 이르기까지 관찰자 자신이 주의해야 할 사항을 들어 보면 다음과 같다.

① 관찰자는 감각기관의 장애를 받지 않아야 한다. 청력이 부족하거나 시력이 좋지 못한 것은 관찰에 지장을 가져온다. 감각기관에 지장이 있는 관찰자는 관찰결과의 해석에 있어서 그와 같은 점은 고려하여야 할 것이다.

② 관찰자는 자신의 개인적인 **편견**이나 **선입견**을 통제할 수 있어야 한다. 즉, 관찰자는 자신이 관찰한 사실 그대로를 기록해야 하며, 자신이 마음속으로 원하고 있다거나 과거에 있었던 어떤 특정한 행동과 관련지어서 해석적인 기록을 해서는 안 된다.

③ 관찰자는 신체적인, 즉 건강 조건이 좋은 때에 보다 정확한 관찰을 할 수 있다. 즉, 관찰자가 너무 피로하거나 신경이 약간 예민하거나 수면이 부족하거나 흥분된 상태에 있다거나 할 때에는 역시 정확한 판단을 기하기는 어렵다.

④ 관찰자는 관찰된 결과를 정확하게 바로 기록할 수 있어야 한다. 관찰된 사실은 바로 기록해 두는 것이 최선의 방법이며, 뒤로 미루거나 했을 때에는 착오를 일으키기 쉽다.

⑤ 관찰자는 몇 가지의 사실을 **동시에 관찰**할 수 있어야 한다. 어떤 현상을 관찰할 때에 어떤 부분은 보고 다른 어떤 주요한 부분은 보지 못하는 경우가 있어서는 안 되겠다. 관찰하는 현상이 복잡할수록 이와 같은 오류가 생기기 쉽다.

⑥ 관찰자는 관찰된 **사실**과 해석적 **의견**과 혼동해서는 안 된다. 관찰에 있어서는 사실을 수집하는 것이 중요한 것이며 해석적 의견은 그 다음의 문제이다.

4 관찰의 구체적인 방법

① 비조직적 관찰의 방법

비조직적 관찰(비통제적 관찰)의 기본 특징은 관찰대상이나 관찰방법에 대해서 거의 조작을 가하지 않고, 오히려 있는 그대로의 모습을 관찰한다는 점에 있다. 그렇기 때문에 관찰결과가 관찰자의 주관적 조건에 의하여 영향을 많이 받을 위험이 있다.

비조직적 관찰에서는 다음 사항들을 특히 유의해야 한다.

(i) 문제를 분명히 설정해 두어야 한다.

비조직적 관찰은 관찰장면에 아무런 통제를 가하지 않기 때문에 관찰대상은 그 자체의 방식으로 작동해 나간다. 이 때에 초보적인 관찰자는 조사에 대한 불안과 탐구욕 때문에 되도록 많은 것을 관찰하려고 하는 나머지 조사에 직접 관련이 없는 것도 필요 이상으로 관찰하게 된다. 이것은 관찰자의 시간과 노력을 낭비하게 할 뿐 아니라 관찰의 초점을 흐리게 하거나 혼란스럽게 해서 도리어 필요한 관찰의 질적 저하를 초래하게 된다.

(ii) 관찰목적에 부합된 장면을 선택해야 한다.

즉 평가목표와 관련된 현상이 가장 많이 발생할 수 있는 장면을 선택하여야 한다. 이것은 효율적인 관찰을 하기 위한 필수적인 절차인 것이다.

(iii) 전체와 부분을 관련지으며 관찰해야 한다.

미시적 관찰뿐 아니라 거시적 관찰도 있어야 하며, 이 두 가지 관점의 조화 속에서 부분상호의 관계, 부분과 전체의 관계를 총체적 · 합리적으로 파악하도록 해야 한다.

(iv) 피상적 관찰이 되지 않도록 해야 한다.

즉, 관찰은 관찰현상의 조건이나 요인도 아울러 살펴보면서 이루어질 때 관찰의 타당성이 높아지게 되는 것이다.

(v) 관찰기간의 길이는 짧게 하면서 계속적 · 반복적 관찰을 시행해야 한다.

관찰은 대상에 대한 집중적인 주의를 가해야 하고 또 기록 등을 해야 하기 때문에 관찰자의 종합적 심신활동을 요청하게 된다. 그리고 1회의 장시간 관찰은 관찰자의 피로 때문에 생기는 관찰상의 오류뿐 아니라 관찰 현상의 포괄적인 파악을 위해서도 바람직하지 못하다.

② 조직적 관찰의 방법

조직적 관찰(통제적 관찰)에 있어서 관찰자는 두 가지 과제에 유의해야 한다.

(i) 관찰하려는 행동을 카테고리별(유목별)로 분류할 것.

(ii) 분류된 행동에 숫자적 기표를 맞추어 놓을 것.

우선 관찰하려는 행동의 윤곽을 규정할 필요가 있다. 그것은 행동만 관찰할 것인지 또는 지껄이는 말까지도 포함할 것인지 아니면 그 행동이 발생하는 주위환경이나 조건도 포함하는 것인지 등을 결정할 일이다. 또 특정의 대상만을 취해서 관찰하는 것인지 아니면 모든 현상을 망라해서 관찰하는 것인지를 결정해야 한다.

특히 중요한 것은 관찰의 단위이다. 이 때는 하나의 행동 하나의 문장과 같은 자연적인 단위인지 시간적 단위인지를 정하는 것이 보통이다.

조직적 관찰에 사용되는 카레고리 세트에는 여러 가지가 있을 수 있다.

(4) 관찰내용의 기록방법

① 관찰대상을 한정시키고 **사실과 의견**을 나누어 기록하려면 기록방법 자체에 특별한 고안을 하도록 해야 한다. 특히 비통제적 관찰에 있어서는 대상의 복잡한 모습을 관찰 목적에 따라 생생하게 포착해야 하므로 중요사항 또는 중요 용어를 **부호화** 내지 **약자화**하는 방안이 필요하다. 이러한 부호화나 약자화의 시도는 관찰 능력을 높이는 수단이 되기도 한다.

② 관찰결과의 기록, 특히 비통제적 관찰에 있어서는 객관적으로 관찰한 것과 주관적 해석을 분리해서 기록하도록 해야 한다.

관찰자는 관찰사태에 어떤 판단이나 해석을 내리려고 하기 때문에 그 판단의 기초가 되는 객관적인 사실이 기록보다 무의식 중에 자기의 주관적인 판단이나 해석을 기록하기 쉽다.

③ **관찰표**를 미리 작성하도록 해야 한다. 비통제적 관찰의 경우에는 객관성을 높이는 데 목적이 있고, 통제관찰에 있어서는 관찰조건의 통제화를 기하는 수단이 되기 때문이다. 관찰표의 작성은 관찰평가의 목적에 따라 그 치밀성에 차이가 있겠지만 일반적으로 관찰하는 대상의 활동을 기록하는 데 있어서 기록분류의 획일화를 시도하기 위해 필수적인 것이다.

④ 기록방법은 수량화가 아닌 **질적인** 기록이다.

일화기록은 계속적으로 **누가기록**되어 보존되어야 한다. 하나만의 사건이나 사실만을 가지고는 행동의 진단이나 평가 자료로써 부족하다. 그리고 기록되는 사건은 구체적인 사실을 기록하는 것이 좋다. 막연한 표현은 관찰자가 아닌 다른 교사들이 읽었을 때에는 아무런 의미도 나타내지 못한다. 이 경우 객관적인 기록의 필요성은 물론 사건 자체의 해석이나 진단도 따로 기록되어야 한다.

⑤ 관찰이 장시간에 걸친 때에는 **시간표집법**을 사용하게 된다. 즉, 장시간의 관찰 중에서 5분이나 10분 또는 더 짧게 1분씩 시간을 잘라서 그 사이의 관찰사항을 정리하면서 반복하는 방법이다.

시간표집법은 한 개의 행동장면에서만 관찰되는 것이 특징인데 비해 같은 관찰대상자를 여러 가지 장면, 즉 평정자가 바라는 여러 개의 장면에서 어떤 일반성을 확보하기 위해서 교실 · 식당 · 운동장 · 소풍 · 운동 등의 장면에서 관찰하는 **장면표집법**을 사용한다.

⑥ 피관찰자의 어떤 특성을 일정한 표준 또는 기준에 의해서 단계를 지어 각기의 행동을 이 단계에 맞추어 평정하고자 할 때는 다음과 같은 평정법을 이용한다.

2) 평정법

(1) 평정법의 개념과 장단점

[1] 평정법의 정의

평정법이란, 평정결과를 어떤 척도상의 유목이나, 숫자에 의거해서 기록하고 정리하는 방법으로써 교육평가의 모든 분야에서 널리 쓰이고 있는 비교적 기본적인 방법이다.

평정법은 평가자의 주관이나, 편견 또는 가치관의 차이 때문에 이지러지기 쉬운 관찰결과의 평가를 보다 엄밀 정확하게 평정해 낼 수 있으며 다른 방법으로 평가하기 어려운 복잡한 행동의 증거를 좀더 세분해서 과학적으로 평가할 수 있는 방법이다.

즉, 검사 자체로서는 재지 못하는 학생의 행동발달 상황을 구체적으로 **수량화**시키는 방법의 것이다. 예를 들어, 학습태도, 운동 기능적, 많은 정의적 영역의 문제들은 검사에 의해서 보다 관찰이나 기타 행동평가 방법에 의해 측정될 수 있는 것이다. 이 같은 특성들을 측정하여 수량화시키기 위해서는 검사에 있어서 요구되는 것과 같이 보다 세련되고 과학적인 도구가 되어야 한다. 평정법은 이와 같은 도구의 일종으로 교육평가의 모든 분야에 널리 사용되고 있다.

[2] 장 점

① 평정법은 여러 가지 검사사태에 적용될 수 있다.

교사가 학생의 여러 가지 행동을 검사하려고 할 때 평정법은 이러한 목적에 적용될 수 있다.

첫째, 학생이 실제로 어떤 행동을 하고 있는 것 혹은 실제로 행동을 시켜서 그것을 판단하는 데 사용될 수 있다.

둘째, 작품의 평가에서 평정법이 사용될 수 있다. 예컨대, 도화, 습자, 공작품, 실험기구 등의 모형, 수예 등 또는 작문 혹은 반응자유도가 많은 논문형 검사 등의 판정에서도 적용된다.

셋째, 일상생활에서의 행동을 관찰하고, 혹은 관찰해 온 결과에 입각해서 학생을 평가할 때도 평정법을 쓸 수 있다. 대부분의 정의적 · 사회적 특성은 이런 검사상태에서 평가되는 것이 보통이다. 물론 여러 인성적인 요인을 밝혀내는 심리적 방법은 많지만은, 이것은 비교적 전문 분야에 속하기 때문에 학급을 맡은 교사에게는 비실용적인 때가 많다.

넷째, 면접에서도 평정법을 사용할 수 있다. 계획적인 면접에서는 반드시 미리 조심스럽게 준비된 평정척이 사용되는 것이 보통이다.

② 평정법은 다양한 교육목표를 평가할 수 있는 도구이다.

필답검사는 주로 여러 가지 지적 능력을 다루게 된다. 물론 필답 검사 중에는 간접적으로 기타의 인성적 요인을 다루는 검사도 있지만 주로 지적이다. 그러나 교육목적 중에는 여러 가지 지능, 태도, 사회적 발달…… 등 주로 인성면에 관계되는 각종의 목적이 있다. 이런 목적들은 필답검사로는 능히 평가할 수 없다.

3 단 점

평정이 주관적으로 이루어질 가능성이 없지 않다.

평정에 있어서 여러 평정자가 합치 합의된 결과를 낸다는 것은 그리 쉬운 일이 아니다. 평정자간의 주관적 의견의 차이에 따라 같은 학생도 상이한 평정을 받기가 쉽다. 따라서 평정법에서는 평정척의 평어 또는 평점의 의미를 명백히 할 것이 객관도 및 신뢰도를 올리는 주조건이 된다.

(2) 평정의 착오

평정에 있어서는 평가자에 따라 여러 차이가 생긴다. 이런 개인차의 원인을 평정의 착오라고 부른다.

1 집중경향의 착오

평정할 때에 아주 좋거나 아주 나쁜 평점을 피하고 평점들이 평정척의 **중앙부**에 몰려 있는 경향이 있다. 이런 착오는 경험과 훈련이 부족한 평정자에게서 일어나기 쉽고 능숙한 평정자라도 평정할 특성이 무엇인지 그 의미가 막연하고 확실치 않으며, 평정에 이런 **집중경향의 착오**를 저지르게 된다.

때로는 반대로 중앙부에 해당하는 평점은 아주 드물고, 양 극단에 가서만 평점이 몰려 있게 평점하는 사람도 있기는 하나 이런 경우는 퍽 드물다.

2 표준의 착오

어떤 평정자들은 다른 평정자보다 모두 **낮게** 혹은 **높게** 평정한다. 이런 현상은 평정자에 따라 그 표준이 다르기 때문에 일어나는 현상이다. 인간의 특성을 평정할 때 그 표준이 각 평정자에 따라 달라서 표준의 착오를 일으키기 쉽다.

3 인상의 착오

인상의 착오란 한 학생의 한 특성을 평정할 때, 평정자는 그 특성에 한해서만 평정하지 않고, 그 학생이 주는 다른 일반적 인상의 영향을 받아 평정하는 착오이다. 일반적으로 인상이 나쁜 학생에게는 자연히 평점을 나쁘게 주는 경향이 있다. 이렇게 평정할 특성에 관계없는 외적 일반적 인상의 영향을 받아, 그 인상의 방향으로 평점이 옮겨가는 현상을 인상의 착오라고 한다.

인상의 착오는 어떤 학생에게는 좋은 쪽으로 어떤 학생에게는 나쁜 쪽으로 평점을 주게 된다. 이 점에 비추어 보면, 상대적으로 보아 비교적 같은 방향 같은 양으로 영향을 받게 되는 **집중경향의 착오, 표준의 착오**보다 인상이 착오가 좀더 부정적이다.

인상의 착오란 비슷한 것으로 **관대의 착오**가 있다. 이것은 표준의 착오와도

관계가 있지만, 일반적으로 자기의 친구 제자 등 가까운 처지에 있는 사람을 평정할 때, 혹은 가까운 처지에 있지 않아도 평점을 후하게 주는 수가 많다.

또 하나 비슷한 착오로써 **상투선입견의 착오**가 있다. 예컨대, 흔히 유태인은 인색함, 독일인은 건실하다든가, 서울 깍정이 등의 상투적인 선입견 때문에 평정이 영향받을 때가 있다.

4 논리의 착오

논리의 착오란 여러 특성을 동시에 평정할 때에, 논리적으로 반드시 상관되어 있는 것은 아닌데도 두 특성을 상관이 있다고 오판해서 두 특성을 비슷하게 평정하는 착오이다(여기에 어느 정도 인상의 착오도 같이 작용한다고 볼 수 있다). 예컨대, **근면성과 협동성**이 관계가 깊다고 생각해서, 근면한 학생은 또 협동적이기도 하다고 생각하는 교사가 있는 수가 있다. 그러나 기실은 근면하다고 반드시 협동적은 아닐 것이다.

5 대비의 착오

대비의 착오란, 이것은 평정을 할 때 평정자 자신이 피평정자와 비교하여 자기가 잘 하지 못하는 일 또는 자기가 가지고 있지 않은 것을 피평정자가 잘 하거나 가지고 있을 때는 이를 정도 이상으로 좋게 평가하고, 반대로 평정자 자신이 잘 하는 일을 피평정자가 못한다든가 평정자가 가지고 있는 것을 피평정자가 가지고 있지 못할 때는 정도 이하로 나쁘게 평가하는 경우이다. 이런 경우는 근본적인 의미에서 일종의 인상의 착오와 비슷한 현상이다. 평정자 자신이 보다 의식적으로 객관적 평정을 하기 위해 노력을 하지 않으면 사실보다 또는 과소평가할 우려가 있다.

6 근접의 착오

근접의 착오란, 이것은 평정하려는 비교적 **동질적인 항목**들이 거의 가까이 나열되어 있을 때 이동 항목들은 비슷한 평점을 주게 되는 경우이다. 시간적으로나 공간적으로 가깝게 평정하는 특성 사이에 평점의 상관이 높게 나오는 경우를 의미 한다.

예를 들어, '성실하다'와 '부지런하다'는 원래 구별되는 다른 특성인데도 이 2개의 항목이 4번과 5번으로 가까이 묶여져 있을 때는 성실하면 부지런하다는 식으로 거의 같은 평점을 하게 된다. 그러나, 이 2개의 항목을 거리를 멀리 하여 따로따로 떼어 놓는 경우에는 가까이 접해 있던 경우보다 평점에 현저한 차이가 나타나는 것이다.

(3) 평정법의 유형과 도구제작법

평정법은 분류의 기준에 따라 여러 가지로 나눌 수 있으나, 여기서는 **상대적 평정법**과 **절대적 평정법**으로 나누어 고찰 면한다.

1 상대적 평정법

평정법은 상대적 평정법과 절대적 평정법으로 나눈다. 상대적 평정법은 주로 개인과 개인을 상대적으로 비교함으로써만 평가되며, 절대적인 방법에서는 비교도 비교려니와 그보다는 개인을 어떤 기준에 비추어 평가하게 된다.

① **등위법**은 어떤 능력이나 특성에 비추어, 각 개인을 그 집단의 다른 사람들과 비교해서 그 순서를 정할 때, 우리는 등위법을 쓰고 있다. 보통 학생의 수대로 등위가 나온다.

등위를 정하다가 암만 생각해도 같은 등위에 속하는 학생이 둘(혹은 셋)이 있다면, 그 때에는 다음과 같이 해야 한다. 예컨대, 1, 2, 3번을 정하고 다음에 4번을 정하려는 데 차를 볼 수 없는 두 명의 학생이 있을 때에는, 이에 등위가 있는 것처럼 가정하고, 그 평균을 그 학생들의 등위로 해야 한다(예 : (4+5)/2=4.5).

등위법에서는 **집중경향의 착오**와 **표준의 착오**를 제거할 수 있다. 집단의 여하를 막론하고 등위법에서는 반드시 첫째가 있고 꼴찌가 있고 해서 평점이 중앙에만 모일 가능성은 없고, 그 집단에서의 첫째, 꼴찌는 평가자의 표준의 상하를 막론하고 대개 첫째, 꼴찌가 되기 때문에 표준의 착오가 나타날 수도 없다.

그러나 등위법에서는 한 집단에서의 등위와 다른 집단에서 정해진 등위와 직접 비교를 할 수 없는 난점이 있다. A학급의 일등과 B학급의 일등이 반드시 같은 것은 아니다.

다음으로는 숫자상의 등위의 차가 사실상의 **능력 혹은 특성의 차**를 표시하지 못하는 난점이 있다. 알기 쉬운 예로 한 학급 학생을 키의 순서로 등위를 정했을 때, 1등과 2등과의 차가 10등과 11등의 차와 같지 않을 수가 많다.

② **유사동간법**에서는 모든 학생에게 등위를 평정하지 않고, 평정할 학생을 우선 대략 살펴본 다음, 비교적 각기의 차의 간격이 비슷하다고 느껴지는 몇몇 **소집단**으로 나누어 둔다. 다만 소집단과 소집단 사이의 능력차 특성차가 다 비슷하고 동간적일 것이 요구된다. 이 방법은 평정한 학생수가 많을 때, 등위를 너무 많이 자세히 지우는 것이 어렵거나 무의미할 때 사용된다.

③ **조합비교법**은 상대적 평정법 중에서는 이것이 가장 치밀한 방법이라 할 수 있다. 그 이유는, 이 방법에서는 평가자가 한 학생을 일일이 모든 다른 학생들과 비교 판단해야 하기 때문이다. 〈표 11-4〉는 5명 (A, B, C, D, E)의 정직성을 조합 비교법으로 평정한 결과이다.

한 학생을 다른 모든 학생과 짝을 지어서 우열을 판단하고, 그 결과를 종합하는 것이다. 우선 A와 B를 비교하여, A가 나으면 A행 B열에 ○를 기입한다. 동시에 이것은 B가 A보다 못하다는 말이 되니, A열에 ×를 기입한다. 다음에 A와 C를 비교한다. 여기에서도 A가 나오면 A행 C열에 ○, 따라서 C행 A열에는 ×를 기입하게 된다. 이렇게 해서 AD, AE의 비교가 끝나면, 그 다음에는 BC를 비교하고……최후로 DE를 비교하게 된다. 그 결과 각행의 ○를 1로 세어서 가하면 각 학생의 등위가 나온다.

표 11-4 조합비교법에 의한 평정

학생	A	B	C	D	E
A		×	×	○	×
B	○		○	○	×
C	○	×		○	×
D	×	×	×		×
E	○	○	×	○	
	3	1	2	4	0

한 학생의 등위를 그 집단에 비추어 대략적으로 결정하는 것이 아니라 일일이 비교해서 종합하기 때문에 이 방법은 상당히 엄밀하고 신뢰로운 결과를 준다. 그런데 단점은 학생의 수가 많으면 비교할 짝이 많아지기 때문에 비실용적이라는 점이다.

[2] 절대적 평정법

절대적 평정법은 남과 비교한다기 보다는 어떤 사실적 기준에 비추어 일종의 절대적인 의미를 평정이나 평어에 부여하는 방식이다. 따라서 여기에서는 평정하는 특성이 명백히 규정될 것과 평정자의 경험과 훈련이 충분할 것이 더욱 필요하게 된다. 대개는 고정된 의미를 가진 여러 가지 척도가 사용된다.

① **숫자척**은 가장 간단한 평정척이다. 평정한 특성이 규정되면, 나머지는 흔히 선상에 적당한 수의 점을 정해 놓는다.

점의 수를 몇 개로 하느냐에 일정한 규칙은 없다. 다만 척도의 평균점이 정수로 나타날 수 있도록 평점의 정수를 기점(3, 5)으로 하는 것은 상례다.

숫자척은 보기에 간단하고 과학적인 것 같으나, 각 숫자를 여러 평정자가 달리 취급할 위험이 있는 것이 난점이다.

② **기술척**은 숫자대신 능력이나 특성의 정도를 단어, 구, 문장 등으로 기준하는 방식이다. 다음에 예를 든다.

이 학생의 구두 발표력은

- ☐ 아주 능난하다 ☐ 수 ☐ A
- ☐ 능난한 편이다 ☐ 우 ☐ B
- ☐ 보통이다 ☐ 미 ☐ C
- ☐ 좀 부족하다 ☐ 양 ☐ D
- ☐ 아주 부족하다 ☐ 가 ☐ E

③ **기술도표척**은 숫자척과 기술척을 결합한 방법이며, 가장 많이 쓰이는 방법이다. 이것은 기술척과 숫자척의 장단점을 상보한 셈이 된다.

기술 도표척은 대개 세 부분으로 구성되어 있는데, **첫째**, 평정할 것의 지시와, **둘째** 숫자척도와, **셋째** 점수에 따르는 기술 문구이다. 일반적으로 지시는 평정할 특성을 규정함으로써 인상의 착오, 논리의 착오를 더는 데에 공헌한다. 다음의 예를 든다.

근면성 : 일상생활에서 여러 가지 과업과 책임을 어느 정도로 열심히 하고 있는가?

1	2	3	4	5
게으르다	무관심하다	보통으로 잘한다	부지런하다	정력적이다

④ **표준척도법**은 사전에 엄밀한 통계적 방법에 의해 평정의 기준을 정해 두고, 이 표준에 비추어 평정하는 방법이다. 이것은 지금까지와 같은 행동특성을 평정하는 것이 아니고 주로 습자, 도서, 수예, 공작품 등과 같은 구체적인 제작품을 평정할 때 사전에 마련된 표준작품과 비교하여 평정하는 것이다. 이 때 만든 것이 작품일 때는 기준작품과 비교하게 되는데, 이것을 **품등평정척**이라 부르고, 인물인 경우는 **대인평정척**이라고 한다. 대인평정척은 좀 난점이 있다. 즉 각 단계에 알맞은 표준 인물을 정하기가 그다지 쉽지 않고

인상의 착오가 이중으로 작용할 수 있는 점이다. 그러나 구체적 표준을 제시하고 있다는 이 점에서 많이 사용되고 있다.

⑤ 강제선택법

이 방법은 최근에 발달된 방법으로서, 두 개의 다 좋은 형용문 중 어느 것이 한 학생에게 더 들어 맞느냐를 평정자에게 판단시키는 방법이다. 혹은 두 개의 다 좋지 못한 형용문 중에서 선택시키는 수가 있다. 예컨대,

1. □ A. 모든 일에 부지런하다.
   □ B. 일상생활에서 예의가 두렵다.
2. □ A. 남과 싸움을 잘 한다.
   □ B. 일에 책임감이 없다.

이 방법의 요점은 어떤 특수한 여러 특성을 내놓고, 선택을 강요하는 것이다. 이 방법에서는 인상이나 관대의 착오도 작용치 않고, 집중경향, 논리 및 표준의 착오도 적어진다.

⑥ 검목표(체크리스트)

검목표란 근본적으로 일련의 2단계 평정척으로 구성되는 것이다. 한 특성이나 행동이 관찰되었으면 표한다. 다음은 목공기능 검목표의 일부다.

〈목공기능 검목표 예〉

________ 1. 톱으로 예정대로 똑바로 자른다.
________ 2. 대패의 조절을 할 줄 안다.
________ 3. 대패나 끝을 잘 갈 줄 안다.
________ 4. 예정대로 대패질 한다.
________ 5. 자를 똑바로 사용한다.
………………………………………………

이런 검목표는 여러 지능, 행동, 특성을 평가함에 작성 사용할 수 있다. 특히 일정한 절차를 밟아 나가야 할 지능이나 행동의 평가에 유용하다. 원래

가 2단계의 판단을 요구하는 이기 때문에, 다른 평정척보다는 신뢰도가 높은 편이다.

(4) 평정시의 유의사항

① 관찰자는 관찰의 착오에서 벗어나도록 노력하라.

첫째, 어떤 현상을 관찰할 때, 그 현상 중 어떤 부분은 보고 어떤 부분은 못 보든지 안 보든지 하는 것이 보통이다.

둘째, 관찰자 자신이 선입견적인 관찰과 해석을 하는 수가 많다. 부모라면 자기 아이들의 좋은 점이 더 눈에 뜨일 것이다.

셋째, 관찰자에 따라서 중요하다고 생각하는 점이 다를 수가 있다. 같은 상태에서 어떤 관찰자는 보다 말의 문법성을 보고, 어떤 사람은 말의 억양에 주의하곤 한다.

넷째, 관찰자는 흔히 사실과 해석을 혼동한다. "눈쌀을 찌프린다"라는 사실을 즉시로 "불쾌히 여기고 있다"라고 해석하고 보고하곤 한다. 관찰시에 그것의 주관적 해석과를 혼동해서는 안 된다.

마지막으로, 관찰이 과거의 기억 때문에 영향을 받는 수가 많다. 현재에는 동등하게 책임 있게 일을 잘 하는 두 학생을 봐도, 한 학생이 과거에 좀 무책임한 일을 했다는 기억이 있으면, 그 학생을 덜 좋게 보는 경향이 있다.

② 평정척의 모든 평점 단계를 사용하라.

잘 제작된 평정척은 그 모든 평점 단계에 다 의미가 있는 것이며, 웬만한 집단에서는 다 적용되게 되어 있는 것이다.

모든 단계를 다 사용하라는 뜻은 반드시 모든 단계의 평점이 나와야 한다는 뜻은 아니다. 도리어 모든 단계가 다 고려된다는 뜻이다. 그러나 해당하는 학생이 있으면, 극단의 평점도 주저하지 말아야 한다.

③ 한 특성의 평정에서 일반적 인상이나 다른 특성의 평점의 영향을 받지 않도록 조심하라.

여러 학생을 여러 특성에 비추어 평정할 때에는, 우선 한 특성만 비추어 모든 학생을 평정하고 나서, 그 다음에 둘째 특성만을 평정하고 그 다음에 셋째 특성의 식으로 따로따로 평정해 가는 것이 좋다. 이렇게 함으로써 한 특성의 인상이 다른 특성의 평정에 영향을 주는 것을 방지하는 셈이 되어 인상의 착오, 논리적 착오를 많이 제거할 수 있게 된다.

3) 표준화검사법

(1) 표준화검사법의 개념과 특징

[1] 표준화검사의 정의

학생의 행동발달 상황의 평가에 있어서 책임감, 사회성, 자율성, 활동성, 지배성, 사려성 등 인성요인과 관련된 **행동평가**는 관찰법이나 평정법에 비해 **표준화 성격검사**에 의해서 측정평가하는 것이 훨씬 더 평가의 **타당도**와 **신뢰도**를 높일 수 있다.

표준화검사란 **자기보고식 검사**의 형태로 상품화된 객관적 검사이며 검사의 **타당도**와 **신뢰도**가 높고 평가도구의 표준화, 평가절차의 표준화 그리고 채점 및 해석의 표준화가 마련된 검사이다.

[2] 표준화검사의 특징

① 검사도구의 표준화

표준화검사는 인간의 인성특성 또는 행동경향성을 측정하게 되는 것이므로 검사도구가 그러한 인간의 행동특성을 측정하기에 충분한 문항들로 구성되어야 함은 당연한 일이다. 그러나 개인의 많은 행동을 낱낱이 문항에 비추어 알아본다는 것은 실제적으로 불가능한 일이다. 그러므로 그 행동의 일부분을 표집하여 그것으로 전체 행동을 미루어 볼 수밖에 없다.

따라서 도구의 표준화는 타당성 있는 측정도구를 만들기 위한 필수요건이라 할 것이다. 즉, ① 제작되어 나온 도구가 측정하려고 하는 내용(또는 목적)을 제대로 분석하고 있으며 ② 그 분석된 내용을 나타내는 행동 증거를 적절히 수집하고 있으며 ③ 검사 결과에서 정규분포의 반응치를 얻을 수 있는가의 문제 등은 곧 도구의 표준화와 직결되는 일이요, 도구의 표준화 그 자체인 것이다.

이와 같이 표준화검사의 도구는 평가도구가 표준화되어 있다는 점이 큰 특징을 이루고 있다.

② 절차의 표준화

표준화검사에서는 검사의 제작에서부터 검사요강의 편집, 실시, 채점, 해석, 활용에 이르기까지 반드시 요구되는 조건에 맞추어야 한다. 이 중에서도 검사실시 절차의 표준화는 더욱 지켜야 할 일이다. 도구 작성자가 절차의 표준화를 위한 지시를 명백히 하는 것은 물론이려니와 실제검사 실시에 있어 이 절차가 지시한 대로 지켜지지 않는다면 표준화검사의 결과는 믿을 수 없는 것이 되고 만다.

표준화검사는 시공간을 초월하여 언제 어디서나 실시할 수 있다는 장점을 지니고 있지마는 그 전제가 되는 것은 절차의 표준화에 있는 것이다. 만약 실시에 있어서 표준화된 절차에 따르지 않는다면 엉뚱한 결과를 가져올 것이며 해석, 활용에 있어 그릇된 방향으로 이끌어 갈 것이다.

③ 채점 및 해석의 표준화

채점 및 해석도 위의 절차의 표준화에 속하는 것이 되겠지만 표준화검사에서는 검사결과를 비교해 볼 수 있는 '규준'을 마련하고 있음이 그 특징의 하나다. 채점이 표준화되어 있다면 거기에다 얻은 결과를 가지고 전국적인 수준에서 개개인의 위치를 알아낼 수 있는 것이다.

개인뿐만 아니라 전국적인 수준에 비추어 본 자기 학급의 능력수준을 알아 볼 수 있을 것이며 따라서 해석도 제대로 할 수 있을 것이다.

표준화검사의 우수성은 이러한 개인 또는 집단의 특성을 규준에 비추어 비교 가능케 하는 데 있다. 따라서 규준집단의 선정은 검사의 표준화를 위해 대단히 중요시되고 있다. 규준집단은 선정에 있어 모집단을 잘 대표할 수 있도록 표집이론이 엄격하게 지켜져야 하며 규준집단의 검사실시 결과는 정규분포이거나, 정규분포에 가까워야 한다. 이렇게 하여 뒤따르는 통계적 절차를 거쳐 마련된 '규준점수'에 의해 어떤 개인의 검사 결과는 바르게 비교되고 해석되는 것이다.

(2) 표준화검사의 선택과 실시법

[1] 검사선택의 기준

① 검사도구의 타당도

타당도는 하나의 검사도구가 평가하려고 하는 내용이나 목표를 충실하게 평가하고 있는가의 문제이다. 이와 같은 사려 깊은 주의(thoughtful attention)는 다음과 같은 면에서 행해져야 할 것이다.

㉠ 타당도가 보고되어 있는가?

㉡ 보고된 타당도는 어떤 준거에 의한 것이며 그것은 합리적인가?

㉢ 문항제작이 잘 되어 있으며, 행동증거의 수집이 적합한가?

㉣ 검사도구에 대한 전문가나 비판자들은 그 도구에 대하여 어떤 의견을 가지고 있는가?

② 검사도구의 신뢰도

검사도구가 일관성 있는 결과를 가져 오지 않는다면 신뢰도는 낮은 것이다. 신뢰도의 검사상 필요한 요건은 다음과 같다.

㉠ 무슨 형의 신뢰도가 결정되었는가?

㉡ 측정의 표준오차는 검사결과를 신뢰할 수 있을 정도로 작은가?

㉢ 신뢰도를 결정할 때에 사용된 표본집단의 크기는 적절한가?

㉣ 검사전문가나 비판가들의 의견은 어떠한가?

③ 규준점수

표준화검사의 중요한 특징은 규준의 유용성(availability)에 있다. 그러므로 다음과 같은 면에서 규준(norm)을 살펴야 한다.

㉠ 어떤 규준점수가 사용되고 있으며, 또한 지역별, 성별 또는 연령별 규준이 보고되어 있는가?

㉡ 규준의 기초가 되는 원점수의 분포에 관한 기록이 있는가?

㉢ 표준화집단의 표집의 방법, 크기는 적절하며, 표집대상자의 연령, 성별이 기록되어 있는가?

㉣ 같은 종류의 검사도구의 규준과의 비교도 언급되었는가?

㉤ 검사를 실시하는 학년 또는 학급과의 비교가 가능할 수 있도록 규준이 작성되었는가?

④ 검사실시의 용이성

검사실시의 용이성 문제, 즉 실시방법은 미리 훈련받은 교사라야만 검사를 실시할 수 있는가? 복잡한 시간의 조절절차는 없는가? 피검자에게 주는 불필요한 지시 또는 부적당한 연습문제는 없는가? 실시에 필요한 시간은 너무 길지 않은가? 답안지는 따로 마련되어 있는가? 인쇄의 오식은 없는가 등의 면이 조사되어야 한다.

⑤ 채점의 용이성

채점에 대한 설명이 자세하게 기록되어 있는가? 또는 객관적인 채점이 가능하도록 되어 있는가? 등이 살펴져야 한다.

⑥ 기타 조건

위와 같은 기준 외에도 검사요강 · 검사제작 연도 · 평판 · 해석의 용이성 · 활용도 · 인쇄의 선명도 · 경비 등의 면이 고찰되어야 한다.

2 검사의 실시방법

① 분위기 및 동기조성

개인검사로 되어 있는 표준화검사는 전문적 소양이 있는 검사자에 의하여 검사가 시행되어야 하겠지만, 집단검사로 되어 있는 표준화검사는 담임교사에 의하여 실시될 수 있다. 담임교사가 시행할 경우에는 학생들의 수검 동기를 유발시킬 수 있으며 쉽게 학생들과의 래포(rapport)를 형성할 수 있는 장점이 있지만, 학생들에게 최선을 다하여 검사를 받도록 동기를 유발해 주어야 할 것이다.

② 지시의 정확화

검사를 시작하는 데 있어 인쇄된 지시만을 읽을 때에는 문장을 빠뜨리거나 대체 첨가함이 없도록 해야 할 것이며, 지시의 불완전한 이해로 말미암아 시행이 무효화될 수도 있다. 검사 시간이 정확하게 지켜져야 할 경우에는 스톱워치(stop watch)를 사용하는 것이 바람직하겠으나 불가능할 때는 시작할 때의 '분과 초'를 기록해 두는 것이 매우 중요한 일이다. 시간을 정확하게 지키는 일을 기억에 의존하는 방법은 금물이다.

③ 실시시간

검사실시의 시간은 되도록 오전 시간을 택하는 것이 좋다. 피검자들이 충분히 그 능력을 발휘할 수 있도록 조용한 장소, 좋은 날씨, 피로하지 않은 시간 등 조건을 갖추어 주는 것이 바람직하다.

④ 결과의 해석

이상과 같이 실시하여 얻은 검사의 결과는 '현재 피검자의 능력이 어느 정도인가'를 지시하는 식으로 해석되어야 한다. 검사의 결과를 영구적 또는 반영구적으로 해석한다는 것은 위험한 일이다. 비교적 영구성을 띠고 있는 것으로 알려져 있는 지능지수도 변동이 있음이 연구결과로 보고되고 있다.

또한 표준화검사는 어느 학교 어떤 교실에서도 사용될 수 있도록 최대공약수적인 내용으로 구성되어 있어 교사의 학생지도의 목표 내용을 전부 포함하지 못하는 단점이 있으므로 이 점도 해석에 있어 아울러 고려되어야 할 것이다.

⑤ 검사지 처리

검사결과의 기록 정리가 끝나면 사용했던 검사용지를 소각해 버리는 것이 도구 자체의 효용기간을 길게 하는데 도움이 될 것이다.

수량화된 검사의 결과는 다음에 올 교육활동에 유효하게 사용되어야 하며 쓸데없이 학생에게 알리지 않는 것이 좋다.

⑥ 유의점

마지막으로 표준화검사의 실시는 학교 교육계획의 일환으로 계획성 있게 실시되어야 한다. 표준화검사는 그리 빈번하게 시행될 수 없는 것이므로 그 종류 · 횟수 · 시기 등이 합리적으로 연구되고 실천되어야 할 것이다.

4) 사회성 측정검사법

(1) 사회성 측정검사법의 개념과 장단점

1 사회성 측정검사법의 정의

사회성 측정법(sociometry)란 1932년에 미국의 J. L. Moreno에 의해 창안된 방법으로서, 집단 내의 인간관계 양상이나 집단구조를 분석 측정하려는 검사 기법이다.

즉, 학생간에 서로 좋아하는(attraction) 현상이나 서로 싫어하는(repulsion) 현상의 형태나 강도에 초점을 두고 개인의 집단내 지위나 집단구조를 측정하고 평가하는 방법이다.

Sociometry의 유용성은 다음과 같다.

① 교실 내의 고립자 또는 왕따 당하는 학생 등의 사회적인 부적응 진단에 도움이 된다.

② 교실의 응집도를 측정한다.

③ 지도자와 추종자의 관계의 분석에 도움이 된다.

④ 교실 내 인간관계의 연구에 도움이 된다.

⑤ 교실구성원 개개인의 퍼스낼리티 분석에 유용하다.

2 사회성측정법의 장단점

〈장점〉

① sociometry는 각종의 행동조사에 적용할 수가 있다. 즉, 집단내의 사회

적 적응, 집단내 구성원 간의 인간관계, 집단 내의 분위기 측정 등에 많은 도움을 받을 수 있다.

② sociometry는 쉽게 작성해서 짧은 시간에 실시할 수 있다는 점에서 검사자들에게 효용성이 큰 방법이 된다. 이 검사는 간단하게는 5~6분, 길어도 10분 이내면 실시할 수가 있다. 즉, 피조사자의 시간 부담이 적은 것이 큰 이점이다.

③ 이 방법은 융통성이 크기 때문에 목적에 따라 쉽게 조정해서 실시할 수가 있다. 실제로 조사 상태에 따라 적절한 조절을 하는 것이 이 방법의 타당한 활용법이 된다. 그러므로 피검사자의 사정에 쉽게 맞추어 조사된다는 이점은 다른 방법에서는 찾아보기 힘든 장점이다.

④ sociometry는 여러 가지 구체적인 목적의 수단으로 쓰일 수 있다. sociometry의 질문지를 적절히 작성하면 한번 실시 한 결과를 두 가지 목적에 활용할 수가 있다. 즉, 어떤 집단의 현재의 사회적 집단구조를 진단 파악함과 동시에 그 집단의 재구조화, 재구성을 하는 기초로 병용할 수 있고, 동일한 sociometry 용지를 집단구조의 개선을 위한 처치의 효과 검증을 하는 데도 쓸 수 있다.

⑤ sociometry는 사전 준비없이 검사자가 쉽게 작성할 수 있는 것이기 때문에 용지와 프린트 비용 이외에는 별로 드는 경비가 없다. 따라서 경비가 넉넉하지 못한 검사자들의 입장에 있어서 매우 적은 경비로 보람있는 평가를 해낼 수도 있는 것이다.

〈단점〉

① 인간관계나 집단의 구조는 늘 유동성을 갖고 있는 데도 불구하고 sociometry는 결과의 해석에 있어서 고정된 현실적 관계로 생각하기 쉽다. sociometry는 성원들이 소망하는 잠재적인 사회적 구조의 형태를 나타낼 뿐이지 곧 그것이 현실적인 사회적 관계를 나타내는 것은 아닌 것이

다. 즉, 변화하는 사회적 과정(social process)의 어느 모습을 고정성을 띤 것으로 해석해서는 안되는 것이다. 그러나 실제로는 이런 해석상의 오류를 범하고 있는 예가 많다.

② sociometry의 질문 기준 여하에 따라서는 측정과정에 있어서 기존 인간관계를 파괴시킬 가능성이 없지 않다. 가령 부정적 기준을 사용한 질문은 오히려 인간관계, 즉 반발 · 배척 · 혐오 등의 관계를 의식적으로 선택하게 됨에 따라 일상생활에 있어서는 뚜렷하지 않고 막연한 상태의 반발이나 적대관계가 부정적 기준의 사용으로 말미암아 의식적으로 음미해 보는 순간 또는 분위기를 인위적으로 조장하는 셈이 된다.

③ sociometry는 단 한번만의 실시로서는 진행 중인 사회적 관계의 한 단면만을 분석할 수 있는 것에 지나지 않기 때문에 주기적인 실시가 요청된다. 그렇다고 그 집단의 구조나 인간관계 파악을 위해 sociometry 조사를 되풀이한다는 것은 피조사자의 저항감을 자극하기 쉽다는 데에 문제점이 있다.

(2) 사회성 측정검사법의 절차와 방법

1 사회성 측정검사법의 형식과 구성

사회성 측정검사법은 융통성이 큰 절차이기 때문에 틀에 박힌 테스트 용지를 반드시 필요로 하지는 않는다. 쪽지를 나누어 주고 검사자가 구두지시로 기록하게 할 수도 있고, 검사대상 집단의 각 성원 명단이 적혀 있는 종이를 주고 기준에 따라 ✓표만 시키는 것으로 충분할 때도 있을 것이다. 어느 경우에나 지시와 선택의 기준이 조심성 있게 작성되고 분명하게 제시되어야 한다. 그러나 이러한 약식의 방법은 흔히 부주의하거나 선택기준의 설명이 불분명하게 될 위험이 크다. 이런 것을 미리 막기 위해서는 정식으로 문장화해서 프린트하여 테스트 용지를 배부하거나 또는 구두 실시의 지침으로 쓰는 것이 바람직하다.

사회성 측정검사법 용지에는 자세한 **지시문**, 분명한 **선택기준**의 진술과 피조사자가 그들의 의견을 제시 기록할 난을 마련해 놓아야 한다. 이와 같은 절차는 조사상태의 동일성(uniformity)을 확보함으로써 수집된 자료의 신뢰도를 높일 수 있다는 필요에 입각한 절차인 것이다.

즉, 여러 집단에 걸쳐서 실시한 것이나 일정기간을 두고 재실시하는 경우와 같이 횡적 · 종적 비교를 하려면 실시조건을 균등하게 통일 통제하여야만 하기 때문이다.

사회성 측정검사법의 형식을 제시하면 다음 예와 같다.

(예) 이름 ______________

다음의 질문은 여러 분의 의견을 참작하여 좌석배치 계획에 반영하고자 하오니 솔직하게 응답해 주기를 바랍니다. 이 결과는 다른 교사나 일반 학생에게는 누구에게나 알리지 않으며 또한 좌석배치 계획 외에는 쓰이지 않으므로 안심하고 답해 주기 바랍니다.

※ 우리 반에서 누구와 같이 한자리에 앉고 싶으세요? 제일 같이 앉고 싶은 사람부터 순서대로 이름을 적어 보세요. 몇 사람을 적어도 무방합니다.

__________ __________ __________ __________

※ 다음에는 아무래도 같이 앉고 싶지 않은 사람을 적으세요. 위에서와 같이 제일 같이 있고 싶지 않은 사람부터 이름을 순서대로 적어 보세요. 몇 사람을 적어도 무방합니다.

__________ __________ __________ __________

구성상 유의점으로서는 다음 사항이 특히 고려되어야 한다.

① 선택하는 집단의 범위가 명확해야 한다. 예를 들면, '우리 반에서' 등과 같이 지정해 두어야 한다.

② 피조사자에게 의미있는 특정의 선택기준을 마련해야 한다. 예를 들면, '한 방에 있고 싶은' 식의 기준을 구체적으로 진술 제시해 주어야 한다.

③ 사용한 질문의 어법(wording)은 집단 성원의 수준에 맞추어서 작성되어야 한다.

④ 무제한의 선택 또는 거부를 허용해야 한다.

⑤ 지시문은 친절하고 구체적이어야 한다.

조사의 목적을 분명하게 하는 이유는 학생들의 반응에 있어서 자발성 · 성실성을 높이기 위해서이고, 기입방법을 명시하는 이유는 모든 학생이 응답의 기초에 대하여 동일한 이해를 갖도록 하기 위해서이다.

2 사회성 측정검사법의 측정기준의 유형과 형태

측정기준(sociometric criteria), 즉 측정장면을 어떻게 설정하느냐에 하는 문제를 세 가지 형태로 나누어서 설명하면 다음과 같다.

① 일반적 기준과 특수한 기준

일반적인 기준이란 인간관계를 어느 특정의 조건에 한하지 않고 활동의 분야만 지시하는 것이다. 즉, '누구와 같이 자리를 앉고 싶으냐' '누구와 같이 청소를 하고 싶으냐'의 선택과 같은 것이다. 이러한 선택의 장면은 어느 학년에나 관계된 것이고, 대부분 학교내 활동을 내포한 것이며 일반성을 충분히 띠고 있는 것이다. 이와 같은 일반적 기준으로서의 친구 선택은 생활의 주요 측면에서 각자가 사회적 관계를 하고 싶은 대상에 대한 열망을 표시하는 것으로 볼 수 있다. 특수한 기준이란 것은 매우 한정된 사회적 상호작용의 기초를 가리키는 것이다. 가령 '미술공부를 누구와 같이 하고 싶으냐'와 같은 것들이다. 이러한 구체적 기준이 갖는 한정성 때문에 sociometry 결과의 선택에 있어서도 크게 제약을 받게 됨을 인식하고 있어야 한다.

② 현실적 기준과 가정적 기준

현실적 기준과 가정적 기준의 차이점은 '실제적'이냐 '가정적'이냐에 있다. 어느 집단에 대해서나 대부분의 경우 실제적인 선택의 장면을 사용할 수가 있다. 누구와 같이 자리를 앉고 싶으냐고 물었을 경우 실제로 방 배치를 실시하고 그때의 학생들의 대인관계의 희망 사항을 반영시키는 것은 어렵지 않은 일이기 때문이다.

실제적 기준의 사용은 sociometry의 이론에 비추어 매우 바람직하고 또 기대할 만한 것인데, 진단적 또는 연구의 목적으로 가정적(hypothetical) 기준을 쓰는 것이 필요할 때도 있다. 이 경우에는 특히 기준 자체가 그럴듯한 실제성을 나타낸 선택의 장면을 반영한 것이어야 한다.

③ 긍정적 기준과 부정적 기준

긍정적 기준이란 인간간의 친밀의 정도(attraction), 상호선택 여부를 알아보기 위한 것이며, **부정적 기준**이란 인간 끼리의 반말 · 배척의 관계(repulsion)를 알아보기 위한 기준이다. 되도록이면 부정적 기준은 사용하지 않는 것이 좋다. 그 이유는 만약 부정적 기준을 사용하게 되면 집단 성원들에게 평소에 의식되지 않았거나 억압해 오던 특정인에 대한 혐오 · 배척의 감정이 들어나게 되어서 적대감 · 불쾌감을 인위적으로 순간적으로 강조하게 되는 셈이 되기 때문이다. 이와 같은 일은 집단구성원의 정서 및 사회적 관계를 파괴시키기 쉬운 부정적 효과를 초래시킬 위험률이 높다.

3 사용할 기준의 수와 선택허용수의 문제

sociometry는 집단내에서의 각 개인의 **사회적 수용도**(social acceptability)를 알아봄으로써 이루어진 인간의 심리적 지도라고도 불리어지고 있다.

따라서 이러한 지도를 자세히 그려보기 위해서는 1회의 사회성 측정검사의 실시에 있어서 몇 개의 기준(질문항목)을 둘 것이냐의 문제와 몇 사람을 선택하게 하느냐 하는 것이 문제이다. 물론 실시 목적과 기준의 성질에 따라 다르게 될 것이지만 평가목적으로 실시되는 경우에는 하나의 기준만으로도 충분할 수도 있다. 그러나 인간관계를 다각도로 분석하고 집단내의 각 개인의 **사회적 수용도**를 파악하기 위해서는 몇 개의 기준이 필요한 것이 일반적이다. 그리고 각 기준마다 **선택허용수**를 어떻게 할 것이냐 하는 문제에 있어서는 일반적으로 **무제한**의 방법을 쓰고 있다. 무제한으로 선택하게 하는 경우에 있어서는 각 개인이 얼마나 남으로부터 선택을 받았느냐 하는 문제보다 그가 얼마나 남을 선택했느냐 하는 문제가 더 중요시된다.

그것은 집단 전체로는 평균선택수가 다른 집단 또는 그전 조사 때 보다도 높아졌느냐가 조사의 초점이 되기 때문이다. 그러나 통계 처리상으로 볼 때에는 선택허용수를 고정 제한하는 것이 실제적으로 퍽 유리하다.

4 사회성 측정검사의 실시방법

① 검사자의 조건

검사자는 일반적으로 그 집단과 관계가 깊은 사람이 직접 실시하는 것이 좋다. 즉, 학반담임교사나 또는 교과 담당교사 등이 적임자라고 할 수 있다. 이들과 집단구성원 간에는 이미 친밀성이 유지되어 있고 집단의 시간 사정을 잘 알고 있으므로 알맞는 시간에 적절히 실시할 수가 있기 때문이다.

그러나 연구 목적상 외부인이나 그 집단에게 잘 알려지지 않은 사람이 실시하는 경우도 없지 않다. 이 경우에는 집단구성원의 협조를 얻어내기가 매우 힘들기 때문에 역시 그 집단과 친밀한 인사를 통해 간접적으로 실시하는 것이 좋다. 본인이 직접 피검사자를 만나는 것이 아니므로 사회성 측정검사의 지시문 속에 검사의 목적과 결과의 활용방도를 상세히 설명해 두고 결과를 절대 비밀에 붙인다는 것을 강조함으로써 피검사자들의 자발적이고 진실된 반응을 권장해야 한다. 특히 피검사자들의 질문을 예상하여 그 답변도 미리 준비해 두었다가 대리 조사자로 하여금 대신 설명하게 하면 좋다.

② 실시의 시기와 대상

실시 시기는 검사의 목적에 따라서 다를 수 있겠으나 일반적으로는 집단생활을 하기 시작한지 4～8주의 기간이 지난 후가 좋다. 그것은 집단구조와 각 개인의 사회적 수용도를 측정하기 위해서는 집단구성원끼리 서로 사귈 수 있고, 상호 인격적 접촉의 기회가 잦아 상대방의 인성 · 특성을 이해하게 되어 사회적 상호작용이 활발히 일어나게 되고, 집단구조가 어느 정도 안정성을 유지되려면 적어도 한 두 달 이상은 사귀어야 하기 때문이다.

그리고 주기적으로 다시 실시하는 기간은 여러 가지 조건을 고려해서 결정할 문제이나 대체로 두 달 이상의 시간 간격을 두고 재 실시하는 것이 좋다. 시간 간격이 두 달 미만의 짧은 기간 동안에 집단의 구조나 인간관계가 크게 변할 리 없기 때문이다.

그리고 피검사자, 즉 실시 대상은 그 집단의 구성원 전부가 되어야 한다. 즉, 개개인을 표집단위(sampling unit)로 한 표본조사는 성립되지 않기 때문이다. 일반적으로 사회성 측정검사는 어느 특정 집단에서 개개인의 인간관계를 문제로 삼기 때문에 결석자가 많을 때도 실시해서는 안된다. 결석자를 포함시켜서 선택을 시키는 이유도 여기에 있다.

③ 피검사자의 이름 기입의 문제

일반적인 원칙은 피검사자 자신의 이름을 기입하게 한다. 왜냐하면 sociometry란 인간의 **심리적 지도**이기 때문에 누가 누구를 선택하고 그 선택은 서로 상호 선택인가 또는 일방적인 선택인가 아니면 누가 누구를 싫어 하느냐 등 대인관계의 집단구조와 개개인의 상대적 위치를 파악하기 위해서는 이름을 써 넣게 해야만 한다.

그러나 한편으로는 익명성(anonymity)이 요구될 때도 있다. 늘 얼굴을 맞대고 생활하는 집단이란 서로간에 이해관계가 두텁고 친화관계가 강하지만, 어떤 의미에서는 서로간에 본심을 털어놓지 않은 상태에서 사회적 관계를 영위해 나가는 수가 많다. 그렇기 때문에 인간관계에 있어서 친밀과 반발에 대한 각자의 태도를 노골적으로 표시하지 않으려는 면도 없지 않다. 특히 반발 배척관계가 그 상대편에게 알려지게 되면 손해가 된다는 현실적 타산에서 또는 누구를 싫어해서는 안 된다는 윤리적 동기에서 회답을 기피하거나 거부하게 되기 쉽다.

그러므로 **반발적 관계**를 묻는 경우 또는 **부정적 기준**을 사용하는 경우에 있어서는 **익명**으로 조사할 수도 있다. 그러나 이 경우에는 구체적인 선택관계나 배척관계는 분석할 수 없고 오직 집단 전체의 확장성 · 응집성 또는 집단내의 개개인의 사회적 위치 정도만을 알 수 있다.

(3) 사회성 측정검사 결과의 분석법

1 소시오그램(sociogram)에 의한 분석법

소시오그램은 사회성 측정검사에서 얻어진 집단 내에서의 인간관계를 그림으로 표시한 것으로 가장 많이 사용되는 결과의 표시 방법이다.

Moreno는 성원을 기호로 표시하고 선택의 방향은 화살표로 표시하였는데 대체로 [그림 11 - 1]과 같다.

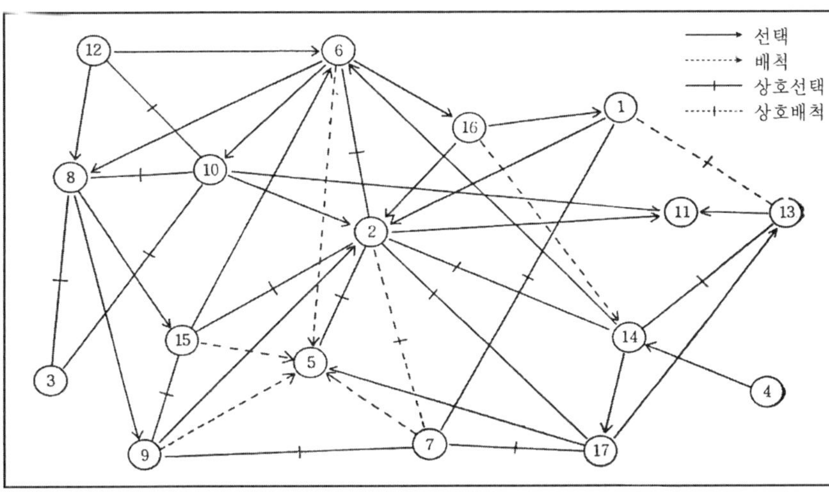

[그림 11 - 1] **모레노식 소시오그램의 예**

① 소시오그램의 작성 절차

㉠ 집단구성원의 일련 번호를 정한다.

㉡ 선택관계는 푸른색으로, 반발관계는 빨간색으로 표시한다.

㉢ 피선수가 적은 사람은 가장자리에, 피선수가 많은 사람은 중앙에 자리잡게 하고 동그라미 속에 해당번호를 써 넣는다.

㉣ 선택관계인지 배척관계인지를 선으로 표시한다(모레노의 표시법 : ——→ 선택,

—+— 상호선택, ·········→ 배척, ·····+····· 상호배척).

㉤ 선의 표시가 너무 복잡하거나 중첩되면 재 배치해야 하므로 참을성 있게 시행착오식으로 선을 그어나간다.

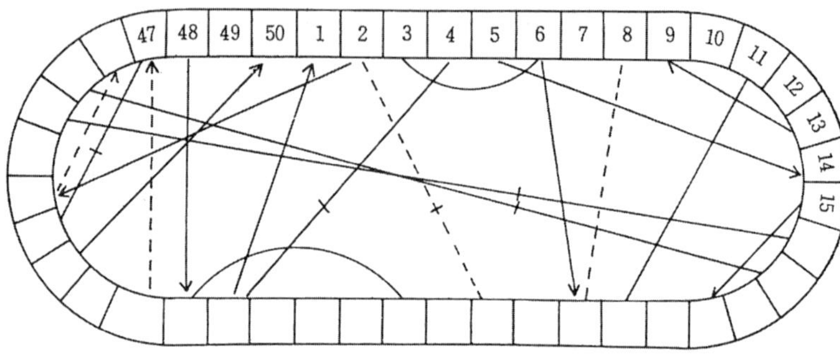

[그림 11－2] **타원형 소시오그램**

② 소시오그램의 장단점

〈장점〉

㉠ 구조적으로 아주 간단해서 누구나 표시할 수 있다.

㉡ 직관적으로 집단구조나 인간관계를 쉽게 이해할 수 있다.

㉢ 특정 개인의 지위같은 것도 전체적 관계 속에서 파악할 수 있다.

〈단점〉

㉠ 성원이 20명이 넘으면 표시하기가 어렵다.

㉡ 해석적 신뢰도(interpretive reliability)가 비교적 낮다.

③ 소시오그램의 해석

소시오그램에서 판독해야 할 항목과 그 해석의 기준을 [그림 11－2]를 중심으로 살펴보면 다음과 같다.

(i) 인기자(人氣者, Star) : 피선수의 수가 월등하게 많은 자를 가리킨다. 어느 수준 이상을 인기자로 보느냐의 기준은 공통된 것은 없으나 보통 그 집단성

원수의 30% 이상의 선택을 받은 자를 인기자로 보고 있다. [그림 11 - 2]에서 ②번은 17명 중에서 9명으로부터 선택당하고 있는 인기자인데, 이 ②번을 중심으로 별모양 결합을 하고 있는 것이 특징이다. 그리고 인기자인 ②번이 ⑪번을 선택하고 있는데 ⑪번은 ②번보다도 피 선수가 부족하지만 많은 선택을 받고 있는 자, 즉 인기자에게서 특별히 선택되는 강력형(powrful type)의 학생으로 볼 수 있다.

인기자는 집단의 다수로부터 선택의 대상이 된다는 점에서 그 사람의 행동 특성이나 인간형이 주목되고, 강력형에 속하는 자는 인기자를 뒤에 숨어서 조정할 수 있다는 지하의 실력자, 즉 막후 인물임을 주목해야 하는 것이다.

(ii) **고립자**(isolatee) : 자기 자신은 남을 선택하는 수는 간혹 있으나 남에게서 선택받지 못하고 고립 상태에 있는 자를 말한다. [그림 11 - 1]에서 ④와 같은 사람이다. 집단의 명목상의 성원일 뿐 심리적으로 남에게서 격리되어 있는 **인간심리지도상**의 섬인 것이다. **소외자**(outsider) · **사회적 고도**(social island) 또는 **왕따**당하는 고립된 자로 불리워진다.

(iii) **경시된 자**(neglectee) : 남에게서 선택받는 것이 매우 적은 자를 가리킨다. 집단성원의 대다수에게서 왕따 당하거나 등한시되거나 무시되어서 심리적으로 변두리에 위치해 있기 때문에 **주변인**(fringers)이라고도 불리우는데 그림 [그림 11 - 1]에서는 ③번이나 ⑬번과 같은 피선수가 극히 적은 사람들이다.

(iv) **배척된 자**(rejectee) : [그림 11 - 1]에서 ⑤번은 두 사람으로부터 선택을 받고 있는 반면 네 사람(6, 7, 9, 15번)으로부터 배척을 당하고 있다. 배척당하는 까닭과 구제할 수 있는 방안은 무엇일까? 매우 궁금한 과제이다. 대체로 사회성 측정검사에서 **부정적 기준**을 사용했을 경우에 피선수가 제일 많은 자를 가리킨다. 흔히 고립자와 혼동되는 수가 있으나 **고립자**는 우호적 · 배척적 기준의 어느 경우에 있어서나 피선수가 없는 자를 가리키므로 다르다.

(v) **파당조직**(clique) : 세 사람 이상이 상호선택을 순환시키면서 밀접한 관

계에 있으면서도 외부와의 선택관계가 적은 경우 그것을 Sociometric clique라고 부른다. 즉, 자기들 끼리만 결합되고 그 외의 성원을 선택하는 것이 매우 드문 경우를 가리킨다. [그림 11 – 1]에서 ③, ⑧, ⑩번의 관계가 대체로 이에 속한다.

[2] Sociomatrix에 의한 분석법

이 방법은 각 질문마다 피조사자가 선택한 것과 피선된 것을 일일이 표시해 두는 방법이다.

① Sociomatrix의 작성 절차

㉠ 큼직한 그래프용지에 〈표 11 – 5〉와 같은 난을 마련해 놓고 피조사자의 이름을 가나다 순으로 적어 나간다.

㉡ 왼쪽위에서부터 대각선을 긋고 이 대각선이 지나가는 칸(cell)은 사용하지 않게 되는데, 자기 자신을 선택할리도 없지만 기입상의 착오를 미리 막기 위해서 대각선을 그어 두는 것이다.

㉢ 다음에는 피조사자의 선택 – 배척 반응을 각 피조사자별로 왼편으로 기입하여 나간다.

㉣ 모든 피조사자의 선택 – 배척 관계를 표에 기입한 후에는 가로 난, 세로 난 별로 합계를 낸다.

② Sociomatrix의 장단점

〈장점〉

㉠ 이 방법은 선택수(배척수)와 피선택수(피배척수)가 표시되므로 개개인의 집단내의 지위를 분명히 파악할 수 있다.

㉡ 누구에게서 선택(배척)당하고 있는지의 관계, 즉 개개인의 사회적 수용도를 세밀히 제시해 준다.

㉢ 해석적 신뢰도가 높다.

표 11-5 Sociomatrix의 기본양식

선택자 \ 피선택자	강감찬	김유신	이순신	…………	선택수	배척수
강감찬		×	×		0	2
김유신	○		×		1	1
이순신	○	○			2	0
…………						
피선택수	2	1	0		3	3
피배척수	0	1	2		3	

〈단점〉

㉠ 집단 전체로서는 어떠한 결합과 대립이 이루어지고 있는지 등의 집단구조의 파악은 어렵다.

㉡ 상호선택 및 상호배척 관계는 파악하기 힘들다.

③ Sociomatrix의 해석

합계 난에 나타난 선택수는 각 피조사자의 사회적 관계의 지표가 된다. 즉, 선택수가 많을수록 우인관계를 맺으려는 경향이 크다는 것을 엿볼 수 있게 하고 선택수가 적을수록 그렇지 않음을 예상케 한다. 따라서 대인관계에 있어서 자기 개방적이냐 자기 폐쇄적이냐를 판단하는 기초가 된다고 볼 수 있다.

그리고 피선수의 합계 난은 해당 질문 항목에 있어서의 각 피조사자의 집단내 지위 또는 **사회적 수용도**(social acceptance)를 나타낸다. 즉, 우호적인 관계에서 선택되는 수가 많으면 그만큼 그는 **인기도**(popularity)가 높은 사람이고, 반발적 관계에서 선택되는 수가 많으면 그만큼 배척·증오의 대상이 되어 있는 것으로 볼 수 있다.

또 어느 쪽으로 피선수가 없으면 고립 또는 사회적으로 격리되어 있음을 의미하게 될 것이고, 우호적인 선택에서 피선수가 낮으면 그 집단에서 등한시 또는 무시되고 있는 존재임을 짐작하게 된다.

그러므로 선택수와 피선수를 관련시켜서 살펴보면 학급집단에서 그가 차지하고 있는 **사회적 지위**(social status)에 대하여 자세한 정보를 얻을 수 있게 된다.

3 지수(index)에 의한 분석법

소시오그램은 주관적인 표시라는 단점을 극복하고 객관성을 확보하는 하나의 시도로써 지수 표시가 사용된다. 즉, 개인이나 집단이 취득한 선택－배척의 정도를 지수로 표시하자는 것이다.

① 학생 개인의 지위에 관한 지수

㉠ 선택관계에 있어서의 개인의 지위지수(index of choice status)

$$CS_i = \frac{C_1}{N-1}$$ (단, C_i는 개인 i가 선택되어진 수, N은 집단 인원수)

㉡ 배척관계에 있어서의 개인의 지위지수(index of rejection status)

$$RS_i = \frac{R_1}{N-1}$$ (단, R_i는 개인 i가 배척 · 거부당한 수)

㉢ 사회성 측정적 지위지수(Isss)

$$\text{Isss} = \frac{1}{2}\left(\frac{CRS}{N-1} + \frac{mc-mr}{d}\right)$$

N= 학급학생수, C (선택), R (배척), CRS (선택과 배척의 차의 총합득점), mc (상호선택), mr (상호배척), d (선택배척 제한수, 20명 이상은 5, 19명 이하는 3).

② 집단특성에 관한 지수

㉠ 집단의 발전성 지수(index of group expansiveness)

$$E = \frac{C}{N(N-1)}$$ (C는 각 구성원의 피선택 총수)

㉡ 집단의 응집성 지수(index of group cohesion)

$$C_o = \frac{2MC}{N(N-1)}$$ (MC는 상호선택수)

지수해석법(index analysis method)은 개인간의 비교, 집단간의 비교에 크게 도움이 되는 방법이지만 아직도 지수의 신뢰도 · 타당도 문제에는 많은 제한이 따르고 있는 편이다.

참고 문헌

· 강봉규 · 길형석(1985). 교육과정 및 평가. 서울 : 학문사.

· 강봉규 · 이종성(1986). 교육과정 · 교육평가신강. 서울 : 형설출판사.

· 강봉규(1983). 교육심리측정평가. 서울 : 종각출판사.

· 강봉규(2001). 통계학. 서울 : 형설출판사.

· 강봉규(2003). 교육학. 서울 : 형설출판사.

· 강봉규(2004). 심리검사의 이론과 기법. 서울 : 동문사.

· 강봉규 · 박성혜(2005). 교육심리학원론. 서울 : 교육출판사.

· 박성혜 역(2000). 홀리스틱 교육과정. 서울 : 도서출판 책사랑.

· Alberty, H.(1959). Reorganizing the High School Curriculum. New York : The Macmillan Co.

· Beyer, L. E., & Apple, M. W.(1988). (Eds.). The Curriculum : Problems, Politics, and Possibilities. NY : State University of New York Press.

· Beyer, L. E., & Liston, D. P.(1966). Curriculum in Conflict : Social Visions, Educational Agendas, and Progressive School Reform. New York : Teachers College Press.

· Bloom, B. S. (1956). Taxonomy of Educational Objectives. Handbook I, The Cognitive Domain. New York : David Mckay.

· Bloom, B. S., Hastings, T. T., & Madaus, G. F.(1971). Handbook on Formative and Summative Evaluation of Student Learning. New York : MaGraw-Hill Book Co.

· Brandt, R. S.(1988). (Ed.) Content of the Curriculum. ASCD : Association for Supervision and Curriculum Development.

· Brown, F. C. (1998). Principles of Eucational and Psychological Testing (2nd ed.). New

York : Holt, Reinhart and Winston.

· Ebel, R. L. (1988). Measuring Educational Achievement. Englewood Cliffs, N. J. : Prentice-Hall.

· Green, E. B. (1999). Measurement of Human Behavior. New York : The Odyeesy Press.

· Gronlund, N. E. (1998). Measurement and Evaluation in Teaching(4th ed.).New York : Macmillan.

· Grundy, S.(1987). Curriculum : Product of Praxis. New York : The Falmer Press.

· Harrow, A. J. (1972). A Taxonomy of the Psychomotor Domain. New York : David McKay.

· Krathwohl, D. R., Bloom, B. S., & Masia, B. B.(1964). Taxonomy of Educational Objectives ; The Classification of Educational Golas, Handbook Ⅱ, The Affective Domain. New York : McKay.

· McNeil, J. D. (2005). Contemporary Curriculum in Thought and Action(6th ed.). LA : Harper Collins Publishers.

· Mehrens, W. A., & Lehmann, I. J.(1983). Measurement and Evaluation in Education and Psychology. New York : Holt, Rinehart and Winston Inc.

· Nunnally, J. C. (2001). Test and Measurement. New York : McGraw-Hill Book Co.

· Popham, W. J. (1993). Educaiotnal Evaluation (3rd ed.). MA : Needham Heights.

· Ragan, W. B. (1959). Modern Elementary Curriculum. New York, The Dryden Press Inc.

· Robert, S. Z. (1996). Curriculum : Principles and Foundations. New York : Harper & Row.

· Short, E. (1991). Forms of Curriculum Inquiry. New York : State University of New York Press.

· Simth, B. O., Stanley, W. O., & Shores, J. H. (1990). Fundamentals of Curriculum Development. New York : Harcourt, Brace & World Inc.

· Stuffiebeam, D. L., & Others. (1995). Educational Evaluation and Decision. Making. Itasca, Ill : F. E. Peacock.

· Taba, H. (1962). Curriculum Development, Theory and Practice. New York : Harcourt Brace & World, Inc.

· Thorndike, R. L., & Hagen, E.(1977). Measurement and Evaluation in Psychology and Education (4th ed.). New York : Wiley.

· Torgerson, T. L., & Adams, G. S.(1984). Measurement and Evaluation. New York : Holt, Rinehart and Winston, Inc.

· Tyler, R. W. (1949). Basic Principles of Curriculum and Instruction. Chicago : University of Chicago.

찾아 보기

용 어

인 명

저자 소개

강봉규

교육학박사(연세대)

현, 가톨릭대학교(성의 교정) 명예교수

박성혜

교육학박사(미국 Pennsylvania State Univ.)

현, 덕성여자대학교 교수

최미리

교육학박사(연세대)

현, 덕성여자대학교 교수

교육과정 및 교육평가 -개정판-

초판발행 2006년 2월 10일
개정4쇄 2014년 3월 5일

저 자 강봉규 · 박성혜 · 최미리
발행인 김현태
발행처 태영출판사

주 소 (152-705) 서울 구로구 구로동 104-10 동남오피스텔 201호
전 화 02 · 839-3757, 839-3752
팩 스 02 · 837-3754
등 록 2005년 5월 30일 제12-421호
http://www.taeyeongbook.co.kr
E-mail tys2005@hanmail.net
ISBN 978-89-6302-012-9 93370
정 가 15,000원

* 잘못 만들어진 책은 교환해 드립니다.

NAVER 태영출판사

불법복사는 지적재산권을 훔치는 범죄행위입니다.

저작권법 제97조의 5(권리의 침해죄)에 따라 위반자는 5년이하의 징역 또는 5천만원 이하의 벌금에 처하거나 이를 병과할 수 있습니다.